大島鎌吉の東京オリンピック

Oshima Kenkichi

岡 邦行

Oka Kuniyuki

［凡例］

・資料を引用する際は、読みやすさを考慮して新仮名・新漢字とした。適宜、句読点や濁点をうち、ルビをふり、明らかな誤記は訂正した。

・引用文献の著者名、発行年、版元などの情報は、巻末の「主要参考文献」にまとめて掲載した。

［章扉の写真説明］

【序章】一九三〇年代のパスポート／【第一章】ロス五輪で着用したブレザーとランニング／【第二章】ロス五輪で跳ぶ大島／【第三章】一九四五年のベルリン市街／【第四章】選手強化本部長時代／【第五章】東京五輪開会式／【第六章】関西大学に移植された月桂樹／【終章】一九八〇年代の大島

［写真提供］

関西大学大島鎌吉アーカイブス（カバー、5、61、267ページ）／日本体育協会（143ページ）／フォート・キシモト＝ＰＡＮＡ（181ページ）

序章
ケンキチ

1

April《アプリル》 April《アプリル》 macht《マハト》 was《ヴァス》 er《エア》 will《ヴィル》――。

四月のドイツの天候は、駄々っ子のように身勝手で不順だという。マツ、ナラ、ブナ、プラタナスなどの木々には新緑の葉が芽生え、桜が咲いても春らしくない天気が続くこともある。雨が降っていたかと思えば晴れ、小一時間も経つと今度は小雨が見舞う。吹く風も生暖かったり、冷たかったり。空模様も気温も激しく変わる。大島鎌吉《けんきち》の二十七回目の命日に石川県金沢市を訪ねて墓参した日も、同じような天気だった。加賀百万石の地には「弁当忘れても、傘忘れるな」の格言がある。

終日、そのようなぐずついた天気に見舞われた、二〇一二（平成二十四）年の四月十八日。私はドイツ・フランクフルトにいた。前日の午後にスペイン・ビルバオからフランクフルト入り。その日はフランクフルト郊外の閑静な町・ヴァルドルフの駅から二つ目のフランクフルト・アム・マイン・シュタディオン駅で下車。ドイツスポーツ会館に通じる、静かな森の中の小路を歩いていた。ときおり耳にするシジュウカラの小気味よい鳴き声が心地よい。

同行してくれた高橋範子に、私は聞いた。

「生前の鎌《かま》さんもこの森の中を、こうして歩いたんでしょうね……」

私の声が聞こえないのだろうか、彼女は黙って歩を進めた……。

一九四二（昭和十七）年生まれの彼女は、二〇〇六（平成十八）年まで、DOSB（ドイツオリンピックスポーツ連盟）の傘下にある、ドイツスポーツ少年《ユーゲント》団事務局に勤務。実に三十八年間にわたりスポーツを通じての日独青少年交流の仕事に携わってきた彼女は、大島鎌吉とは鬼籍に入るまでの十六年間に及ぶ付き合いがある。

が、大島について取材を開始した当初は、そのことについて尋ねると一笑に付してしまった。

「ひと言で、とっつきにくいタイプのオジサン。私の父と変わらぬ年齢だったし、悩みごとを相談することもなかったんじゃないかしら。大島さんの人生に興味を抱いたこともなかったわ……」

しかし、ドイツから帰国するたびに会っているうち、彼女は大島についての記憶を徐々に蘇らせた。仕事仲間のドイツ人たちから親しみを込めて「ネールフェン（可愛いノリコ）」と呼ばれ、いまもドイツを訪ねる日本人スポーツ関係者をサポートする彼女のヴァルドルフの自宅の書架には、いくつもの「思い出ぶくろ」と称したファイルがある。

その中には四十年を超えるドイツでの生活の思い出の品々が大事に保管されていて、「プロフェッサー・オーシマ」と記されたファイルを見つけることができた。生前の大島からプレゼントされたクリスマスカードや、細い字で綴られた手紙類など。また、大島が他界した際に、喪主である長男の大島章和から届けられた、英文と独文で記された死亡通知状までもがきちんと収められていた。

それらの遺品を手に彼女は「こんな物を見つけることができたわ。大島さんについて取材をする岡さんにとっては、貴重な資料になるわね」と言って、少女のように悪戯《いたずら》っぽく苦笑。私に手渡し、大島との思い出を語り始めるのだ。

「そうね、思い出といえば、ドイツにいらっしゃったときの大島さんは、よく日本人留学生たちと私のアパートに来て、一緒にすき焼きをしたわ。大島さんってすき焼きが好きなのよ。『美味《うま》い、美味い』と言いながら食べて、酔うと意味不明な『おー、おー……』といった、嗚咽《おえつ》するような声を出すの。たぶんドイツでの従軍記者時代に体験した、悲惨な思い出が脳裡を過《よぎ》っていたかもしれないわね……」

ワイングラスを手に、彼女は続けて語る。

「それに、ドイツスポーツ界の重鎮たちが主催するパーティに出席したときも、酔うと興に乗るんでしょうね。しんみりと『リリーマルレーン』をドイツ語で歌うこともあったわね。大島さんは素直というか、遠慮しなかったわ。どんなに相手が著名な人物だろうが、冗談を飛ばし、毒舌を振るい、ときにはやり込めてしまう。それでも周りの重鎮たちは厭《いや》な顔を見せずに大島さんの話を聞き、親しみを込めて『ケンキチ、ケンキチ』と呼んでいたわね。ドイツ語に堪能だったということもあったけど、対等の立場でドイツ人と付き合える、数少ない日本人だった。そういった面ではたしかに尊敬できる人物だったわね、大島さんは……」

いまでは懐かしむように大島について振り返る高橋に初めて会ってから、すでに四年目に入っている。ときには東京・狛江市の実家を訪ねる私に、ドイツから帰国したばかりの彼女は手料理を振る舞うこともあった。いつもワイングラスを手に、ドイツスポーツの最新情報を詳細に伝えてくれるのだ。

さて、二〇一二年四月十八日――。

この日も勝手知った異国の地とはいえ、終日、彼女はフランクフルトを訪ねた私に気軽に付き合ってくれた。

ドイツスポーツ会館に通じる森の中の小路を、彼女はゆっくりと黙って歩いていたが、ようやく私の問いに答えた。

「そうでしょうね、大島さんもこの道を歩いたと思うわ。これから訪ねるドイツスポーツ会館は、ちょうど四十年前の一九七二年のミュンヘン・オリンピックの年に建てられているしね。あのときの大島さんは、日本の青少年を引率してユースキャンプに参加しているし、何度もいらっしゃっているわ。私もお会いしているし、ドイツスポーツ界の重鎮たちにお会いしていたわね」

ここまで話すと、彼女は立ち止まり、間を置いてから言った。

「そういえば、これからお会いするトレガーさん、たしかミュンヘン・オリンピックのときは選手村で村長さんをしていたんじゃないかしら。アラブ・ゲリラが選手村にいたイスラエル選手団を襲った事件もあったし、大変だったと思うわ。その辺の話も伺ったほうがいいわね。私も一つだけトレガーさんに伺いたいことがあるの」

「何ですか、トレガーさんに聞きたいことっていうのは？」

　そう聞き返す私に、続けて彼女は言った。

「一九九三年だったわ。二〇〇〇年のオリンピック開催地を決めるＩＯＣ（国際オリンピック委員会）総会がモンテカルロで開かれたのよ。そのときにベルリンも立候補していたの。その四年前にベルリンの壁が崩壊したため、招致運動のスローガンに『東西の和平』を掲げてね。だから、私は絶対にベルリンに決まると信じていた。オリンピック精神は世界平和を謳っているでしょ。ベルリンの他に北京、イスタンブール、マンチェスター、シドニーが立候補していたけど、ベルリンしかないと、もうドイツの人はみんなそう思っていたのね。ところが、開催地はシドニーに決まった。つまり、あのときのＩＯＣの本当の事情を知りたいの。当時のトレガーさんは、ドイツスポーツ界のトップに君臨していた人物だったしね……」

　この日の午後。私は高橋の紹介で、二〇〇九（平成二十一）年まで二十年間にわたってＩＯＣ委員を務める一方、ドイツＮＯＣ（国内オリンピック委員会）会長などの要職を歴任してきた、ワルター・トレガーにインタビューすることになっていた。もちろん、大島鎌吉についての話を聞くためであり、現在もドイツスポーツ界の重鎮の一人である彼は、ドイツにおける大島について語れる「最後の生き証人」といわれていたからだ。

スペインにいらっしゃるんなら、フランクフルトにも寄りなさいよ。ビルバオから飛行機でなら二時間ほどで来られるわ。以前からインタビューをしたいといっていた、ワルター・トレガーさんに会えるように段取りするわ……。

以上の内容のメールが高橋から届いたのは、二ヵ月前の二月初旬だった。別途の取材を兼ねて四月にスペイン・バスク地方の都市ビルバオとゲルニカを訪ねようとしていた私は、即座にドイツ行きを決めた。以前から、ドイツにおける大島鎌吉を知るワルター・トレガーを取材したいと思い、彼女に仲介役を依頼していたからだ。

トレガーに会って取材する場所は、まさに森の中にあるDOSBの本部があるドイツスポーツ会館一階の理事室であり、通訳は高橋が快く引き受けてくれた。

トレガー取材の約束の時刻は午後一時――。

それよりも一時間半ほど早くドイツスポーツ会館に着いた私たちは、ドイツスポーツ少年団事務局秘書のユタ・サリバの計らいで、隣接するヴァルトシュタディオンを見学することにした。二〇〇六年のFIFA（国際サッカー連盟）ワールドカップの会場となり、二〇一一年には女子ワールドカップの決勝戦が行われ、「なでしこジャパン」が〝奇跡の優勝〟を果たしたスタジアムである。建設されたのは一九二五年で、日本の年号でいえば実に八十七年前の大正十四年だった。

秘書のサリバを傍らに、高橋が説明した。

「ヴァルトシュタディオンの〝ヴァルト〟は日本語で〝森〟という意味なの。だから、昔からドイツ人は『森の競技場』と呼んでいるわ。でもね、七、八年前になるかしら、フランクフルトの大手銀行のコメンツ銀行が命名権を獲得したの。だから、現在の正式な名称は『コメンツバンク・アレーナ』。でも、FIFAの大会が行われるときは企業名を入れてはいけないため、大会期間中は『シュタディオン・フランクフルト』といっていたみたいね……」

三階観客席から俯瞰《ふかん》するピッチの緑の芝生は眩《まぶ》しく、コンコースからは遠くにフランクフルト市街の高層ビルを望むことができる。周辺にはサッカーやアメリカンフットボールの練習用グラウンド、テニスコート、スイミングプールなどの施設があった。

午後一時ちょうど。約束通り、フランクフルトの中心街で余生を送っているという、七十三歳のワルター・トレガーは柔和な表情を見せつつ、ドイツスポーツ会館にやってきた。秘書のサリバが案内してくれた理事室で私と握手を交わした。そして、私が差し出した旧知の大島の写真を見るなりトレガーは目を輝かせ、懐かしむように低い声で二度呟《つぶや》いた。

「ケンキチ、ケンキチ……」

2

東日本大震災「3・11」から半年を迎えようとしていた、二〇一一（平成二十三）年九月二日だった。スイス・ローザンヌに本部を構えるＩＯＣは、二〇二〇年の夏季オリンピック開催地に東京、ローマ（イタリア）、マドリード（スペイン）、イスタンブール（トルコ）、ドーハ（カタール）、バクー（アゼルバイジャン）の六都市が立候補したと発表した。そのため開催地を決める二年後、二〇一三年九月七日にアルゼンチン・ブエノスアイレスで開催されるＩＯＣ総会に向け、さっそくＪＯＣ（日本オリンピック委員会）は、オリンピック招致に本格的に取り組むことを宣言。３・11が起こった際に「大震災は天罰」という被災者の心を逆なでする暴言を吐いた当時の東京都知事・石原慎太郎ではあったが、一転して今度は「復興オリンピック」をスローガンに掲げた。

しかし、九年も先のオリンピック開催に当時の国民の関心は低かった。なにせ二年前の二〇〇九（平成二十一）年十月二日、ＩＯＣ総会がオランダ・コペンハーゲンで開かれたときだった。二〇一六年大会の開催都市に立候補した東京は、シカゴ（アメリカ）、リオデジャネイロ（ブラジル）、マドリード（スペイン）の三都市と争ったものの、最終投票に進むことなく、二回目の投票であえなく落選している。

その敗因は――。

ＩＯＣ調査による都民の開催支持率は、四候補都市の中でも最低の五十五・五パーセント。そのことが、投票権を持つ多くのＩＯＣ委員に不信感を抱かせた。開催地に決まったリオデジャネイロの支持率は八十四・五パーセント。最終投票でリオデジャネイロに敗れたマドリードは、それよりも高い八十四・九パーセントだった。また東京の場合は、百四十九億円もの巨額の招致運営費をかけたことに関しても、ＩＯＣ委員たちから「使いすぎだ」と批判を浴びている。他の都市はその半分以下だったからだ。

そのような前回の招致失敗の反省の弁もうやむやのまま、再び東京はオリンピック招致に手を挙げたのだ。

そして、二〇一二（平成二十四）年二月十六日。多額の公的債務を抱えて財政再建を進めていたローマが、オリンピック招致を断念した二日後だった。「チャンス到来！」とばかりに、JOC会長の竹田恒和を理事長とする「東京2020オリンピック・パラリンピック招致委員会」は、二〇二〇年オリンピック開催招致に向け、開催計画の概要をまとめた申請ファイルを公表。同時に、IOCに提出したことを発表した。

しかし「環境重視」をアピールした前回同様に、その申請ファイルを見れば今回も頷《うなず》けない内容だった。

例をあげれば「スポーツの力が、いかに困難に直面した人たちを勇気づけるかを世界に示す」とし、サッカーの一次リーグ戦の一部試合を被災地・宮城県の宮城スタジアムで開催することを盛り込んでいる。さらに、福島から東京までの距離は二百キロ以上もあると強調。原発事故の災害リスクも極めて低く、地震や津波などの自然災害による中断リスクも低い、といった分析結果も付け加えた。

が、3・11後にも多発する地震、懸念される首都圏直下の地震発生への不安、加えて福島第一原発事故が完全に収束していないことを考えれば、あまりにも楽観的であり、認識が甘いといってもよい。

また、前回批判された招致運営費については半分の七十五億円に減額すると強調しているが、それでも約三十億円のマドリードやイスタンブールの二倍以上である。さらに国民が納得できないのは、先に記したように「復興オリンピック」をスローガンに掲げる当時の東京都知事が、積立金四千億円を擁していることを誇示したことだ。招致選定で重要視される開催能力が他の都市よりも優れていることを力説しているわけだが、積立金という名の埋蔵金を誇らしげに口にする無神経さに呆《あき》れてしまうのだ。

振り返れば、一九六四（昭和三十九）年の東京オリンピック後、夏季オリンピック招致のために日本は二〇二〇年大会の立候補までに、三回立候補しているものの、いずれも落選していた。一九八一（昭和五十六）年に立候補した名古屋市は、一九八八（昭和六十三）年開催地招致に韓国・ソウルに敗退。その十三年後の二〇〇一（平成十三）年に大阪市は、二〇〇八（平成二十）年開催地招致に立候補した。が、第一回投票で六票しか獲得できずに、四十四票の中国・北京の足元にも及ばなかった。そして、四年前の東京招致失敗で三連敗……。

招致失敗を招いた真の敗因は、どこにあるのだろうか――。

その大きな要因は、日本スポーツ界の組織力の低下であり、外交力の軟弱さにある。つまり、大多数の国民の支持を得て心の底から招致成功を願うなら、少なくともIOC会長をはじめとした百余人のIOC委員たちと頻繁に交流を重ねながら、世界のスポーツ事情を把握できる人材を育成し、招致委員会を組織化しなければならない。

二〇〇九（平成二十一）年十月、四年前の東京招致失敗の反省からだと思われるが、一応その対策としてＪＯＣは、二〇一一（平成二十三）年七月に「国際人養成事業」を開講していた。かつてのトップアスリートや各競技団体職員ら二十人を選抜し、世界のスポーツ事情やスポーツ外交などについて学ばせているという。が、当然のごとく一朝一夕で国際人——コスモポリタンを育成できるはずはない。

そのためだろう、招致失敗のたびに、一九六四（昭和三十九）年の東京オリンピックを知る多くのスポーツ関係者の間から、「大島鎌吉」の名が囁《ささや》かれるのだ。

——やっぱり〝鎌さん〟のような人物が出てこない限り、招致は難しい……。

大島は身近な仲間内から、頼られたり親しみを込められしたりして「鎌《かま》さん」とか「鎌《けん》ちゃん」と呼ばれていた。

大島鎌吉——。

すでに享年七十七で泉下の人となって四半世紀以上の歳月が流れ、もはや忘れられた存在になっていることは否めない。

しかし、大島こそが、敗戦後の日本復興のシンボルとなった、あの「東京オリンピック」を成功に導いた人物だった。

3

大島鎌吉とは、どのような人物だったのか。写真を見てみよう。

若い頃に陸上競技で鍛え、オリンピック・メダリストでもある大島の身長は百七十センチ、ベスト体重は六十キロ。見るからに痩身であり、けっして健康的な体躯とは思えない。眼鏡の奥からの視線は鋭く、いつも唇を歪めていることも、それを物語っている。性格は温厚というよりも、癇性の強い人であるように見える。日本を代表するスポーツマンであったことを知らない人ならば、たとえば研究室に閉じこもる気難しい在野の学者か研究者、あるいは社員名簿を手にリストラに取り組む人事担当者に見えるかもしれない。いずれにせよ一筋縄ではいかない風貌であり、できればあまり近づきたくないタイプの人物といってもよさそうだ。

五十代から七十代にかけて撮影されたと思われる数枚の写真を見ると、以上のような雰囲気を漂わせている。表情はいつも無愛想で、和んだ表情の写真にはお目にかかれない。

ところが、ある一枚の写真を見れば、考え直すに違いない。それは六十七歳を迎える頃、ほぼ同じ年代の女性写真家に撮られたもので、生前の大島と親交のあった関係者によれば、本来の姿を見事に活写しているという。それというのも、撮影者は大島の長女・三智子の夫である、写真家・立木義浩の母・立木香都子の作品であるからだ。一九一五（大正四）年生まれの彼女は、故郷の徳島市で戦前から文化サロン的な立木写真館を経営。一九八〇（昭和五十五）年四月から半年間にわたって放映された、NHK連続テレビ小説『なっちゃんの写真館』のモデルになった写真家としても知られている。

そのような写真家・立木香都子が撮影したこの一枚の写真は、一九七五（昭和五十）年に北日本出版社から刊行された『100人の写真家による現代ぽおとれえと作品集』に収められたものである。

が、単に姻戚関係にあるだけで大島を取り上げたわけではない。百人の写真家たちは、それぞれにその時代の「時の人」を被写体に選んでいるからだ。一九七五年当時の大島は「みんなのスポーツ運動」を展開する一方、大島アピールの一つである『センチュリープラン（百年計画構想）』を発表している。彼女は、いち早く「みんなのスポーツの提唱者」としての大島鎌吉を被写体に選出したのだ。

いずれにせよ、彼女に撮影された大島は、スーツにネクタイ姿でカメラを前にしている。眼鏡の奥からのはにかむような視線、目じりと口元の皺《しわ》、広い額、それに櫛目の通った半白の頭髪。その風貌からはインテリジェンスと、一徹な人生を歩んできた気骨さえも感じさせる。また、日本人離れした顔立ちは、高校時代から海外遠征を繰り返していたためだろうか……。

大島のプロフィールをざっと辿ってみたい。

一九〇八（明治四十一）年十一月十日、石川県金沢市生まれ。陸上競技三段跳選手だった大島が、世間にその名が知られるようになったのは、金沢商業学校（現・石川県立金沢商業高校）時代だった。アジア大会の前身といわれる第八回極東選手権大会に出場し、銀メダルに輝いたからだ。そして、初めてオリンピックに出場したのは、関西大学学生時代の一九三二（昭和七）年夏に開催された、第十回オリンピック・ロサンゼルス大会のときであり、銅メダリストになっている。金メダルが期待されたものの、不運にも選手村宿舎のガス風呂爆発に遭遇。両脚と両腕・腹部に傷を負う大火傷に見舞われ、本来の跳躍を発揮できなかったからだ。

その鬱憤を晴らしたのは、二年後の大阪毎日新聞社（現・毎日新聞社）に入社した年の一九三四（昭和九）年九月十六日。兵庫県西宮市の甲子園南運動場で開催された、日米対抗陸上競技近畿大会のときであり、三段跳で一五メートル八二の世界新記録を樹立したのだ。

さらに、その二年後の一九三六（昭和十一）年夏に開催された、第十一回オリンピック・ベルリン大会に再び出場。日本選手団主将として旗手を務め、三段跳で六位入賞を果たしている。その後は現役選手を引退し、新聞記者生活を続けながら、いち早く海外から科学トレーニングを取り入れるなど後輩を指導することに専念。ドイツ語と英語に堪能で、ロシア語も話せたため、海外遠征の際は団長や監督を任せられていた。

そして、一九三九（昭和十四）年九月に第二次世界大戦が勃発すると、自ら従軍記者を志望して――選手団を率いてヨーロッパから帰国する途中、ニューヨークに寄港したときだった――再びドイツに引き返した。妻子を日本に残し、終戦までの六年間にわたり、一度も帰国することなく、ドイツ・ベルリンを中心にヨーロッパ全土を取材する特派員生活を送っている。アドルフ・ヒトラーに直撃インタビューを敢行するなど、戦場に出向いては多くのスクープをものにする敏腕記者として知られていた。ソ連軍の砲撃で修羅場と化したベルリン陥落の瞬間、ナチス・ドイツの終焉を果敢にも取材した唯一の日本人記者でもあった――。

このような戦前における大島の経歴については、一部のスポーツ関係者の間で知られていただけで、これまでほとんど公に報じられることはなかった。その理由は、オリンピック出場に関していえば、ロサンゼルス大会における三段跳の金メダリストは南部忠平であり、ベルリン大会では田島直人だったからかもしれない。常に大島は陰に隠れた存在だった。

　さらに終戦後の大島は、日本スポーツ界復興のために奔走している。ドイツ・チャンネルを駆使し、青少年育成を掲げて日独交流を実施。念願の「日本スポーツ少年団」発足に情熱を注いだ。一九六四（昭和三十九）年の東京オリンピックの際は、選手強化のために科学トレーニングを導入し、海外から著名な指導者を次々と招聘した。

　もちろん、東京オリンピック終了後も欧米のスポーツ関係者との深い交流は続いた。


　再び、フランクフルト郊外の森の中にある、ドイツスポーツ会館の理事室――。

　私が差し出した大島の写真を、トレガーはしばしば凝視して、「ケンキチ、ケンキチ……」と、懐かしむように呟いてから、大島について語りだした。

「私とケンキチは〝Ｄｕ《ドゥー》〟の関係だったね。ドイツ語ではあなたと呼ぶ場合は〝Ｓｉｅ《ズィー》〟とも言うが、親しい者同士のときはＤｕ（俺、お前）と呼び合う。それだけケンキチとは深い付き合いだった。一九六二年と六三年に私は、六四年十月の東京オリンピック参加のために日本に行った。その頃に彼と知り合った。もちろん、ドイツに来れば世界のスポーツ事情などについて話をし、町に出てはワインを飲みながら話をした。私はタバコを好むことはないが、ケンキチは酒もタバコもやったね。彼はドイツ語に堪能だったため、カール・ディームとゲルト・アーベルベックとも信頼関係にあった。二人とも戦後のドイツスポーツ界をリードしてきた人物だったからね」

　トレガーは柔和な表情を崩さず、ときおり大島の写真に視線を送りつつ語り続けた。

「とくにディームは、戦前のナチス時代のドイツスポーツ最高峰にいて、一九三六年のベルリン・オリンピックのときの組織委員会事務総長だった。だから、ベルリン・オリンピックに出場したケンキチは新聞記者ということもあり、ディームに興味を持ったんだろうね。ディームからドイツスポーツの哲学・教育・社会・組織・技術など、あらゆるものを学んだと思う。当時のドイツと日本は同盟国だったしね。戦後の一九五〇年にディームは、DOG（ドイツオリンピック協会）を設立させ、オリンピック思想を普及させている。

それに一九六一年には、いまでも世界各国のスポーツ施設の指針となっている『DER GOLDENE PLAN（ゴールデンプラン）』を発表した。それらに傾倒した探求心旺盛なケンキチは、戦後もディームたちから多くを学び、日本スポーツ界発展に力を注いだんだろうね。私が初めて日本に行った一九六二年に、ケンキチは日本スポーツ少年団を発足させていると思うが、それはディームの思想を受け継いだものだろう。それ以前からケンキチは、夏になると日本から青少年を連れてドイツに来ていたからね。あなたは日本においてケンキチはあまり知られていなかったと言うが、私が知る限りドイツにおけるケンキチは、スポーツ関係者の誰もが知る著名人だった……」

トレガーも観察するように、大島がカール・ディームと緊密になるのは一九三六年の第十一回オリンピック・ベルリン大会を契機としている。それ以降の大島はディームを「スポーツの哲人」と崇めていた。一方でディームは、生涯続く大島との親交に敬意を表し、「ケンキチ・オーシマとの最初の出会いは一九三二（昭和七）年のロサンゼルス・オリンピックのときだった」――と、印象深く回想録に記述している。たしかに大島は選手として、ディームは役員としてロサンゼルスで邂逅《かいこう》している。二人は「オリンピック」の絆で結ばれた仲間であったのだ。

　トレガーは和んだ表情で、私を前に言った。

「これからのドイツスポーツの課題は、会則にも載っているんだが、スポーツが青少年育成や市民のために重要だということを、もっとポピュラーにしなければならない。このことについては日本も同じだと思うね。IOCはオリンピックだけを開催しているのではなく、青少年スポーツ、障碍《しょうがい》者スポーツ、みんなのスポーツ、生涯スポーツ、さらに環境問題や人権問題なども重要視している。とくに3・11後の日本は原発事故により、フクシマ生まれのあなたが語るように、放射性物資汚染による子どもたちの運動不足などが、ドイツでも報じられている。だから、もっと大人は子どもたちのためにも、スポーツに目を向けなければならない。この思いは亡くなったケンキチ、それにカール・ディームの思いでもあるはず。生前のケンキチは、ここフランクフルトに来てね、そのたびにお酒を一緒に飲んだ。口癖のように青少年育成について語っていた……」

　今回の東京オリンピック招致に関しても尋ねた。四年前の一回目の招致の際、トレガーは投票権を持つIOC委員だったからだ。

「二〇〇九年のIOC総会のときに東京に投票しましたか？　また今回の東京は『3・11からの復興』をスローガンに掲げているが、どう思いますか？」

　私の問いに対し苦笑しつつ、トレガーは言った。

「それは秘密だね。言えるのはリオデジャネイロに勝つのは並大抵のことではなかったと思う。ただし、ケンキチと出会った一九六二年以来、私と東京は気持ちがつながっている。まあ、今回の東京が『復興オリンピック』を掲げるのは、それは趣味の問題だ。招致に乗り出す都市は、いろいろとアピールしてくる。東京にとって3・11からの復興は最大のアピールなんだろう。もちろん、引退した現在の私には投票権はないが、いまでも竹田さん（恒和、JOC会長）や水野さん（正人、JOC副会長）とはよく話す。二人はいいコンビだと思う」

そう言って、一拍置いてから続けて言った。

「私は二十年間もIOC委員を務めたが、オリンピックを招致することは、かなり大変な作業だ。それは国内においても同じだった。たとえば、二〇一八年の冬季オリンピックは、韓国の平昌《ピョンチャン》で開催される。二〇一一年のIOC総会で開催地は決まったんだが、あのときはミュンヘンとフランスのアヌシーも立候補していた。ドイツ国内でも反対する者も当然いたんだが、賛成する者が多かった。そこで招致活動をしたんだが、投票の結果はミュンヘンが二十五票で、アヌシーは七票しか獲得できず、六十三票の平昌に負けてしまった。オリンピックを開催したいという国はいくらでもあるからね」

ここで通訳役の高橋が私に「一つだけ私にも質問させて」と言ってきた。あの一九九三年のIOC総会で二〇〇〇年の開催地を決める際、なぜ立候補していたベルリンがシドニーに負けてしまったのか、その理由を尋ねたかったのだ。

そう質問する高橋を前にトレガーは、再び苦笑しつつ言った。

「私もノリコと同じように、ベルリンで決まると信じていた。でも開催都市はシドニーになった。

いえるのは、投票権を持つＩＯＣ委員は百名ほどいて、それぞれの考えが当然のように違う。つまり、百ほどの頭脳があるということだ。二十年間も私はＩＯＣ委員を務めてきたが、苦労したのは二〇〇八年の開催地に北京が決まったときだった。何故なら人権問題があり、かなり議論した。たとえば、私たちは西側の民主主義を主張する。しかし、はたしてそれが正しいのか……。ＩＯＣは民主主義をアピールすることを任務にしているのではないし、必ずしも民主主義自体がいい状態だともいえない……」

私は、あらためて尋ねてみた。

「二〇二〇年の開催地は東京とイスタンブールの一騎打ち、両都市の争いになると、そういわれています。どうでしょうか？」

トレガーは答えた。

「そうは言えない。マドリードも三回連続して立候補している。二〇一三年九月七日にブエノスアイレスで開催されるＩＯＣ総会では、会長の選挙（十日）もある。いまの時点ではロゲ会長は立候補しないようだ。だから、二つの重要な選挙がある。会長選挙も開催地招致に影響を与えると思う……」

そう語るトレガーの目には厳しさが宿っていた。それは東京オリンピック招致が難しいことを暗示するものなのか。それとも東京にも充分チャンスがあるということか……。

大島の母校である、大阪府吹田市にある関西大学――。

三十年間にわたって「大島思想」を研究する伴義孝を訪ねたのは、二〇〇九（平成二十一）年の十一月だった。二年後の春に教授を定年退職したが、名誉教授になった現在も大島研究に余念がなく、二〇一三年春には、大作『大島鎌吉というスポーツ思想―脱近代化の身体文化論―』（関西大学出版部）を刊行している。

世界に三つしかないカール・ディームのデスマスク（他の二つはドイツ・ケルン体育大学と、スイス・ローザンヌのIOC本部）や、大島の遺品・蔵書などが納められている、文学部身体運動文化専修教室「大島アーカイブス」で取材に応じた。

「戦後からの日本スポーツ界は、七十年近く経っても何も変わっていないし、よくもなっていない。経済発展に付随して量的な拡大があるだけです。これは、死線のドイツから帰還した大島の目に映った日本が、つまり戦後の資源のない日本が、運よく朝鮮戦争による特需景気をバネにして、無謀にも〝スポーツと人間〟のあり方の本質問題を路傍に置き去りにしてしまった顛末です。一応、オリンピック選手強化対策本部長の大島が中心となり、戦後から十九年目に開催された東京オリンピックは成功した。その結果、たしかに大島は『東京オリンピックをつくった男』と呼ばれるようになった。

しかし、東京オリンピック後も日本は、ひたすら工業立国戦略へと突っ走った。そして、スポーツ界もまたその路線上で〝スポーツの表層〟にしか視点を当てることができず、大島の考えとは違った道を歩んでしまった。だからこそ大島は、戦後から一貫してスポーツの本質を求めて孤軍奮闘した。いまこそ日本スポーツ界は『大島思想』を見直すべきです」

伴は、私を前に力説した。

一九六四（昭和三十九）年に開催された東京オリンピックの成功で『東京オリンピックをつくった男』といわれた。さらに「アジアのカール・ディーム」と称された、ケンキチ・オーシマこと大島鎌吉なる人物はいったい何者か。その正体は――。

二〇〇九（平成二十一）年十月初旬。東京が二〇一六年大会のオリンピック招致に失敗した後、私は知られざる大島の実像を求める取材を開始した。

第一章

八咫烏《やたがらす》

1

近代スポーツの夜明けを迎えようとしていた——。

大島鎌吉《けんきち》が誕生する十二年前の一八九六（明治二十九）年。近代スポーツの大いなる指針となり、後に「大島思想」の根幹を成す、注目すべき「二つの変革」がヨーロッパで起こっている。

十九世紀後半。産業革命による機械文明と、それに伴う資本主義が台頭してきた時代だった。学歴を重んじる主知主義を優先する社会に反駁するように、二つの変革は起きた。進歩的学者たちに限らず、青少年たちも「机上で思考する学問では、生き方の問題は解決できない。経験をより多く積むべきだ」——などと主張し、きたる二十世紀に向け、真の人間像を求め「生の哲学」を模索する運動が展開されていた。

まずは、その先陣を切ったのが、フランス貴族男爵のピエール・ド・クーベルタンだった。「筋力逞《たくま》しい身体の中で、火のように燃える魂」を座右の銘とする彼は、千五百年にわたって閉ざされていた、オリンピック競技大会復興を提唱。オリンピック精神こそが人類史上初のスポーツ思想になりえると、世界に発信した。紀元三九三年まで千年もの長い期間、四年ごとに開催されていた古代オリンピックが「平和の祭典」といわれていたからだ。

たとえ戦争が起きていても、大会開催期間中の前後三ヵ月間は、すべての都市国家は休戦しなければならない——。

この精神に着目したクーベルタンが、近代オリンピック開催を提唱したのだった。


イギリス海峡に臨むフランスの北西部の地方、ノルマンディー出身のクーベルタン家は、世界を股にかけて行動する家系として知られていた。一八六三（文久三）年生まれ。その血を受け継ぐクーベルタンは、主知主義や合理主義を主流にした思想や、資本主義によって形式化した物質的社会と対峙する思想家でもあった。自らの思想を遂行するには、オリンピック精神を浸透させることがもっとも効果的だと考えたのだ。もちろん、クーベルタンはスポーツの実践者でもあった。

一八八三（明治十六）年、二十歳のときだ。彼はイギリスに渡り、ラグビー校、イートン校、ハロー校、ウィンチェスター校など、全寮制のパブリックスクールの教育制度を見聞した。とくにラグビー校の校長としてパブリックスクールの教育を刷新したトーマス・アーノルドのスポーツ教育思想——自由闊達なスポーツ教育に目を見張った。中等学校のパブリックスクールの生徒には、オックスフォード大学やケンブリッジ大学などの名門大学に入学できる道があり、中央の官僚や政治家の支配色が強かった。しかし、アーノルドの青少年教育には、「スポーツは政治には関わらぬ」という強い思想を垣間見ることができたし、何よりもクリケット、ボート、フットボール、ラグビー、陸上競技などに積極的に取り組む生徒たちの表情は明るかった。クーベルタンはフットボールに夢中となり、レフェリーの資格まで取得している。

同時に彼は、祖国・フランスを復興させることができるのは、スポーツを通じて青少年の士気を高めることだと思った。当時のフランスは、プロイセン王国との戦い（普仏戦争）に敗れ、首都のパリが陥落。ドイツ帝国統治下にあったため、青少年をはじめとする国民は意気消沈するだけでなく、了見の狭い愛国心を政府から強要され、伝統ある騎士道精神に疑いを抱いていた。将来への希望、展望を見失っていたからだ。さらにクーベルタンは、意を強くした。

オリンピック競技大会復興こそが、人々を救える唯一の教育ではないか——。

彼は欧米を中心とした世界のスポーツ事情を視察しつつ、各国のスポーツ関係者にオリンピック精神を伝え、競技大会復興を訴えた。一方、フランス国内の神学校がスポーツクラブ創設の際は援助し、競技会を組織し、スポーツを奨励した。

そして、三十歳のときに、ついに行動を起こした。母校であるパリのソルボンヌ大学で開催された、表向きはスポーツ競技ユニオンの五周年記念式典のときだった。壇上から彼は、ヨーロッパの交歓競技会開催を提唱する一方、古代オリンピックについて説明した。オリンピック競技大会復興に対する支持と協力を要請し、オリンピックの復活こそが青少年のための新たなスポーツ教育であり、社会を改変する起爆剤になることを力説した。

さらに、二年後の一八九四（明治二十七）年六月。同じソルボンヌ大学で開催される国際体育会議こそが、オリンピック競技大会復興宣言の場だと考えたのだ。そこで会議が開催される一年ほど前に、自ら最高委員会を設置。旧知の仲であるイギリス人の国際競技連盟秘書のC・ハーバード、アメリカのプリンストン大学教授のW・M・スローンの二人を委員に抜擢し、用意周到に準備を進めた。ことあるごとに新聞や機関誌などに寄稿し、オリンピック競技大会の復興、古代ギリシャにおけるヘレニズム精神の重要さを説いた。一方、十ヵ月間を費やして議題を決め、プログラムは仏文と英文で作成した。その議題の草案ができあがった時点で、各国の有力なスポーツ関係諸団体に発送した。大別すると議題は、①「アマチュア・スポーツとプロ・スポーツ」、②「オリンピック競技大会の復興」の二つであり、会議の狙いはオリンピック競技大会の復興にあった。

さて六月十六日から開催された会議には、アメリカ、フランス、イギリス、ギリシャ、ロシア、スペイン、スウェーデン、イタリア、ハンガリー、ベルギーなど二十ヵ国、四十七団体、七十九名の代表者が出席した。開会式では、古代ギリシャの都市国家デルポイの廃墟から発見された「アポロへの賛歌」が演奏・合唱され、会場の雰囲気を盛り上げた。もちろん、クーベルタンたち三人の最高委員会の、知恵を絞った演出であったことはいうまでもない。

それらの用意周到さが奏功した。連日の会議は思惑通りに進められ、主にオリンピック競技大会復興について議論された。結果、①一八九六年をもって近代オリンピアードの第一年とすること、

②大会は四年ごとに各国の大都市で開催すること、③競技種目は近代スポーツに限ること、④第一回大会の一切の準備は、クーベルタンおよびディミトリオス・ヴィケラス（ギリシャ）に一任すること、⑤オリンピック大会開催に関して最高の権威を持つ国際オリンピック委員会（IOC）を設立すること――以上の五項目が全員一致で可決された。

ただ一つ、クーベルタンの目算違いは「第一回大会を二十世紀の第一年目に開催し、開催地をパリにしたい」という提案が、多くの出席者の希望により開催年を二年後の一八九六年とし、開催地を古代オリンピックゆかりの地であるアテネに決定したことである。当初、クーベルタン自身も、第一回大会開催地にアテネを選ぶのは本筋であると考えていた。しかし、独立したばかりのギリシャの政情不穏を知れば、たった二年の準備期間で国際大会を開催するには時期尚早だと思ったからだ。

ところが、その主張に対し、ギリシャ代表のヴィケラスは、祖国の威信に懸けて誠心誠意身体を張り、国家的事業として準備を遂行すると約束した。そのヴィケラスの勇気ある言葉を信じ、二年後のアテネ開催の案に納得したのだった。その結果、IOC会長は開催地の国から選出するという規約により、ヴィケラスが初代会長となった。ちなみにクーベルタンがIOC会長に就任したのは、アテネ大会終了後の一八九六（明治二十九）年であり、以後一九二五（大正十四）年まで、実に三十年間にわたって君臨することになる。

ともあれ、六月二十三日の会議最終日には、IOCの構成創立委員十四名が選出され、近代オリンピック復興宣言は行われた。クーベルタンは、人類初の平和運動になることを願った。それが普遍化した社会を目指すための「生の哲学」であり、近代オリンピックの使命と考え、世界に発信したのだった。

一八九六（明治二十九）年の四月六日。こうしてクーベルタンによる変革は結実し、第一回オリンピック・アテネ大会は開幕された。


そして、もう一つの「変革」とは――。

十九世紀後半から二十世紀にかけてのヨーロッパのスポーツ事情を辿ると、さらに近代スポーツを語る場合の、見逃すことができない変革が起きている。青少年たちが自発的に始めた「ワンダーフォーゲル運動」と、それを一歩進めて思想を確立した「ユーゲント・ヘヤベルグ活動」である。それは奇しくも、第一回オリンピック・アテネ大会が開催された年、一八九六年にドイツで起こった。

ベルリンの郊外西へ十キロ地点にある小さな町、シュテーグリッツの進学校として知られていた、中等教育機関のギムナジウム。十五歳の学生であるカール・フィッシャーは、仲間とともに自然主義を掲げ、都会の汚れた環境から逃れる野外活動を始めた。彼らは自然と自由を求めて野山を歩いた。野原や川辺などでギターを弾き、歌をうたい、食事を作り、キャンプファイアーを囲みながら語り合う。さらに長期休暇に入ると、わずかなお金と着替え、食料などをリュックサックに詰め込み、放浪の旅に出た。行く先々の土地の人たちと交流を持ち、その地の文化や伝統を知り、納屋や空き家などに泊めてもらう。遍歴をしながら、けっして学校では学ぶことができない見聞を広めた。

　そのような青少年たちによる運動が「ワンダーフォーゲル」と名付けられたのは、一九〇一（明治三十四）年。二十世紀に入った年の十一月四日の夜だった。カール・フィッシャーを筆頭とした青少年たちが、シュテーグリッツの役所の地下室に集合した。会合の目的は、徐々に青少年の間に浸透しつつあった「遍歴の旅」に相応《ふさわ》しいネーミングを付けることだったが、なかなか意見がまとまらなかった。そんなときだ。会合の行方を部屋の片隅で見守っていた一人の少年が立ち上がって発言した。

「〝ワンダーフォーゲル〟にしようじゃないか……」

　少年の名は、ヴォルフ・マイネン。シュテーグリッツの機械屋の徒弟で、たびたび遍歴の旅に参加していたものの、人前ではあまり喋《しゃべ》らないおとなしい少年だった。その彼が口にしたワンダーフォーゲルとは、ドイツ語で「渡り鳥」という意味であった。渡り鳥のように、自由に自分で意思を決め、自分の翼を信じ、自分の行為に責任を持ち、しっかりと隊列を組み、目的地に向かって飛ぶ。青少年たちは仲間とともに遍歴する自分の姿を、渡り鳥に投影させた。全員が相槌を打ち、賛成した。

　ぼくたちはワンダー（遍歴）する、フォーゲル（鳥）なんだ――。

　こうして「遍歴の旅」は、「ワンダーフォーゲル」と呼ばれるようになった。以来、卒業後に体育教師となったカール・フィッシャーたちの普及活動により、またたく間にドイツ全域に広がり、やがてフランス、オーストリア、ポーランド、チェコ、ハンガリー、その他のヨーロッパ各国に伝えられた。多くの青少年たちが渡り鳥のごとく、自発的に遍歴の旅に出るようになったのだ。

そして、さらにワンダーフォーゲル運動を一歩進め、その思想を確立させたのが、一八七四（明治七）年生まれの教師だったリヒャルト・シルマンである。後に「ドイツ少年の父」と称され「ユースホステルの創設者」としても知られる彼は、二十七歳を迎えた一九〇一（明治三十四）年だった。バルト海の南岸に位置する、自然豊かな東プロイセンの地であるグルネンフェルトの故郷を離れ、ドイツの工業都市であるゲルゼンキルヒェンの学校に赴任した。

ドルトムントに近いゲルゼンキルヒェンは、人口二十六万人ほどで、現在はプロサッカー・ブンデスリーガ所属の名門チーム「シャルケ04」の本拠地として知られている。十九世紀あたりから産業革命とともに急激に発展した炭鉱町として、一時は人口四十万に達した都市である。しかし、林立する工場の煙突からは絶え間なく煤煙が舞い上がり「火の町」とか「黒ダイヤの町」といわれ、ドイツ経済を支える基幹産業を擁していたものの、町の環境は公害によってことごとく汚染されていた。

自然豊かな東プロイセンの田舎で生まれ育ったシルマンは、この地に赴任した際「教育する場ではない」と思った。校舎はまるで監獄のように薄暗く、子どもたちを解放することを拒んでいるかに見えたからだ。生徒たちは強制されるように机に座り、教科書を開く。そこには温もりは感じられなかった。近視になり、背骨は曲がり、胸は病み、顔色は青ざめ、運動する自由さえも奪われていた。

それまでのシルマンの授業は、他の教師たちとはかなり違う、ユニークなものだった。「教科書だけでは人間形成はできない」という教育方針を掲げ、牧歌的な風景の中で子どもたちと接して一体となる教育方針を貫いていた。ときには「今日はワンデルンシューレ（移動教室）をやろう」と言っては、子どもたちと一緒に馬車に乗り、海辺や野山に行く。自然の中で「生の教育」を実践していたのだ。

しかし、ゲルゼンキルヒェンはあまりにも違う環境だった。はたしてこの地で、子どもたちに本当の教育をすることができるであろうか——。

二十七歳のシルマンは苦悶する毎日を過ごさなければならなかった。もちろん、悩みながらも、いつもリュックサックを背に、たとえ一人といえども遍歴を繰り返した。市民からは「裸足《はだし》旅の先生」と揶揄《やゆ》され、好奇な目で見られていたものの、気にも留めなかった。根っからの明るい性格のためだろう。市民を避けることなく進んで交流し、いつしか親しくなり、信頼されるようになった。

そして、ついに子どもたちを連れ出すことに成功した。放課後や週末には郊外に出かけては野山や川で遊んだ。長期休暇に入ると、緑のしたたるミュンスターランドや、ルールの山々にまで遍歴の旅をした。当然のように子どもたちは、久しく受けてきた公害と苦難から次第に救われるようになった。彼は、あらためて思った。

自然は一番優れた教科書なんだ——。

生涯忘れることができないという、こんな感動の瞬間もあった。それは、子どもたちが銀のように澄んだ小川で魚が元気よく泳ぐ姿を見て、思わず歓声を上げたときだった。それまで子どもたちが見ていた魚といえば、魚屋の店先に並べられた商品としての、死んだ魚だったからだ。彼は、自然という無限の泉からほとばしるパワーが、いかに青少年の教育に大きな作用を持っているかを実感した。

一九〇三(明治三十六)年の暮れ、シルマンはザウアーランドのアルテナの学校に赴任した。小高い教室の窓からは、緑に縁取られた丘を眺めることができた。しかし、たとえ自然に恵まれている環境であるにせよ、やはり子どもたちには遍歴の旅が必要だと思った。放課後になると子どもたちとともに野山を歩き、週末には自然探求の旅に出た。

彼は、ドイツ全土に発信した。「教師は生徒の指導者であり、教育者であり、友達だ」の信念を掲げ、「新鮮な空気の学校」「豊かな光線の学校」だけが教育目的を果たす、と宣言したのだ。——生徒は、自分の独自の観点から土地と人についての知識を得、故郷と祖国への愛情を呼び覚まし、その上に意思の強い世代を形づくるのです。

さらに彼は、長期休暇期間の学校は旅の宿(ヘヤベルグ)として開放する「青少年ヘヤベルグ活動」を展開し、論文を新聞に発表。世論の支持を得るとともに、各方面の企業や団体に交渉し、ヘヤベルグ建設のための寄付金を募った。その寄付金で簡易ベッド、毛布、敷布などを購入。生徒に限らず、すべての青少年に門戸を開いたのである。

もちろん「理想主義者の幻想的な思想だ」と言って、反感を抱く者もいた。しかし、彼はいつものように気にせず、情熱を持って計画に向かって突き進み、多くの団体から支持された。各地区の山岳協会は当然として、全国行政庁の担当官で組織されている民族と青少年競技の中央委員会、軍の管轄にある青少年ドイツ連合、ドイツ体操教師連盟に名を連ねる体育教師たちが、次々と賛同の意を表明した。

その中のウエストファーレン州管区行政長官のフリッツ・トメーは、もっともシルマンの思想を受け入れた一人だった。さっそくアルテナの古城を提供し、ヘヤベルグに改築するという計画を発表。一年後の一九一二（大正元）年に、由緒ある城の特徴を壊すことなく、シルマンの指導で建設された。壁で仕切られた部屋、シャワー付きの浴室、応接間、食堂、キッチン、芝生の広い庭もある、本格的なユーゲント・ヘヤベルグ第一号が誕生した。

同時にドイツ青少年ヘヤベルグ本部が創設され、初代会長にシルマンが就任した。いつしか田舎町のアルテナは「ヘヤベルグの本山」とも「ヘヤベルグの母」ともいわれた。のちにヨーロッパ、アメリカへと広がったユーゲント・ヘヤベルグは「ユースホステル」と呼ばれ、いまも世界中の旅行者に利用されている。

こうして「ワンダーフォーゲル運動」と、「ユーゲント・ヘヤベルグ活動」は、一卵性双生児のごとく足並み揃えて短期間で普及した。――「自然は一番優れた教科書」「青少年の育成こそ、民族の明日を形成する」という理念から「変革」が結実したのだ。

2

二つの変革が起こった一八九六（明治二十九）年から、十二年後の一九〇八（明治四十一）年。第四回オリンピック・ロンドン大会が開催された年に大島鎌吉は誕生している――。

いまから百五年前に開催されたロンドン大会は、あらゆる面で近代オリンピックの基礎固めが行われた大会でもあった。本来はイタリア・ローマで開催される予定だったが、開催を二年後に控えた年、ナポリから東へ約九キロ地点に位置するヴェスヴィオス山が噴火。その被害がローマまで及び、財政的にも困難といわれたため、急遽ロンドン開催となったのだが、素早くIOC（国際オリンピック委員会）が対応したことが功を奏したといってよい。まず、初めて世界各国に参加招請状を送り、さらに近代オリンピック開催についての意義などを詳細に英・仏・独三ヵ国語で記述し、競技パンフレットまで配布。世界中にオリンピックの存在をアピールしたからだ。

その結果、前回のセントルイス大会よりも参加国・地域数も九ヵ国多い、二十二ヵ国が参加。出場選手も、四倍の二千三十五人に増えた。参加国選手団が国旗を掲げて入場行進する現在の形も、ロンドン大会から採用されることになり、加えて競技種目も充実させることにした。前回まで主に川で行われていた水泳競技はプールで行うことにし、なんと長さ百メートル・幅十五メートルの大プールを建設。公開競技だった水球を正式種目とした。競技種目数も十六競技八十九種目から二十二競技百十種目に増やした。当時はラクロス、ポロ、ラグビー、ゴルフ、綱引なども競技に加わっていた。

また、このロンドン大会開催中には、クーベルタンが初めて――「オリンピックにおいて、重要なことは勝つことではなく、参加することです。人生において重要なことは、大成功することではなく、努力することです……」と発言。後にこの言葉は「オリンピック・モットー」として知られることになる。
　ちなみにオリンピック研究家の伊藤公《いさお》によると、クーベルタンが発した言葉がオリンピック・モットーとなった契機は、ロンドン大会開催中に国民感情のもつれから、たびたび競技場内でアメリカ人選手とイギリス人選手が対立したことに発する。そして大会期間中の七月十九日の日曜日、セントポール寺院が参加選手を招待したときに、アメリカ選手団に随行していたペンシルベニアの主教であるエチェルバート・タルボットが「オリンピックにおいて、重要なことは勝つことではなく、参加することです」と説教をした。それを聞いていたクーベルタンが、五日後の大会役員のレセプションの際、おおよそ次のように演説したのだ。
《ペンシルベニアの主教が『オリンピックにおいて、重要なことは勝つことではなく、参加することです』と述べられたのは、まことに至言であります。たしかに、人生において重要なことは、成功することではなく、いかに努力したかです。本質的なことは、征服することではなく、よく戦ったかどうかにあります。このような教えを広めることにより、一層強固な、一層激しく、しかもより慎重にして、より寛大な人間性をつくりあげることができるのです……》
　以上のクーベルタンの演説は、その後たびたびオリンピック精神の表現として引用され、一九三二（昭和七）年の第十回オリンピック・ロサンゼルス大会の際、初めてオリンピック・モットーとして選手村の宿舎や食堂に貼り出された。さらに競技場の電光掲示板にも映し出されたという。

それでは、欧米が四年ごとに開催されるオリンピックで盛り上がりを見せていた時代、日本スポーツ界はどのような時期を迎えていたのか——。

日本がオリンピック初出場を果たしたのは、ロンドン大会から四年後の第五回オリンピック・ストックホルム大会であり、その一年前の一九一一（明治四十四）年に、現在の財団法人日本体育協会の前身である、大日本体育協会が創立されている。創立したのは講道館柔道の創始者として知られる、東京高等師範学校（現・筑波大学）の校長・嘉納治五郎である。『日本体育協会七十五年史』（日本体育協会編、一九八六年）によれば、一九〇九（明治四十二）年の春、ジェラール駐日フランス大使から嘉納に対し、IOCの会長クーベルタンからの伝言が届いた。その内容は、「オリンピック運動もようやく世界の関心を集めてきたが、東洋からの参加がなく、委員も選ばれていない。よって日本からも委員を出し、大会に参加してほしい」というものであった。

この申し入れを快諾した嘉納は、さっそく各種スポーツを奨励し、国民体力の増強と、健全な精神の育成を図った。ただし、その年の五月にベルリンで開催されたIOC総会に、東洋人初のIOC委員として推薦されるには、翌年開催される第五回オリンピック・ストックホルム大会に参加しなければならなかった。さらに、オリンピックに参加する国は、スポーツを統括する全国的な団体を持っていなければならず、早急に組織することが急務であった。

そこで嘉納は、団体結成に奔走。東京大学、早稲田大学、慶應義塾大学をはじめとする各大学、高等専門学校に協力を求め、第一回の会合を東京・神田一ツ橋の学士会館で開いた。この会合では二つの問題点が協議されたという。一つは、各種スポーツを普及させる方策についてであったが、これについてはまず東京の諸学校を中心に育成し、徐々に地方の学校に普及させればいいということで意見が一致した。もう一つは、日本ではほとんど報じられなかったオリンピックについて詳しく知ることであり、その参加の可否についてであった。このことに関しては、会合を重ねるうちにオリンピックは有意義なスポーツ大会であると理解したようだ。

そして、前述したように二年後の一九一一年七月十日に、大日本体育協会は創立され、翌（一九一二）年に開催された第五回オリンピック・ストックホルム大会で初出場を果たした。会長の嘉納治五郎（団長）を筆頭に、総務理事の大森兵蔵（監督）、田島忠雄（京都大学教授）、内田定槌（外交官）の四人を選手団役員とし、東京帝国大学生の三島弥彦（陸上競技短距離）と、東京高等師範学校学生の金栗四三（陸上競技マラソン）の二人の選手、計六人がスウェーデンのストックホルムに派遣されたのだった――。

第四回オリンピック・ロンドン大会が開催され、日本スポーツ界がようやく近代スポーツの夜明けを迎えつつあった時期――一九〇八（明治四十一）年十一月十日に父・吉太郎と、母・乃布の長男として大島鎌吉は生まれている。

誕生時は「謙吉《けんきち》」と命名されたが、金沢市白銀町二十四番地で履物店を営む両親が出生届けの際に、同じ読みを残し「鎌吉」と書いた。大事な跡取り息子の将来を思い、さらなる商売繁盛の願いが込められたのだ。生前の大島は、たびたび「かまきち」と読まれたが、まったく気にせず、親しい関係者には言っていた。

「ぼくは〝かま〟でも〝けん〟でも、どう呼ばれても結構。まあ、言偏から金偏に変えられたのは、親父が『言葉では金儲けはできない。謙よりも金偏の鎌にしたほうがいい』と考えたというが、しょせんスポーツでは金儲けなどできっこない。謙の字を国語辞典で調べると『自分を抑え一歩退いて他人に譲る。また思い上がらない』と書いてある。いってみれば、ぼくの性格もそんなもんだろう……」

3

加賀百万石の城下町として知られる、石川県金沢市――。

東日本大震災「3・11」から十九日を経た、二〇一一（平成二十三）年の三月三十日。大島が鬼籍に入ってから二十七年目を迎えたこの日の金沢市は、気圧の谷が通過し朝から雨降りだった。が、昼前には晴れ間が広がり、夕方になると白山連峰から小雨混じりの冷たい風が吹き抜ける。この日の金沢は「弁当忘れても傘忘れるな」の格言通り、空模様は一日に何度も変わっていた。

その日の朝、私は関西大学名誉教授の伴義孝と、JR金沢駅東口前に立った。

前夜、神戸の自宅から多忙にもかかわらず金沢まで駆けつけてくれた伴とともに、駅ビルを背に徒歩で約五分歩く。別院通り交差点を右折すると、白銀交差点の信号が見える。かつては問屋街として賑《にぎ》わいをみせていた白銀町（現・玉川町）辺りはその面影はなく、至るところに空き地を利用した駐車場がある。大島の生家の跡地にはビルが建っているが、戦前はひときわ目立つ三階建ての店舗兼家屋を構え、職人だけでも十人はいたという。

現在、戦前に白銀町で開業した店舗を維持しているのは、酒屋、自転車店、和楽器店の三店のみであり、大島をおぼろげながら記憶しているのは、自転車店を営む八十歳代の二代目店主だけである。

「この斜向かいで店舗を構えていた大島さんの家は瓦葺き木造三階建てで、お城のように立派だった。たしかに履物店をやっていたな。私が子どもんときは遊びに行って、よく三階の窓から金沢城の天守閣や、兼六園を眺めていた。鎌吉さんの身体つきは細かったが、オリンピック選手でメダルも獲っていたしね、誰もが羨む有名な人だったよ。戦後は片町のほうでスポーツ店をやっていたと思うが、詳しいことは忘れてしまったな……」

遠い日を、店主は振り返った。が、若き日の大島を知る地元の人のほとんどは、亡くなってしまったという。

ともあれ、大島の少年時代を辿らなければならない。伴の協力で私は前もって「大島アーカイブス」に納められている、大島遺品の多くの蔵書や資料などを閲覧していた。しかし、生前の大島が自身の少年時代を綴ったり語ったりしたものは、不思議なほど少ない。その数少ない資料と、現地取材で得た話を複合して記述したい――。

大島の実家の跡地から徒歩で六分ほど。金沢市瓢箪町《ひょうたんまち》は、江戸時代から瓢箪畑が至るところにあり、それが由来して町名になったといわれる。その地にあった金沢市立瓢箪町小学校は、一九九五（平成七）年に此花町小学校と合併。住所は変わらなかったものの、新たなる校名は明成小学校となった。当然のごとく、大島が通学していた時代の面影はまったくない。敷地内には瓢箪の形をした、生徒たちが水遊びのできるほどの池があったといわれる。が、訪ねてみると校庭の片隅に一坪ほどの小さな池があるだけだった。

瓢箪町小学校時代の大島は、放課後になると校庭を活発に走り回り、遊ぶことが好きな少年だったという。近所の子どもたちと冬は兼六園に出向き、竹製のスキーで滑り、長靴でのスケート遊びに興じた。夏は海水浴に行き、さらに市内を流れる浅野川や犀川で水遊びをし、ゴリやフナなどの小魚を捕っていた。

しかし、小学生時代の大島は、けっして際立った運動神経の持ち主だったとはいえず、運動会の徒競走では一等になってノートなどの賞品を手にしたことは一度もなく、いつも三等あたり。毎年秋に金沢市内の小学校が一堂に会し、陸軍練兵場で開催される大会のリレーのメンバーに選ばれても、これといった活躍はできなかった。ちなみに関西大学時代の大島は、常に百メートル一一秒を切るタイムで走り、自己ベストタイムは一〇秒七〇。専門の三段跳の他に走幅跳では七メートルジャンパーであり、四百メートルリレーのメンバーとしても活躍していた。

いわば普通の少年だった大島が、陸上競技に目覚めたのは金沢商業学校（現・石川県立金沢商業高校）に入学してからである。陸上競技部顧問の斎藤守二と出会い、本格的に陸上競技を始めたことが大島の人生を決めたといってよい。当時から理論家として知られた顧問の斎藤は後に、長男・和夫を徹底指導。東京とメキシコの両オリンピック大会に、競歩選手として出場させている。その和夫も引退後は、日本陸上競技連盟の競歩部強化部長に就任。平成の時代になってからは、石川県出身の池島大介や板倉美紀など、日本を代表する競歩選手を育てたことでも知られている。

金沢市の隣町である河北郡津幡町に斎藤和夫は在住している聞き、とりあえず電話をした。が、残念ながら二〇〇六（平成十八）年に泉下の人となっていた。応対してくれた夫人によれば、たしかに金沢商業学校教員時代の義父・守二は、中学時代の若い大島を指導したことを常に誇りにしていた。それが夫・和夫の指導に生かされ、和夫もまた父の遺志を継いで指導者になったという。

陸上選手としての大島が、初めて注目されるようになったのは、一九二四（大正十三）年の秋、金沢商業学校二年のときだった。旧制第四高等学校（現・金沢大学）主催の中等学校陸上競技大会に出場。三段跳（当時の名称は、ホップ・ステップ・アンド・ジャンプ。三段跳と呼ばれるようになったのは、一九二九（昭和四）年頃から。名付け親は織田幹雄で、中国語の〝三級跳遠〟がヒントになったという）に出場予定の上級生が棄権し、その代役で跳んだ結果、一二メートル六〇の記録で優勝したからだ。前年の全日本陸上競技選手権大会での優勝者の記録は一三メートル〇八。それを知れば、十六歳を迎える直前に出した大島の記録は、まさに「麒麟児、現わる！」であり、地元紙の北國新聞はそう報じている。

もちろん、この活躍が契機となり、大島は三段跳に専念することとなった。英語教師でもあった顧問の斎藤守二は、大島の才能を見抜いたのだろう、さっそく外国から陸上競技に関する指導書などを取り寄せては読ませ、それに対し大島は従順に厳しいトレーニングをこなした。跳躍力をつけるため、重い砂袋をタスキ掛けに背負って登下校することもあり、道ゆく人たちに「あの生徒、気が狂ったのではないか」と思われもしたが、まったく気にもしなかった。

冬は除雪して走路をつくり、助走の練習を繰り返す。夏は給水を摂りながら炎天下を走り込む。自宅でも階段を利用し、一気に三段、四段と跳んでは跳躍力を鍛えた。当時の金沢商業学校の在校生は約七百五十人だったが、グラウンドの広さはたったの約八百坪。放課後ともなれば一般生徒が占領してしまう。そのため陸上競技部は兼六園に隣接する第四高等学校の広いグラウンドを借り、練習に励んでいた。この頃から大島は、顧問・斎藤の教えで海外遠征を視野に入れ、英語力も身に付けるようになった。

大島の母校・金沢商業高校から徒歩で約五分――。

同じ地名に位置する金沢市小立野の教信寺の住職であり、金沢大学名誉教授の宮口尚義は、金沢商業学校時代のトレーニング方法を大島から伝授されていた。訪ねた私を前に宮口は『石川陸上競技協会創設七十周年記念誌』（石川陸上競技協会編、二〇〇五年）を手に、大島について書かれたページを捲《めく》りつつ、思い出を惜しみなく語った。

「私も学生時代は陸上選手で、大島先生と同じ金商出身です。そういった縁もあり、トレーニング方法を伺ったことがあります。たしか私が金沢大学二年のときでしたから、昭和三十年です。当時の私は金商で練習していて、ある日でした。『大島先輩がやってくる』ということで、スパイクシューズを持って駆けつけた。そしたら大島先生は、『金商時代は、砂袋を背負って練習をしていたし、脚力強化のため崖から飛び降りる練習もした』と言ったために驚いてね。その理由を聞くと、『跳躍は重力との競争だ。いかに自然に逆らうかの合理性は科学的であるべきだ』と説明してくれた。そして『宮口、根性もいいが、上達のポイントは科学の効用だ。それに競技者はいつも〝戦う心〟を忘れないことだ。このことは肝に銘じておくべきだ』と強い口調で言った。その大島先生の言葉は、いまでも心に残っていますね。

その後も、大島先生には何度もお会いしているのですが、印象に残っているのは、私が日本学生陸上競技連盟の北信越代表理事に就任した、昭和四十七年頃だったと思います。よく連盟の指導者講習会を金沢大学で開いたんですが、そのたびに大島先生は金沢まで来てくれて『北信越を強くしてくれ！』と言い、『強い選手はすぐ東京の大学へ行く。納得できない』と言っていた。その言葉も心に残っています。同郷ということで大島先生を持ち上げるわけではないんですが、戦後の石川県のスポーツ発展に全面的に協力してくれた。昭和二十二年に金沢を中心に行われた第二回国民体育大会は、大島先生の尽力で開催することができましたから……」

宮口が住職を務める教信寺の隣には、大島家の菩提寺・経王寺がある。そのため命日の墓参りは当然として、外出するたびに両手を合わせているという。

ともあれ、顧問・斎藤守二の指導が奏功。まさにホップ・ステップ・ジャンプと跳ぶがごとく、それまで隠れていた大島の非凡な才能は一気に萌芽した。

まずは、一九二五（大正十四）年十月に開催された北陸中等学校陸上競技大会で一二メートル九三の記録で優勝。さらに翌年の四月には「大島鎌吉」の名は全国に知れ渡った。神宮外苑競技場（現・国立競技場）で開催された、第五回東西対抗陸上競技大会のときだ。早稲田大学の織田幹雄と南部忠平に続き、弱冠十七歳の大島は西の代表として一三メートル五三の跳躍を見せたからだ。このとき主催した朝日新聞（一九二六年四月十九日付）は、次のように報じた。

《ベストフォアに関西大島一人入選し、関東側の織田、南部、黒田の三人を向こうに回して大いに奮闘。午後の試技に入って黒田と互いに譲らずレコードを上げてきたが、ラストの跳躍に一三メートル五三を跳んで強敵黒田を破り三等となった。織田は最初からその技に全力をかけた結果、第二回の試技で遂に一四メートル六五を現出し、自身の保持した日本記録を破った。織田、南部の快技と大島君の活躍に、ファンは異常に緊張した。》

そのためだろう、この頃から先輩の織田も南部も、四歳年下の大島を「鎌《けん》ちゃん」と呼び、三人はしのぎを削るようになった。

その一年四ヵ月後の一九二七（昭和二）年八月。初めて大島は、胸に日の丸の付いたユニホームを着て、初の国際大会に出場した。アジア大会の前身である、中国・上海で開催された第八回極東選手権大会に出場。織田の記録には及ばなかったものの、一四メートル三九の記録で南部を抑え、見事銀メダルに輝いたのだ。

大島の母校・金沢商業高校を訪ねた。

そのときに報道された北國新聞の記事や額に入った写真類は、第十回オリンピック・ロサンゼルス大会で着用した日の丸付きのブレザーとユニホームのランニングシャツとともに、いまも校史記念室に大事に保管されている。

「年配の卒業生たちにとっては懐かしいのでしょうね。見たいと言っていらっしゃる卒業生もいますね。展示会などに出品することもあります。今年で創立して百十一年を迎えている金商出身のオリンピック選手は二人で、大島鎌吉さんと女子バレーボール選手の中村和美さんだけです」

　管理する教師の高木光昭は、八十年以上前の北國新聞に掲載された大島の記事、さらに大島が母校を訪ねて講演した際の記事が掲載された金沢商業高校生徒会誌『新樹』（一九六一年二月発行）のコピーを私に手渡しながら言った。

　北國新聞の記事には、次のようなタイトルが付けられていた。

《金商の大島選手　第二位に入る　一四米三九の記録》
《名を竹帛《ちくはく》に垂れ　大島選手帰る　上海の極東競技から》
《誇れ！我等の大島！　力を神に念じて必勝を祈っていた》

　以上の三つの記事の中で唯一、大島本人の談話が載っているのは、上海で開催された第八回極東選手権大会の三段跳で銀メダルを獲得したときである。北國新聞（一九二七年九月八日付）が報じたもので、前日の夕方に列車で金沢駅に帰った十八歳の学生服姿の大島の写真が大きく掲載され、駅前に出迎えた市民に囲まれながら記者の取材に応じている。殊勝な態度を崩さず、次のように語っている。

《上海はこちらとは気候が違い、それが一番心配しましたが、先達諸氏の熱心な御指導と監督によってボディ・コンデションは終始よく、お陰で二等になり、母国のためにポイントをのこし得たことは皆さんの御援助によるものと感謝しております。競技場のパイオニア競技場はコンデションもよく、思いきり跳ぶことができたのは、私として衷心喜びにたえないところです。けれども何分ともこうした大舞台に出られたのは最初なので充分に私のレコードをのこし得なかったのは申し訳ないことです。しかし、これを何よりの記念として、この道に進みたいと思います。水泳が敗れ、庭球も芳しくないので私たちは、それら戦友のために心から勝利を祈り、あらゆる限りの声援をなし、かつ我々陸上競技選手は死んでも勝とうと誓い合いました。心おきなくベストを尽くしただけです。個々の感想などもありますが、それなどはいずれ後に譲らしていただきます。》

――この道に進みたいと思います。

初めての国際大会でメダルを獲得した十八歳の大島は、このときスポーツの世界で生きることを決意したといってよい。

スタートし、助走の形態から、最初の踏み出しの瞬間であるホップのタイミング、ステップの切り込み、さらにジャンプの伸び。以上の三つの継続動作すべてに全神経を尖らせ、全身を駆使し、宙に舞う。粘着力を維持しつつ、いかに遠くまで跳ぶか――。それが三段跳における基本だという。

いってみれば、金沢商業学校時代に「麒麟児、現わる!」と賞賛された大島は、スタート地点に立ち、ゆっくりとした足取りで助走に入り、徐々にスピードを上げ、加速をつけて踏切板を叩きつけるようにホップした。一気に宙に舞ったのだ。

当時のホップした大島に、その後の人生におけるステップ・ジャンプに向かう行動原理を感じさせる逸話を『金商七十年史』（一九七〇年九月）に見つけることができた。第二十五回卒業生の大島は、「一枚の門標」と題したエッセイを寄稿していた。

大島が第八回極東選手権大会に出場し銀メダルを獲得する四ヵ月前。関西大学予科に入学する一年前だった。一九二七（昭和二）年四月二十一日の午前三時四十分頃に、金沢市民を震撼させた「彦三《ひこそ》の大火」が起こっている。金沢商業学校をはじめ戸数七百三十三戸が全焼し、被災者は三千人に及び、五万八千坪が焼失した。この大火のとき、まさに脱兎のごとく警戒線を突破し、燃える母校に駆けつけたのが大島だった。そのことについて書いている。要約したい。

《無念さ！そして絶望！のこんがらかった気持ちの中でふと見ると、木ではあるが校門はまだ燃えていなかった。そして「県立金沢商業学校」と書かれた門標がそこにあった。『これだ！』と、咄嗟にそう閃いたのだろう。唯一の遺産を救おうと、せきに悩まされながら門標に向かって突進した。しかし、なかなか外れない。しかも火の粉を受けてところどころ火を吹いている。煙を吸って胸は裂けるように苦しい。熱風は容赦なく吹きつけてきた。しかし、そのとき奇跡みたいなことが起こった。校舎が大きな音をたてて焼け落ちた途端、門標の釘が浮いたのだ。ぼくはここぞとばかりに棒を突っ込み、外した。成功した！　あの一枚の門標の板は重かった。

もう四十五年前の出来事である。金商は次いで小立野に移った。門標はその後どうなったかは忘れてしまった。それにしても「わだつみの像」を引き下ろして叩き割った最近の学生像を思うと、新しい感慨がわいてくる。》

金沢での私の大島取材に同行した、関西大学名誉教授の伴義孝は、『七十年史』に書かれた大島のエッセイについて解説した。

「考えられるのは、当時の金沢商業七十年史編纂委員会は、卒業生の大島にオリンピックにまつわる原稿を期待していたと思う。ところが、大島はあえて「彦三の大火」について書いた。それというのも、金沢商業が創立七十年を迎えた昭和四十五年といえば、七〇年安保で日本中の大学が紛争を起こしている時期。その前年には立命館大学内に建立されていた『わだつみの像』が破壊される事件が起こっている。戦争で多くの日本人オリンピック選手に限らず、世界中のオリンピアンを戦死させている。その事実を思えば、大島にとっては辛く、悲しかったはずです。当時の特徴的な学生像と対比させて、大島自身が自己像の原形を再認識させるためにも、金沢商業七十年史に書き留めたかった。母校に満腔の感謝を表したのでしょう。なんといっても金沢商業時代の大島は、周りに支えられながら、一気にホップすることができたんですから……」

彦三の大火から一年後の、一九二八（昭和三）年春。金沢商業学校を卒業した大島は、関西大学に入学した。関東の大学からの勧誘をすべて断り、なにゆえ関西の大学にこだわったのか。このことに関しても、大島ならではの流儀があった。

4

日本の大学陸上競技関係の運動部は、全国八地区の地区学連に所属し、日本学生陸上競技連合に加盟している。それらの地区学連にはシンボルマークがあり、関西学生陸上競技連盟の場合は「八咫烏《やたがらす》」がデザイン化されている。

もちろん、金沢商業学校を卒業する一年ほど前から、大島には陸上競技に力を入れている多くの大学から勧誘の手が伸びていた。とくに織田幹雄と南部忠平を筆頭にした日本一の跳躍陣を抱える早稲田大学競走部は、大島をぜひとも獲得したかった。

——大島君、大学に入るんなら東京だ。それも都の西北の早稲田しかないだろう。一緒に早稲田の伝統を継承しようではないか。君なら絶対に日本を代表してオリンピックに出場することができるし、メダリストにもなれる……。

早稲田大学は執拗に口説いてきた。

他の陸上名門校の慶應義塾大学、明治大学、中央大学、日本大学なども負けてはいなかった。次々と使者が金沢を訪ねてきては、甘い言葉を連発した。寮費、遠征費、授業料免除などを提示し、なかには小遣いまで与えてもいいと、そう口にする大学もあった。

しかし、いずれの大学の使者にも、大島は首を縦に振ることはなかった。終生「学生の本分は学ぶこと。スポーツは学問の余暇にやるものだ」という強い信念——アマチュア精神を貫いていた大島は、臆せずに使者たちを前に言った。

「学生の本分は何でしょうか？　スポーツよりもむしろ、勉学に励むことではないでしょうか？文武両道の規範は何のためにあるのでしょうか？」

なんと十九歳とは思えない言葉を発し、お引き取り願っている。

金沢は「日本のワイマール」とたとえられるように、文芸の街としても知られ、各分野で名声を上げた多くの学者を輩出している。とくに明治から大正、昭和にかけては、東洋思想と西洋哲学を融合させ「西田哲学」を構築した西田幾多郎を筆頭に、禅仏教学者として世界に東洋思想を発信した鈴木大拙が有名である。さらに日本で初めて論文によって文学博士となった藤岡作太郎、世界の天文学に貢献し第一回文化勲章を受章した木村榮、近代日本を代表するジャーナリストであり哲学者の三宅雪嶺、小説家として知られるだけでなく俳句や戯曲も手がけた泉鏡花も金沢出身である。

すでに金沢商業学校時代の大島は、いずれも気骨に満ちた以上の人物の著作を読み、とくに西田幾多郎の思想に傾倒していた。そのことがさらに大島の反骨精神を触発し、成熟させたのかもしれない。

それでは、大島が関西大学を選んだ理由は——。

入学する二年前の一九二六（大正十五）年秋、関西大学は大阪府吹田市千里山にスタジアムを建設していた。四百メートルトラックが一周し、フィールドではラグビーやサッカーもできる。その上に階段式の正面スタンドもあり、観客六千人を収容できる芝生のバックスタンドもある。大学の施設とはいえ、東洋一のスタジアムであることを標榜していた。学生が練習する環境としては最高だった。

　この建設されたばかりのスタジアムに魅せられたのも、大島が入学を決めた紛れもない理由の一つである。

　が、そればかりではない。後に大島は次のように言っている。

「当時の関西大学陸上競技部主将の岸源左右衛門さんは、ぼくに『関大は何も出さんが、日本一にしてやる。世界一には自分でなれ』と言ってきた。そこで『よし、それなら入学しよう』と思った。岸さんは、戦前の関大陸上競技部の全盛時代を築いた名伯楽だった。雨天のときに練習に参加しない部員に、『アメリカは降っとらんかもしれんなあ』と言ってくる。そういった謎かけのできる人だった。よく『人並みの努力は、人並みの記録に終わる』と色紙に書いていた。愛読書は宮本武蔵の『五輪書』だった……」

　そう大島が語る岸源左右衛門は、特異な練習方法で知られた指導者だった。一九五九（昭和三十四）年に関西大学を卒業した、陸上競技部マネージャーだった元神戸新聞運動部記者の力武敏昌（現・スポーツライター）が証言する。

「たとえば、監督時代の岸さんは、外国の医学書を常に持参し、食事中の選手を前に広げて何気なく言う。『人間の身体はな、精密機械と同じや。よう噛まなあかん。胃の中には歯は生えてへん。牛乳も飲むんやない。噛むんやで』なんてね。その上に、毎日同じ時刻に食事を摂ることを勧めていた。つまり、消化機能の負担を和らげることを提唱していた。もちろん、現役時代の岸さんは、大正十四年の第七回、昭和二年の第八回、昭和五年の第九回と、三年ごとに開催された極東大会に三大会連続出場を果たしている。大正から昭和にかけての、日本を代表する中距離選手だった」

加えて、岸は人望も厚かった。織田幹雄や南部忠平といったオリンピック金メダリストさえも、一目置く人物だったという。

ほとんど知られていないが、関東学生陸上競技連盟が毎年正月に主催する伝統の箱根駅伝に、関西大学は一九二八（昭和三）年の第九回大会をはじめ、第十二回大会、第十三回大会に公式参加している。この異例とも思える箱根駅伝に出場できたのも、岸の存在が大きかったといわれる。

そして、実はもう一つ、関西大学入学を決めた最大の理由がある。それは、大島ならではの反骨精神からだった。

日本の陸上競技界を統括する財団法人日本陸上競技連盟は、一九二五（大正十四）年に創設されている。が、関東学生陸上競技連盟の発足は、それよりも早い六年前の一九一九（大正八）年であり、関西学生陸上競技連盟が発足したのは、それから二年後の一九二一（大正十）年だった。つまり、陸上競技に限らず、他の競技も同様に、戦前の日本スポーツ界をリードしていたのは、大学スポーツである。現在の大学生の総数は約二百八十万人といわれるが、当時は大学の数も少なく学生数も約八万人。全国から入学するエリート選手を擁する学生スポーツは、文化活動の一環として社会的にも認知されていた。

それはともあれ、関東学生陸上競技連盟よりも二年遅れてスタートした関西学生陸上競技連盟は、先に述べたように「八咫烏」をシンボルマークにしている。それというのも、「絶対に関東には負けてはならない！」という、関東の大学をライバル視していたからだといわれる。八咫烏とは、日本古代神話に登場する伝説の霊鳥で、その昔、神武天皇が征都の志を抱き東に向かう際に、熊野国から大和国に抜ける険しい道を先導したと伝えられているからだ。

その八咫烏のいわれに大島は興味を持ち、着目したのだった。晩年の大島は、関西大学入学についての本心を伴義孝に次のように語っていた。

「日本のスポーツも、日本の文化も、経済も、政治も、すべてにおいて東高西低の気圧配置が続く限り進歩がない。東京一極集中では日本の発展は望めないんだな。とくに関西が頑張らないと日本は片肺飛行になり、やがて栄養失調になってしまう。当時の関西の大学で、かろうじて頑張っていたのは関大の他に同志社と京大くらいだったからね。いくら全日本ＩＣ（インター・カレッジ）で頑張っても、関東勢の早稲田、慶應、明治、文理（現・筑波大学、当時は東京文理科大学）などには勝てなかった。だから、八咫烏なんだよ。実力をつけて関東に殴り込みをかける。ぼくが関大に入学する年の正月だった。岸さんは、関大陸上競技部を引き連れ、小田原で合宿をしてね。まさに関東に殴り込みをかけるように、初めて箱根駅伝に関西の大学が出場している。もちろん、主催者の報知新聞の許可が下りての出場だったが、その精神が大事なんだよ」

伴を前に大島は、タバコを吸いながら続けて言った。

「まあ、そういった校風が関大にはあった。それに昭和九年だったと思う。ぼくが卒業した年に関大は、文理には負けたけど、全日本ＩＣで初めて二位になり、三位が京大だった。そこで関西は鼻息が荒くなってね。東西の優秀大学の連合チーム同士で、東西対抗をやろうじゃないかという企画をし、実現させたわけだ。関西は関大と京大の連合チーム。関東は早稲田と慶應の早慶連合チームだ。この大会は別名『世界記録をつくる大会』と呼ばれて、たしか第一回大会は慶應の日吉のグラウンドでやったと思う。こういった連合チーム同士の対抗戦は、欧米でもやっていたからね。イギリスのケンブリッジ大とオックスフォード大の連合チーム、対するアメリカは、エール大とハーバード大の連合チームで英米対抗戦をやっていた。

要するにだ、東西対抗の中で日本全体の競技力を高揚させなければ、とうてい世界とは戦えない。まあ、関東の大学ばかりが強くては、観戦する側もつまらない。そう考えて関大に入学した。先輩の織田さんも南部さんも、よく関大のグラウンドにやってきては一緒に練習をしてくれた。関大入学は正解だった……」

反骨精神旺盛な、大島の言う通りだった。

たとえば、当時の早稲田大学は学連の中でも最強を誇っていた。大島が関西大学に入学した年の夏に開催された、第九回オリンピック・アムステルダム大会に出場した男子陸上競技選手十六人中、実に九人が早稲田大学競走部に在籍していた。前出の金沢大学名誉教授の宮口尚義に大島は、口癖のように「強い選手はすぐ東京に行く」と嘆いているが、金沢商業学校時代から大島は東西の力関係が均等でなければならないと、そう考えていたのだ。それが世界で活躍できるアスリートを育てることになると——。

こうして一九二八(昭和三)年春、金沢商業学校を卒業した大島は、大阪府吹田市千里山の関西大学予科に入学し、桜が咲く頃の四月初旬には関西大学正門に近い陸上競技部合宿所に入った。大島の人生の舞台は、石川・金沢から大阪・千里山に移った。

誕生から金沢商業学校卒業まで大島が青春時代を過ごした金沢に出向いて取材した、二〇一一（平成二十三）年の三月三十日。朝から雨に見舞われた二十七回目の大島の命日だったが、いつしか雨はやみ、昼前には晴れ間も見えてきた。

前夜の二十九日に神戸市の自宅から駆けつけた伴とともに、私は金沢市小立野の経王寺にある大島の墓前に立った。雨で濡れた「雄躍院芳薫日鎌居士」の法名は、ときおり柔らかな陽射しを受けて光っている。私たちは両手を合わせた――。

第二章

跳ぶ哲学者

1

ＪＲ大阪駅を中心とするターミナル駅の一つ、阪急梅田駅から淡路経由で阪急千里線の各駅停車に乗車すれば、約二十分で吹田市の関大前駅に着く。北口改札を出て、線路沿いを北へ二百メートルほど歩き、ボウリング場の先を右折。そこから商店街に沿って五分ほど歩けば、関西大学千里山キャンパスの正門が見えてくる。

キャンパス内を覗き込むように正門をくぐると、右手に円形建物の新関西大学会館がある。そして、左手には地上三階地下二階の関西大学総合図書館を望むことができ、この六千六百坪に及ぶ広大な敷地は、関西大学千里山学舎開闢《かいびゃく》以来の大学のシンボルといわれたスタジアムがあった場所である。

一九二六（大正十五）年の秋に新たに建設されたスタジアムは、四百メートルのトラックが一周。フィールド内には、バックストレートに並行してラグビーとサッカーのタッチラインが引かれていた。観客席も充実しており、正面には十三段の階段式コンクリート・スタンドが設置され、さらに六千人の観客を収容できる芝生のバックスタンドもあった。建設された当時は、大学のスタジアムとはいえ東洋一といわれていた。

もちろん、いまはその面影はない。ただし、スタジアム跡地の片隅に、大島鎌吉《けんきち》の「分身」を見つけることができた。それは総合図書館に通じる階段左側の植え込みに植樹された、濃緑色の葉が生い茂る月桂樹である。そして、その根元に設《しつら》えてある横四十センチ・縦三十センチの記念碑には、次のような碑文が記されている。

《月桂樹（クスノキ科・常緑喬木）
この月桂樹は、昭和七年のロス・五輪、三段跳の銅メダリスト大島鎌吉氏（昭和九年法文学部卒）が、生前、自庭に植樹していたものである。氏は生涯を、オリンピックを通じて世界平和に捧げ、その功に対して、日本で最初の「オリンピック平和賞」が授与された。平成元年三月》

いまは総合図書館に姿を変えてしまったこの地で、大島は一九二八（昭和三）年春から六年間の学生生活を送り、卒業後は大阪毎日新聞社（一九四三年に東京日日新聞とタイトルが統一され、毎日新聞となる）に入社。記者生活を続けながら練習に励み、後輩を指導していた。世界を見据えて練習しつつ「大島思想」を萌芽させたスタジアムがあった場所である。

大島の関西大学時代を辿りたい――。

関西大学予科に入学した大島は、金沢商業学校時代の生活スタイルを変えることはなかった。頑なに文武両道を貫き、学業とスポーツを両立させる学生生活を送っている。当然、スポーツを中心とした生活を送る部員たちにとっては、大島は特異な存在だったという。なにせ練習では手抜きせず、常に競技会では全力を尽くす。さらにどんなに疲れても深夜まで机に向かい、ほとんどの科目の成績は「優」であった。

予科を経て三年後に専門部に進学し、主将に抜擢されてからの大島は、新入部員が入ってくると、正門近くの千里山の合宿所二階の自室に集合をかける。そして、まずは「学生の本分」についての所感を尋ねることを慣わしとしていた。当然、この意表をつく質問に新入部員たちは気圧《けお》されてしまう。そこで大島は、諭すような口調で語るのだ。

「学生の本分は、まずは勉学に励むことであり、スポーツは学問の余暇にやるものだ。そのことを念頭に置いて学生生活を送って欲しい。要するに、走るだけなら馬でも走るのであって、我々部員は単なる動物ではないということだ……」

当然、この主将の言葉に、新入部員たちは呆気《あっけ》にとられたことはいうまでもない。

しかし、けっして大島は融通の利かない先輩面をした頑固者ではなかった。先輩に限らず後輩たちからも「鎌《けん》ちゃん」「鎌《かま》さん」の愛称で呼ばれる、年相応の若者に変わりはなかった。

私の手元には、大島が関西大学陸上競技部OB会「陸友会」会長時代、一九七一（昭和四十六）年二月に刊行された『関西大学陸上競技部創立五十周年記念誌』がある。大阪での取材の際、現在のOB会常任理事であり、大阪市の長居陸上競技場の場長を務めていた山田啓成が私に提供したもので、そこにはOBたちの思い出が寄稿され、若き日の大島についても記述されている。

一年後輩の城戸寿彦は次のように綴っていた。

「私は大島さんとは千里山の合宿所で数年同室であった。鎌ちゃんは、ただぶっきらぼうなところが誤解されやすかったが、競技においては当然として、すべてにおいて理論的で合理主義者で、何事にもスジの通らないことはご免こうむるという性格であった。鎌ちゃんはゲルマン民族を尊敬していたのか、ドイツ語を勉強していた。我が道を進んでいるように思われた。

しかし、こうした反面、こよなく部員を愛していた。練習と勉強に疲れると、得意になってレコードをかけダンスをやり、コーヒー通であったため、サイフォンでコーヒーを淹《い》れ、我々もご相伴にあずかった。鎌ちゃんは合宿所では自ら麻雀を禁じながらもやっていたのだが、卓を囲んだ仲間たちによれば〝カモ〟にされていたようだ。麻雀歴は長いのだが、現在も鎌ちゃんの話では、ゴルフとマージャンはうまくいかないそうだ……」

また、休日ともなれば、大島はよく大阪駅近くの梅田新道の行きつけの喫茶店に部員たちを案内し、いつもの濃くて苦い「ドロップ」といわれるコーヒーを飲む。その後は、心斎橋まで歩き、明治屋に寄って夕食を馳走し、再び心斎橋から道頓堀まで歩く「心ブラ」を楽しんだ。途中、道ゆく外国人を見つければ、躊躇《ためら》うことなく話しかける。

大島の勧誘で佐賀県立三養基中学校（現・三養基高校）から関西大学に入学し、卒業後に同じ毎日新聞社に入社した二年後輩の中島直矢は、何度も大島に連れられて心ブラを楽しんだ一人で、外国人に話しかけたときに聞いたことがある。

「何を話したんですか？」

それに対し大島は、こう言った。

「どこの国から来たか、日本は初めてか、観光か、商用か、と尋ねた。初めはぼくの質問が聞き取れなかったのか、何回か聞き返してきた。いや、ぼくの英語が通じなかったらしい。ぼくにしてみると、どの程度、英語が相手に通じるかテストをやってみたかった……」

もちろん、競技会に出場したときの大島は、普段とは違う顔を見せた。部員の誰よりも、闘争心をむき出しにするのだ。

たとえば、大島が入学した二年目の一九二九（昭和四）年の関西ＩＣ（インター・カレッジ）で、優勝の下馬評に上がりながらも、関西大学は宿敵の京都大学と同志社大学に僅差で敗れた。その上、地元の兵庫県西宮市の甲子園南競技場で開催されたその年の第二回全日本ＩＣでは、九位というさんざんの成績だった。このときだったという。予科二年生の大島は甲子園の宿舎に戻るや否や、先輩部員をも気にせずに叫び声を上げた。

「この惨状は何なんだ！　悔しいとは思わないのか！」

そして、約三十名の部員のど真ん中にバッグを叩きつけた。

このときの大島についても、前出の城戸寿彦は述懐している。

「バッグの中からスパイクシューズ、トレーニングシャツが飛び散った。鎌ちゃんは言葉を続けた。『我々は明日のために大きく前進しよう。勝つためには〝団結〟と〝努力〟だ。これ以外に何もない！』と大きな活を入れられたのである。ものに動じない私も、これはえらいことになったと思った。鎌ちゃんの勇気と陸上競技に懸けた情熱と、何事もやる以上は徹底してやらねばという、その気性に私たちは感銘させられたのである。もちろん、これがきっかけとなり、翌年から全員が団結し努力した結果、関西ICでは優勝街道を邁進し続けたのである」

城戸が述べているように、予科二年生の大島の言葉に部員の誰もが納得した。それ以来、部員たちは闘争心を燃やすことになる。

あらためて当時の記録を確認すると、その通りだった。翌年に予科三年生の大島を中心とした関西大学陸上競技部は、関西ICで優勝。以後、敵なしの連勝を続けるようになる。一方、第三回全日本ICでは、関西勢として初めて総合三位に躍進した。この大会で総合優勝を果たしたのは早稲田大学で、二位は東京文理科大学（現・筑波大学）であったが、二校の名門校を脅かした。とくに大島は、専門とするフィールド競技の三段跳と走幅跳、走高跳の種目にエントリーしたのは当然であったが、トラック競技にも出場していた。百メートルでは東京文理科大学の、後に「暁の超特急」と呼ばれる吉岡隆徳に続いて二位、四百メートルリレーでは三位となり、ポイント獲得に貢献しての総合三位だった。

こうして関東の陸上名門校――早稲田大学、東京文理科大学、慶應義塾大学、明治大学、日本大学、中央大学などを相手に互角の勝負をしたのである。関西大学陸上競技部は、名実ともに黄金時代を迎えることになったのだ。

大島の二年先輩のやり投を専門とした阪井三代治も、当時のことについて振り返っている。

「昭和四年に私は、関西大と法政大の対抗戦に出場することができ、幸いにもやり投に新記録で優勝することができました。記録は五〇メートル足らずで、いまの皆さんと比較すればまことに恥ずかしい限りですが、当時三位だった故・長尾三郎君は三年後のロサンゼルス・オリンピック大会に出場し、以後華々しく活躍されたことは皆さんもよく御存じのことと思います。当時、この頃を境に関西大はぐんぐん飛躍し、日本、いや世界的な名選手を多数輩出したものでした。これは部員諸氏の努力、協力の賜物であることはいうまでもありませんが、その原動力になったのは、なんといっても大島鎌吉会長の指導と実績によるものだったと思います。当時は、ただ先輩の助言によるありきたりの練習に終始していたのですが、その中に理論を組み込ませ、新しい体系の指導をされたのが若き日の大島会長でした。東の早稲田で活躍された織田幹雄さんとともに、東西の陸上競技界の双璧といっても過言ではありませんでした……」

2

関西大学時代の大島が、強く「オリンピック」を意識したのは、入学した年の一九二八（昭和三）年六月。大阪市立運動場（現・八幡屋公園）で開催された第十五回全日本陸上競技選手権大会兼オリンピック全日本予選会のときだった。走幅跳と三段跳の二種目に出場した大島は、当然のごとくオリンピック代表選手を目標に掲げた。

しかし、あと一歩で、二ヵ月後に控えていた第九回オリンピック・アムステルダム大会出場は夢と消えた。走幅跳では七メートル〇一で二位。三段跳では一四メートル二三で三位。不本意な成績で終わり、いずれも早稲田大学の南部忠平と織田幹雄の記録には及ばなかった。アムステルダム大会に出場した日本選手団は総勢四十三人。そのうち男子陸上競技選手は十六人であり、たとえいまでいう標準記録を突破していても、跳躍選手三人を選出することはできなかった。周知のごとく、出場した織田は三段跳で金メダルを獲得して日本人初の金メダリストとなり、南部も同種目で四位入賞を果たした。

その悔しさと無念さが、大島にオリンピックへの思いを一層募らせ、練習に励むようになる。

そして、それから二年後の一九三〇（昭和五）年。二十一歳のときに大島は、初めてヨーロッパを中心とした海外遠征の出場選手に選出された。現在のユニバーシアード大会の前身である、第四回国際学生競技大会に出場するため、六月中旬から九月初旬までの二ヵ月半にわたり、フィンランド、エストニア、スウェーデン、ノルウェー、フランス、スイス、ポーランドを転戦。日本がオリンピックに初参加した第五回オリンピック・ストックホルム大会のメイン会場となった、ストックホルム・スタディオンのフィールドに立ったときは感動した。八月七日に開幕した、二十九ヵ国が参加したドイツ・ダルムシュタットでの本大会では、走幅跳のみに出場。七メートル〇九と不本意な記録ながら、かろうじて六位入賞を果たした。

が、メダル獲得を逃した悔しさよりも、大島にとっては、ヨーロッパ各国を転戦し、外国人アスリートたちと交流を深めただけでも意義ある遠征だった。以来、海外遠征のたびに多くのスポーツ関係者と親交を深める一方、陸上競技の専門書や、オリンピックに関する書籍を買い求めた。とくに以前から気になっていた、カール・ディームの著書を手に入れたことだけでも満足だった。

大島は当時を、次のように回顧している。

「前年の一九二九年にディーム博士は、ドイツ陸上選手団長として来日している。しかし、当時のぼくは第一線の競技者にあったため、ディーム博士と直接話をすることはできなかった。その後、ドイツの出版物を読むにつれ、ディーム博士のドイツにおける影響力の大きいことを知り得たのである。近代オリンピックの始祖・クーベルタン男爵と図り、オリンピック精神の基調を打ち立て、『永遠のミイラ』と呼ばれるアマチュアリズムを確立したことはあまりにも有名である。いわばディーム博士との最初の出会いは、博士の著書であった。その研究は体育・スポーツの文化史にとどまらず、哲学、医学、言語学、考古学及び、諸科学などを俎上に載せ、あらゆる角度からその真理を追求していたのである。とくに体育・スポーツを広範に科学との関連の中に研究したそのものが、体育史上最初の試みであった。それは驚異でさえあった……」

大島が初めてディームを前に会話を交わしたのは、それから六年後の一九三六（昭和十一）年の第十一回オリンピック・ベルリン大会のときである。

大島は、一九三二（昭和七）年の第十回オリンピック・ロサンゼルス大会、続く四年後の第十一回オリンピック・ベルリン大会と、二大会連続出場を果たしている。

彼にとっての最初のオリンピック、ロサンゼルス大会はどうだったのか——。

二十四歳を迎える年に開催されたロサンゼルス大会での大島は、心身ともに充実していた。四歳年上の織田幹雄と南部忠平とともに「日本跳躍界の三羽ガラス」と称されたように、日本の跳躍陣は三人の鼎立《ていりつ》時代に入っていた。前回のアムステルダム大会の金メダリストの織田は、前年の秋に開催された第六回明治神宮体育大会の三段跳で一五メートル五八の世界新記録を樹立。同大会で大島も一五メートル四四を跳んで二位。その年の春の関西ICでも一五メートル四三をマークし、織田に次いで年間記録世界第二位の実力を示していた。二人に肉薄するこの時期の南部は、走幅跳に専念して七メートル九八の世界新記録を樹立し、三段跳の練習では、たびたび一五メートル台の記録を出していた。三段跳は、日本のお家芸の種目であると世界が認め、ロサンゼルス大会では三本の日章旗が掲げられるのも夢ではなかった。その最右翼が若い大島だった。

ライバルである三人は、しのぎを削るようにメダル獲得に向け、関西大学のスタジアムで練習をしていた。前年の春に早稲田大学を卒業した織田は、大阪朝日新聞社（現・朝日新聞社）に入社し、六月初旬から関西大学正門近くの千里山に下宿。南部も家族とともに千里山に住んでいた。織田も南部も、日に日に記録を伸ばしてくる若い大島とともに練習することにより、自分自身に新たな刺激を与えたかったのだ。第一章で記述したように、一九二六（大正十五）年四月に開催された第五回東西対抗陸上競技大会で三人は優勝争いをしている。それ以来、三人は競技会に出場するたびにライバル心を燃やす一方、親交を深めていた。

ロサンゼルス大会を控えた三人の千里山での生活について織田は、著書『21世紀への遺言』（べースボール・マガジン社）で述懐している。

《道をへだてて向かいの家の二階には大島君がいて、窓から声を出して呼べば、直ぐやって来た。また、その右隣三軒目に南部君が一軒家を借りてお母さんや妹達と住んでいた。南部君は、前年、私達にけしかけられて満鉄を退き、満州から引きあげ、大阪の美津濃運動具店に勤めていた。私は、新聞社で引き続き来年のオリンピックを目指してトレーニングすることを許してもらい、週二日は早退し、南部君をさそって千里山に帰り、関西大学のグラウンドで大島君などと練習を共にした。》

「ロサンゼルスで三本の日の丸を揚げよう！」――これが千里山での三人の合言葉だった。

こうして三人は、ロサンゼルス大会に臨んだのだが、周りの期待を一身に背負ったためのプレッシャーからかもしれない。過度の練習に明け暮れたため、横浜港から龍田丸でロサンゼルスに向けて出航する前に、織田は脚を痛め、大島は左足首を故障、南部は腰痛に苦しんでいた。それでも大島の場合は、現地入りすると徐々にコンディションを整えて調子を取り戻し、本番一週間前の練習では一四メートル七〇を超える跳躍ができるようになった。

ところが、好事魔多し。本番を四日後に控えた八月一日の朝だった。脚を温めるために入ろうとしたときだ。選手村宿舎内のガス風呂が爆発し、大火傷を負ってしまったのだ。織田の前掲書によれば――無惨にも大島は、両脚・両腕・腹部の身体の前面が火傷。両脚・両腕に包帯を巻き、ベッドに横たわり、とうてい競技ができる状態ではなかったという。

しかし、それでも大島は棄権することはなかった。

迎えた大会六日目の八月四日。本番の日の午前十時頃だった。選手村からバスで練習場に向かう途中、大島は自身の士気を鼓舞させるためだろう、織田と南部を前に言った。

「試合になれば三人で九回跳べる。九回のうち一発引っかかれば優勝だから、これは楽なものだ……」

この大島の言葉に二人は呆気にとられたものの、それが奏功したかもしれない。

コーチ兼任の織田は、最後まで脚の故障が響いた。ウォーミングアップも満足にできず、本番前の跳躍も軽めに抑えなければならなかった。そのために予選が始まっても記録は一四メートルラインを超えることができず、あえなく予選落ちした。一方、南部と大島の二人は、織田の心配をよそに予選を通過した。まず南部は、一五メートル三二のスウェーデンのスベンソンに続いて、腰痛に滅入ることなく一五メートル二二を跳んで二位通過。大島は、この日の朝に初めて包帯を外し、両脚に白い薬を塗り、ぶっつけ本番にもかかわらず、一五メートル〇五を跳び三位で通過した。

そして、決勝前に三人は、フィールド内の芝生に座りながら雑談を交わした。オリンピックを目指して、千里山で一緒に練習をしていたときを思い出させれば、リラックスできるだろうという、コーチ兼任の織田なりの気遣いだった。しかし、二人には緊張感はなかったようだ。織田を前に南部は「ぼつぼつエンジンがかかってきますから」といつもの軽口を叩き、大島も「大丈夫です。やるときはやりますから」と言った。

その結果、南部は五回目の跳躍で、なんと織田の世界記録を上回る一五メートル七二の跳躍を見せ、金メダルを確実のものにした。一方の大島は、スベンソンを抜くことはできなかったものの、最後の六回目に一五メートル一二の跳躍を見せ、銅メダルを掌中にしたのだった。そのとき織田は、南部の勝負強さに脱帽し、大怪我にもめげず精神力だけで跳んだ大島に対しては「頭が下がる思いであった」と賞賛した。

現地でのラジオのインタビューで、大島はこう言った。

「頑張りすぎたせいか、腰の骨が痛みます……」

翌日の八月五日付の朝日新聞は、号外で次のように報じた。

《君が代高らかに。見よ！　日章旗二旗。われらの選手に優勝百パーセントの希望をかけて待ちに待った三段跳。見よ！　圧する新興スポーツ日本の威容を》

故郷・石川県の地元紙である北國新聞も、大きく取り上げた。

《誇れ！　我等の大島！　家中大よろこび「死を覚悟して飛んだろ」と、力の神に念じて必勝を祈ってた。「勝って呉れましたか…」と大島君の夫人喜びに慄へて語る》

この北國新聞の記事コピーは、大島の母校・金沢商業高校を訪ねた際、校史記念室を管理する教師の高木光昭が私に手渡してくれたもので、見た瞬間「あれ？」と首を傾《かし》げてしまった。見出しでもわかるように、当時二十三歳の大島はすでに結婚していたからだ。記事によると、相手は二歳年下の同じ金沢市生まれの千田二三子だった。前掲書『関西大学陸上競技部創立五十周年記念誌』で大島は、アンケート「いまだから話せる」の項目で、「在学中に結婚していた。当時の風潮もあり、部の統制上黙して語らず」と告白している。が、部員の多くは大島の結婚を察知していたという……。

ともあれ、大島は大怪我にもめげず、ぶっつけ本番ながら銅メダルを掌中にした。

ところが、大島にとってメダル獲得は二の次だったといってもよい。念願のオリンピック出場とはいえ、メダル獲得以上にもっと惹きつけられるものがあったからだ。

大島の場合は、ただ単に「オリンピックに出場したい！」「メダルを獲りたい！」と思っていたのではなかった。世界の目が注がれるオリンピックとはどのような競技会なのか。「平和の祭典」といわれるオリンピック精神とはいかなるものか。その意義を知り、体感したい――。そう大島は考えていたのだ。では、それはどういうことなのか。

選手村の宿舎や食堂に貼り出されるだけでなく、ときおり競技場の電光掲示板に映し出された英文が、大島の心を捉えた。

《オリンピックにおいて、重要なことは勝つことではなく、参加することです。人生において重

要なことは、大成功することではなく、努力することです――》

大島が生まれた年に開催された第四回オリンピック・ロンドン大会で、近代オリンピックの始祖であるピエール・ド・クーベルタンが口にした言葉――いまも語り継がれる「オリンピック・モットー」に着目したのだ。

それをノートに写し、初めて日本に紹介したのが大島であった。ロサンゼルス大会終了から二ヵ月後の十月十五日発行の『関西大学学報』に、二十三歳の関西大学法文学部法律学科学生の大島が書いた原文は六百字ほどだが、要約したい。

《希臘《ギリシャ》のオリンピックを現在に再現したのが、近代オリンピックである。四ヵ年毎にこの平和の祭典が荘厳裡に挙行されて、二週間の全世界の耳目は他の凡ゆる係争から完全に遮断されてしまうのだ。故にオリンピックは次の様なモットーを掲げる。

The important thing in Olympic Games is not to Win, but to Take Part. The important thing in Life is not the Triumph, but the Struggle. The essential thing is not to have Conquered, but to have Fought well. To spread these precepts is to build up a stronger and more valiant and, above all, more scrupulous and more generous humanity.

by Baron Pierre Coubertin Founder and Life Honorary President of the Olympic Games.

委員会はこのモットーを金科玉条として、文明国は所謂「平和の使徒」を送って華々しく戦わすのだ。近代オリンピックは、だが併し歴史的背景を一つの使命乃至目的として有するが故にこそ、現代に於ける価値ある存在なのである。》

この記事を読めば、私だけでなく誰もが不思議に思うだろう。第一に念願のオリンピック出場を果たしたにもかかわらず、大島自身については何も記述していないからだ。

当時の心境を、大島は三十四年の歳月を経た一九六六（昭和四十一）年に刊行された、財団法人レクリエーション協会『二十年史』に綴っている。大意を紹介したい。

《戦前、第一線の競技者だった頃、オリンピック運動に強い関心を持っていた。が、疑問があった。各国の選手が競う、あの激しい闘争がオリンピック平和に結びつくといった理念が、どうにも理解し難かったからである。闘争の結果、勝つと勝者のために国旗が掲揚され、国歌が奏でられる。オリンピックのこんな仕組みの中で、平和が求められるとなると、何か別のもっと高い次元で事柄が理解されなくてはならないだろう。こんな疑問の起こるのは当然であった。

そこで周囲を眺めると、疑問を解く手がかりが二つあった。一つはクーベルタンのオリンピック・モットー。二つ目は参加者の資格についての、オリンピック憲章の中の規定である。それによると当時は「参加を許されるのはアマチュアに限る」。そして、アマチュアとは「レクリエーションとしてスポーツを愛好する者」であった。この後者がもっとも重要な規定で、オリンピック平和運動の基調になっていることはいうまでもない。》

戦後、ロサンゼルス大会での銅メダル獲得について知人たちに尋ねられると、大島はあっけらかんと言っている。

「ロスで獲得した銅メダル？　価値はないね。金メダル以外は意味がないんだよ」

ちなみに大島が獲得した銅メダルは、なんと鋳《い》つぶされている。

東京・世田谷区深沢三丁目。大島の終《つい》の住処《すみか》を受け継ぐ、一九三五（昭和十）年生まれの長男・大島章和を訪ねた。メダルの行方を尋ねると、目にしたことはなく、父からメダルについての話を聞いた記憶も一度もなかったという。鋳つぶされたというのは、戦時中に軍部が公布した金属類回収令により、母・二三子から憲兵が没収してしまった。その時期の父は家族を残し、従軍記者としてドイツ・ベルリンを本拠地に、死と向き合いながら取材活動を続けていたからだ、と章和は言った。

「メダルに固執するような親父ではなかったし、軍部に供出した母親を責めることもなかった。メダルを獲ったという事実だけでよかったんじゃないかな」

父の書斎だった二階の部屋で、章和は苦笑しつつ語った。

そして、もう一つ付け加えるならば、ロサンゼルス大会に出場したときの大島は、競技スポーツ以外の「レクリエーション運動」の存在を初めて知った。同時期、同地ロサンゼルスのハリウッド大音楽堂で第一回世界レクリエーション会議と、そのイベントが行われていたからだ。選手の大島は、このイベントを見ることはできなかったものの、招待された選手団団長の平沼亮三から詳細に伝え聞き、競技スポーツとは違った、一般の人誰もが楽しめるレクリエーションについて知った。このこともまた、その後の大島のスポーツ観に大きな影響を与えることになる。

3

そして、再びオリンピックへ——。

ロサンゼルス大会から二年後の一九三四(昭和九)年。この年の六月に大島は、大阪毎日新聞社に入社した。当時の大学生の有名選手の何人かは、毎年のように新聞社に入社し、運動部に配属されていた。新聞社にとってトップアスリートは、いわゆる自社宣伝の広告塔になる一方、即戦力の記者として期待できたからだ。当然、選手にとっても新聞社勤務は競技生活を続けるには都合がよかった。

しかし、大島の場合は、新聞記者そのものに憧れていた。新聞記者は破天荒であり、天下の壮士だったからだ。生前の大島によれば、当時の新聞記者の中には、紋付袴《はかま》姿で鉛筆を舐《な》めつつ原稿を書き、酔っぱらって電車に片腕をもぎ取られながらも「その電車待てー!」と叫び、追いかけた猛者《もさ》の外信部長もいたという。

そのような役人やサラリーマンにはない新聞記者の気質、無頼漢に魅了されていた大島は、大阪毎日新聞社に入社した。が、実は毎日新聞よりも先に、織田幹雄が勤務していた朝日新聞が熱心に口説いてきた。ところが、迷わずに一蹴したのも大島らしい反骨精神からだった。関西大学に入学を決めたときと同じように、朝日の人事担当者を前に断っている。大島は言った。

「どうしてぼくが朝日に入社しなければならないんですか？　朝日には織田さんがいるじゃないですか……」

以上のような経緯で大阪毎日入社を決めたのだが、入社の際は一悶着あった。関西大学を卒業しても、大阪毎日新聞社からは何の連絡もなかった。五月が過ぎ、六月を迎えても何の音沙汰もない。

――約束が違う、失礼ではないか。

苛立つ大島は、後に大阪毎日新聞社社長になる奥村信太郎に手紙を出した。その文面は簡潔であり、怒りと皮肉が込められていた。

――水の流れも澱《よど》めば腐ると思います。

このことについて生前の大島は、次のように述懐している。

「あの当時は世界的な不況だった。そういった事情で毎日は新入社員採用を躊躇ったのかもしれないが、とにかく口約束とはいえ腹が立ってしょうがなかった。そこで奥村信太郎さんに手紙を書いたところ、折り返し電報が来て、その翌日から運動部に籍を置くことになった。まあ、裏口入社のようなものだったが、ぼくははっきりと言う性格。毎日のお偉いさんたちは、ぼくが新聞記者に向いていると判断したのだろう……」

こうして大阪毎日新聞社に入社。運動部に在籍し、競技生活を続けることになった。

そして、入社三ヵ月後の九月。甲子園南運動場で行われた日米対抗陸上競技近畿大会の三段跳種目で大島は、一五メートル八二の世界新記録を出した。これは、二年前の第十回オリンピック・ロサンゼルス大会で金メダリストとなった南部忠平が出した、世界記録一五メートル七二を上回るものであった。

当時の全盛期を迎えていた大島の三段跳における理想は、助走距離は他の選手よりもかなり長く約四〇メートル。助走地点から一二メートルまでは軽く走り、徐々にスピードを上げる。そして、踏切板まで一二メートル八〇の地点からさらにスピードを増し、踏切板を右足平で強く叩きつけ、腿を高く上げて宙を舞うように一気に跳ぶ。ホップ・ステップ・ジャンプの目標距離は、それぞれ六メートル三〇、四メートル、五メートル七〇であり、合計一六メートルちょうどだった。一五メートル八二は、理想の距離に一八センチ及ばなかったものの、ほぼ完璧な跳躍での世界新記録樹立だった。

この世界新記録樹立により、朝日新聞社が主催する昭和九年度の「朝日賞」を、大日本体育協会（現・日本体育協会）創設者・嘉納治五郎とともにスポーツ界を代表して受賞した。大島は、二年後の第十一回オリンピック・ベルリン大会では選手団主将兼旗手として三段跳に出場し、結果は六位だった。四歳年下の京都大学学生の田島直人が金メダル、同じ京都大学出身の原田正夫が銀メダルを獲得した。日本は三大会連続して三段跳で金メダルを掌中にしたのだった。

「ロスのときの織田さんも同じだったが、やっぱり主将のメダル獲得は無理だった。悪いジンクスをつくってしまった」

そう大島は回顧しているが、主将としての重責を全うしている。

知られざる、こんな逸話があった。

本来なら三段跳には関西大学の勢いのある戸上研之が出場する予定で、田島直人は走幅跳に出場することになっていた。ところが、織田幹雄は手紙でもって、主将の大島に田島と戸上を入れ替えることを進言してきた。なぜなら田島の兄・田島元は、日本陸上競技選手権大会で走幅跳に優勝した経験もあり、旧制広島一中時代には織田と一緒に練習をしていた親友同士。弟の直人は金メダリストの織田の指導を受けていて、むしろ走幅跳よりも三段跳に出場したかった。さらに陸上競技監督の沖田芳夫も、跳躍の選手起用を任せられている大島に田島を推薦してきた。広島一中出身で早稲田大学競走部OBの沖田は、織田の先輩でもあった。二人は強く、田島の三段跳出場を進言してきたのだ。

もちろん、大島は「織田書簡」や「学閥・縁故関係」の圧力に屈して田島を三段跳に出場させたのではない。当日の田島のコンディションを冷静な目で見抜き、戸上から田島に替えた。その結果、田島は金メダリストとなり、日本の三大会連続金メダル獲得に導いた。

この話は、一九五二（昭和二十七）年に開催された第十五回オリンピック・ヘルシンキ大会三段跳六位入賞を果たした、山梨県甲府市在住の飯室芳男を訪ねたときに聞いたものである。当の田島は、飯室に言っている。

「大島さんがいなかったら私の金メダルはなかった。ベルリンでの大島さんは不運だったが、信頼できる偉大な指導者だった……」

たとえ後輩といえども、主将の大島は依怙贔屓《えこひいき》することはなかった。

ただし、走幅跳に出場することになった戸上は、心の整理ができなかったかもしれない。あえなく予選落ちした。そのため先輩の大島を長い間怨んでいたという。が、関西大学入学以来、大島の理論的な練習方法に傾倒し、真っ先に「跳ぶ哲学者」と称したのは、実は戸上であった。また、戸上の名誉のために付け加えれば、翌年の甲子園南運動場で開催された第四回早慶・京関大会の三段跳で一五メートル八六の自己最高記録で優勝。引退後は指導者として評価され、一九六一（昭和三十六）年にブルガリア・ソフィアで開催された第二回ユニバーシアード大会では陸上競技の監督に選出されている。

また、ベルリン大会ではこんな秘話もある。

これまで一度も報じられることはなかったが、開会式のときだ。マラソンで金メダルを獲得することになる孫基禎《ソンギジョン》、同じマラソンで銅メダリストとなった南昇龍《ナムスンニョン》たち朝鮮人選手を横目で睨みつけながら、軍人である馬術競技選手が大島に激しく詰め寄った。

「帝国陸軍の軍人が、朝鮮人と一緒に入場行進をするというのか。それも俺たちは、チビのあいつらの後ろなのか。貴様、どうにかしろ！」

それに対し、「秩父宮殿下御下賜」の日章旗を捧げ持つ主将の大島は泰然と言った。

「ふざけたことを言うんじゃない。オリンピックは平和の祭典だ。朝鮮人も日本人も、それに軍人も同じ人間ではないか。それでも不満なら、行進しなくともよい。立ち去れ！」

この大島の激しい言葉に、周りの選手たちは驚き、一瞬凍てついたという。が、選手たちは納得していた。すでに大島は「跳ぶ哲学者」といわれ、誰もが一目置く存在だったからだ。

以上の実話は、孫基禎と交流のあった明治大学商学部教授・寺島善一、さらに孫の長男・孫《ソン》正寅《チョンイン》を取材した際に聞いたものである。

そして、大会期間中に大島は、オリンピック組織委員会事務局長だったカール・ディームに面会を求めていた。ベルリン大会開幕前日に行われたＩＯＣ（国際オリンピック委員会）総会で、四年後の第十二回オリンピックの開催地が東京に決まったからだ。同時に、大島が注目していた国際レクリエーション会議も大阪で開催されることになった。

当時のディームは、初めて聖火リレーを実現させ、金メダリストには月桂樹の枝で作られた冠を被せ、ゼウスの神木である樫の苗木を贈ることにした。また、オリンピックを世界中の青少年たちに観戦させたいという願いを込め、世界五十三ヵ国に招待状を送り、これまた初めてユースキャンプを実施している。さらにオリンピックの聖地・アテネにオリンピックアカデミーの創設を提唱するなど、すでにディームは「クーベルタンの継承者」といわれていた。

ディームは、大島との会見を快く受けた。すでにその著書を読んでいたばかりでなく、通訳に頼ることなくドイツ語で尋ねる大島を前に、時間を惜しむことなく多くを伝えた。

ベルリン大会でドイツは、開催国という地の利もあったが、金メダル三十三、銀メダル二十六、銅メダル三十の合計八十九個のメダルを獲得。スポーツ大国のアメリカ（金二十四、銀二十、銅十二、合計五十六個）を抜いて、参加四十九ヵ国の頂点に立っている。その原動力が、ディームが提唱していた科学トレーニングだった。たとえば、陸上競技選手がウォーミングアップをするときだ。当時の日本人選手は、一気に千メートルほどを走り込み、士気を高めて競技に臨んでいた。ところが、ドイツ人選手たちは二百メートルほど走ると、ゆっくり歩く。つまり、インターバルを取り入れたウォーミングアップで、本番での好成績に結びつけていた。

それにいち早く着目した大島はディームとの会見で、選手強化の決め手となる科学トレーニングについて詳しく聞き出したのだ。

ベルリン大会後の大島は、現役選手を引退した。毎日新聞運動部記者として取材活動を続ける一方、後輩たちを指導した。その指導ぶりは当時のスポーツ界ではとうてい考えられないものであったが、すべては四年後の東京オリンピックのためだった。

まず指導者の大島が積極的に推進したのは、科学トレーニングだった。学生時代から大島は「根性」と「経験」だけに頼る指導方法に限界と疑問を感じ、独自の練習方法を取り入れていた。たとえば、当時のスポーツ選手は練習に限らず、試合中に水分を摂ることを固く禁じられていたが、「脱水症状になったらどうする?」と言って、仲間にも給水を勧めていた。

また、シーズンオフの冬場になると、体重六十キロの大島は約七・五キロの砂袋を腰に巻いて負荷をかけ、三段跳や走幅跳の練習を繰り返した。その練習が功を奏し、シーズインの春に砂袋を取ると、約六十七・五キロの体重に支配されていた本来の体躯は軽く感じ、確実に記録は伸びた。さらに海外遠征の際は、スポーツに関する技術書だけでなく、連続撮影ができるカメラを購入。一コマずつの分解写真を並べ、フォーム研究に余念がなかった。

それらの、すでに大島が実践してきた独自のトレーニングに、ベルリン大会後は、ディームから伝授された本場の科学トレーニングを取り入れた。まずは同好の士を集め、大島自ら座長となり「スポーツ科学研究グループ」を発足させている。大島の呼びかけに賛同したメンバーには、体育教師を中心にした指導者だけでなく、京都大学・京都府立医科大学・大阪大学の教授をはじめとする研究者、学生たちも名を連ね、研究会に参加し、互いに意見を交換した。

さらに、競技会の際は、会場内に簡易の「体力調査所」を設け、大学医学部の教授や医学生たちを派遣。選手の出場前後の身体・心理状態、記録と体調のデータ、選手への面談による話――たとえば、食事の摂取時刻や献立などを聞き出し、科学的に分析。記録に結びつく体力増進施策などを図っていた。

科学に基づいたトレーニングがいかに重要であるかについて、大島は専門誌『陸上競技』（一九三七年五月号）に寄稿している。記事を要約したい。

《東京オリンピック大会を三年後に控えた現在、陸上競技の強化を考えた場合、我々に課せられた問題は、技術のみに限ってみても予想外に多い。その解決策を見いだすために今日から着手しなければならない。従来の技術理論は、個人の体験にわずかばかりの科学性があったにすぎず、それに加えて多少の天才的独創のひらめきがあればよかった。つまり、理論に科学性が欠如していたのである。

日本における陸上競技の歴史は長いといっても、わずか二十年、三十年のものであって、この世界に科学性を求めることは無理であったとも思慮されるのである。しかし現在では、当然にそれは単に陸上に限ったことではないが、科学の時代に入りつつあることを是認しなければならない。競技技術の科学的検討は、主として医学と力学と心理学との三方面からなされなくてはならないことが、最近ようやく叫ばれるに至ったことはよいことである。スポーツと医学、スポーツと心理学のタイアップは、過去において着手されつつ現在に及んでいるとしても、スポーツと力学の提携は不詳にしてそれを知らない。いまこそ、そのときである。科学を基礎とした日本的な技術理論を体系づけなければならない。》

さらに大島は、この記事中で競技場建設についても言及している。なぜなら、ベルリン大会の陸上競技では、とくにドイツ選手の好記録が続出していたからだ。

《もう一つ加えるならば、競技場の問題がある。仮にもし競技場のコンディションが、その真価を発揮できる充分な性能を持たぬとしたならば、満足な成果を挙げられないのは火を見るよりも明らかである。競技場は才能を開花させる園であり、この点に関しても理学、科学方面から充分研究し、大改革を加える余地のあることを知らなければならない。》

そのため、用意周到にも大島は、ベルリン大会で初めてオリンピック・スタジアムのトラックに使用された人工土「アンツーカー」に着目し、カール・ディームに紹介されたドイツ陸上競技連盟から譲り受けていた。従来の石炭殻や混合土砂を敷き詰めたシンダートラックなどとは違い、ランナーのスパイクシューズを思い通りに捕らえてくれるアンツーカーは走りやすく、整備の上でも水はけがよかった。この点においても大島は、陸上競技場設計に取り組んでいたディームから聞き出している。

そして、帰国後に大島は、大阪市の運動場工事専門会社・奥商会（現・奥アンツーカ株式会社）を営む旧知の奥庚子彦《かねひこ》にアンツーカーを手渡し、陸上競技場舗装材の研究を依頼している。その当時、運動場やテニスコートなどを造るのは植木職の仕事であり、専門会社は珍しく、世間からは「コート屋」と呼ばれていた。

東京都の東久留米市に在住する、今年八十一歳になる奥の長男・奥眞純に会うことができた。彼の記憶によれば、戦前から大島と父・庚子彦は気が合い、たびたび甲子園南競技場や大阪市立運動場などに出向き、グラウンド造りについて話し合っていたという。

「当時の奥商会は、すでにアンツーカーのテニスコートを手がけ、甲子園南競技場近くの甲子園国際庭球倶楽部にアンツーカーコートを建設中だった。ただし、舗装材を使用しての陸上競技場造りは未知の世界だったため、父は大島先生から何かとアドバイスを受けていた。当時の大島先生は、三年後の一九四〇年に開催されるはずだった、いわゆる『幻の東京オリンピック』に向け、新たなスタジアム建設までも見据えていたわけです」

そう語る奥眞純は、父の仕事を受け継いで二代目社長となり、一九六四年の東京オリンピックのメイン競技場となった国立競技場建設に従事。父同様に大島から多くのアドバイスを得ていた。

いずれにせよ、大島は科学トレーニングを推進した。しかし、根性と経験を指導の要にしていた戦前のスポーツ界においては、すんなりと受け入れてもらえなかった。そのことについて当時の大島は、次のように語っている。

「大学の医学部や理学部の協力を得た研究会は、自分たちの失敗からスタートした。その失敗を後輩たちに繰り返してもらいたくないし、記録を極限まで伸ばしてほしい。それにはトレーニング方法の物理的な分析と、記録を伸ばすために必要な身体の部分を強化し、欠陥を発見するためには、医学の力を借りなければならないと考えたからだ。しかし、当時は『科学的』なんていう言葉を使うと、見向きもされなかった。そこで考えた末、替わる言葉として『合理的』と言ったりした」

そのためだろう、選手を前に大島はこんな調子で奨励していた。

「戦国時代の忍者はジャンプ力を養うため、成長の早い麻の木をことあるごとに跳び越えては、日々の訓練を怠らなかった。それも一つの科学的なトレーニング方法だ。科学というと難しく思えるが、早い話が頭を使った合理的な練習を実践しなければならない。君たちは、忍者になったと思えばいい……」

また、ウォーミングアップについては――。たとえば、今年六月で八十八歳を迎えた関東学生陸上競技連盟相談役の丸山吉五郎は、法政大学時代に大島から次のように助言されている。

「二百メートル走ったら、次は息を整えて歩くことだ。それを繰り返すんだ。走れば身体に強い刺激を与えて、順応性を引き起こす。逆に歩けば緩い刺激を与えて生命活動をかき立たせる。インターバルなしで一気に何百メートルも走ると、強い刺激を与えすぎて、能力を低下させる。記録は期待できない。つまり、手抜きするつもりでやればいい。それが合理的なウォーミングアップの方法だ……」

大島は、戦前から科学的なトレーニング方法を生み出そうと、大学の学者、研究者、学生、在野の指導者たちと研究を重ねていたのだ。

ところが、すべては「戦争」によって狂ってしまう——。

一九三七（昭和十二）年七月に、日本軍の陰謀である盧溝橋事件を契機に日中戦争が勃発し、翌年の七月、日本政府は閣議で第十二回オリンピック・東京大会を返上することを決定した。日中戦争が長引くことが懸念されたためだが、何よりも資金難であった。すでに現在の東京・世田谷区の駒澤オリンピック公園にメインスタジアムが建設されることになっていたのだが、当時は資源統制の影響で建設に必要な鉄鋼材を確保することは至難の業であった。鉄鋼材使用を極力抑え、一部を木造にする案も出たというが、それでも当時の国家予算の約三パーセント、八百万円ほどを競技場建設費に投じなければならなかった。国家的大イベントともいえるオリンピック開催は不可能だった。また、日中戦争が続く限り、参加ボイコット国も増えると危惧されていた。

こうしてアジア初の東京オリンピックは幻となり、ＩＯＣは開催地をフィンランドのヘルシンキに変更した。同じ時期に開催されることになっていた国際レクリエーション会議大阪大会も中止となり、第五回冬季オリンピック・札幌大会も返上した。それに加えて、スポーツを統括する厚生省の通牒により、あらゆるスポーツの国際大会への選手団派遣は鎖《とざ》されつつあった。

国家のスポーツへの弾圧に対し、大島は激しい憤りを覚えたことはいうまでもない。

一九三九（昭和十四）年が明けた。さらに戦時色が強くなり、世情が暗く傾く中でも、大島の反骨精神からの言動は少しも揺るがなかった。とにかく、オリンピック返上により凋落の一途にあった日本スポーツ界に活を入れなければならない。そこで大島は専門誌『陸上日本』三月号に「国際学生大会へ選手を送れ！」のタイトルで正直な胸の内を書いた。

《本年の夏に日本学連が参加予定の第八回国際学生競技大会が開催されるが、オーストリア・ウィーンへの選手派遣が危ぶまれている。私は原則として派遣に賛成だ。派遣を拒否する理由を見つけることができないからだ。国際交流の趣旨を貫いても、また次代の体育文化発展の磁石を置く意味においても、派遣には両手を挙げて賛成しなければならない。

とくに今回の大会はドイツ招待大会出場も兼ねており、当然にして開催国はドイツである。日独文化協定が交換すべき文化事項の一つに体育運動を挙げていることは当然であるとはいえ、この協定を実行に移す努力をすることには、両国民が互いに多少なりとも義務を感じてよいはずである。

協定成立に先立ち、宝塚少女歌劇団が派遣され、非常な人気を呼んだと報道された。その報道が正しかったかどうかは別問題として、学生選手団の派遣が、意義の広さと内容の深さにおいては一少女歌劇団の比ではないということは、多くの人が認容するところである。と同時に、これが協定成立直後であるだけに、他の競技団体の分をも代表して率先文化先導部隊の栄誉を買って出てよいであろう。》

大島の記事が掲載された『陸上日本』三月号が発売されたのは二月初旬。それから間もなくの二月十三日だった。東京・丸の内の日本陸上競技連盟事務局にドイツ陸上競技連盟のリッターフォン・ハルトの名で、「七月末より八月にかけ独逸へ、棒高跳二名、三段跳一名、走高跳一名、ならびにマネージャー一名の派遣方を熱望す。書翰《しょかん》発送ずみ。大要の返待つ」――の選手招聘の国際電報が届いたのだ。そこで翌日の午後五時から、会長の平沼亮三を筆頭とした在京理事、部長、総務委員たちが会議を開催し、満場一致で選手を派遣することに決定。翌十五日にドイツ陸上競技連盟宛てに「趣旨においては欣然《きんぜん》賛成。委細は書翰を待って返」の電文を打電したのだった。

いわば大島の記事が契機となり、日本陸上競技連盟を動かしたわけだが、当然、仕掛け人は大島本人だった。つまり、先のベルリン大会でカール・ディームと会見することによりドイツ陸上競技連盟にコネクションを持った大島は、記事を執筆すると同時にドイツ陸上競技連盟に打電し、ドイツ側からの招聘要請を依頼していたのだ。新聞記者・大島だからこそできる業だったといえる。

このことについては、推測の域を脱することはできない。が、大島は日本陸上競技連盟会長の平沼亮三に直談判した。その結果、平沼はドイツからの電報に即座に対応し、選手団招聘要請に快諾したのだ。そう私は推測する。

では、平沼亮三とはいかなる人物だったのか――。

一八七九（明治十二）年に横浜市生まれ。福沢諭吉の門下生だった慶應義塾大学時代は野球部に所属し、四番打者として活躍。東京六大学野球連盟会長を務め、野球殿堂入りも果たしている。二十九歳で神奈川県議会議員に当選し、その後に横浜市議会議長、衆議院議員、貴族院議員、横浜市長などを歴任している。一方、スポーツ界とは常に深く関わり、ロサンゼルスとベルリンの両オリンピック大会では選手団長を務め、終戦後は日本体育協会会長に就任。単にスポーツを利用する現在の政治家とは違い、スポーツと政治を融和させた政治家として知られていた。念願としていた東京オリンピック開催の招致が決まる三ヵ月前、一九五九（昭和三十四）年二月に鬼籍に入り、七十九歳で生涯を閉じている。

そのような経歴を持つ平沼は、日本陸上競技連盟会長を一九二九（昭和四）年から一九五八（昭和三十三）年まで、実に三十年間にわたり務めていた。日本スポーツ界の各競技連盟の会長職といえば、件《くだん》の政治家がお飾り的に就任することがほとんどだ。しかし、平沼はスポーツ実践者で、日本体育協会内における大島のよき理解者だった。ベルリン大会の際に主将兼旗手に抜擢したのも平沼であり、大島の存在を高く評価していた。もちろん、大島自身も全幅の信頼を寄せ、二人は父子ほどの年齢差があったものの、たびたび酒を飲み交わすほど気が合った。平沼の秘書・松本興が上梓した『聖火をかかげて―スポーツ市長・平沼亮三伝―』（聖火をかかげて刊行会、一九六三年）で大島は、政治家・平沼について簡潔に語っている。

「平沼さんの政治は、スポーツマンの政治で、外連味《けれん》も権謀《けんぼう》術数もないので、スポーツにストレスを感じなかったかもしれない……」

選手派遣を決めた日本陸上競技連盟は、一九三九（昭和十四）年五月二十日から二日間にわたり、第八回国際学生競技大会兼ドイツ招待大会への代表選手派遣選考会として、神宮競技場で日本学生対抗陸上競技選手権大会を開催した。その結果、代表選手十人とマネージャーが選出され、大島は選手団団長兼監督に就任した。

が、再び問題が起こった。派遣費がなかなか集まらず、団長の大島自身が資金集めに奔走しなければならなかったからだ。そこで平沼の協力を得て、まずは陸軍出身の外交官である駐ドイツ大使・大島浩に連絡をとり、名誉団長就任を依頼。快諾を得たところで、その伝手《つて》で陸軍からの支援を仰ぎ、大方の資金を捻出した。つまり、大島一人でドイツ・オーストリア遠征を仕切ることになったのだが、ここでも大島なりの深謀があった。

それは、アドルフ・ヒトラーを崇拝する大島浩を名誉団長に指名したことである。この時期に日本政府は、ドイツより日独伊防共協定強化に関しての三国同盟を結ぶ提案書を受け取っていた。それが締結されれば、日本側のキーパーソンは駐ドイツ大使の大島浩に違いない。その人物を押さえていれば、なにかと日本スポーツ界の役に立ってくれる。さらに、ドイツを中心に海外交流ができ、一年後のヘルシンキでのオリンピック参加も不可能ではない――。そう読んで、大島浩に名誉団長を要請したのだった。

新聞記者時代の大島は、よく後輩記者を前に言っていた。

「ジャーナリストは、ペン一本で歴史をもつくれる」

4

こうして大島率いる選手団は、一九三九（昭和十四）年六月十日に福岡県の門司港に停泊中の榛名丸に乗船し、上海、香港、サイゴン、シンガポール、コロンボ、ポートサイドなどに寄港した後、イタリアのナポリで上陸し、列車でローマ入り。陸路でアルプスを越え、ドイツ・ベルリン入りしたのは七月十九日だった。

実はこの遠征で団長の大島は、ドイツ側に提案する、ある計画書を持参していた。それは、大日本体育協会を主導する日本陸連の平沼も同意したもので、まず翌一九四〇（昭和十五）年夏にドイツが日本人選手男女六十人を招待。その際にヘルシンキで開催されるオリンピックに参加したい。よって協力をお願いしたい。快諾していただければ、次の年は日本がドイツ選手団を招待する。互いにスポーツを通じて交流を図ろうではないか――。というものであった。大島は何が起ころうが、平和の祭典であるオリンピック参加にこだわっていたのだ。

ベルリンに着いた大島たちは、さっそく日本大使館を表敬訪問。名誉団長を引き受けてくれた大使の大島浩も温かく出迎えてくれ、七月末からのドイツ招待に出場。多くの在留邦人たちが応援に駆けつけてくれた。もちろん、その間に大島は、ドイツ陸上競技連盟の幹部たちと計画書についで話し合ったと思われる。そして、八月二十四日から開催される第八回国際学生競技大会出場のため、オーストリア・ウィーンに向かった。

　しかし、すべては戦争でご破算になってしまった。

　結果を先に記せば、第八回国際学生競技大会二日目を終えた時点で、ウィーンから引き揚げなければならなかった。渡欧した時点から危惧されていたドイツとポーランドがついに戦争状態に突入し、イギリスとフランスの対独宣戦布告が噂され、まさに第二次世界大戦が勃発しようとしていたからだ。

　そのため大島を団長とする日本選手団は、日本大使館からの「即刻、帰国せよ」の電報を受け、八月二十六日朝にウィーンを出発した。まずは戦禍から逃れる避難民や国境警備に急ぐ兵隊たちで混雑する列車に乗車し、約千キロの距離を丸一日かけて北海に近いハンブルグに移動、ベルリンの日本大使館の手配で靖国丸に乗船し、ドイツを離れて帰国する予定となった。

　ところが、十五時間かけてハンブルグに列車が到着したときは、なんと靖国丸は三時間前に出航していたのだ。そこで考えた末に大島は、ハンブルグから再び列車に乗って北東を目指した。ドイツ北端の港町のザスニッツに行き、そこからスウェーデン行きの連絡船でノルウェー・オスロに向かい、再び列車で港町のベルゲンに行くことにした。そうすれば、ベルゲンに寄港予定の靖国丸に追いつくことができると思ったのだ。たとえ定員オーバーであろうが、この非常事態においては乗船できるはずだ……。

　――とにかく、選手たちを無事に日本に帰国させることだ。

　それが団長としての任務だと考えた大島は、機敏な行動と判断で選手たちを引率した。

この一連のヨーロッパからの脱出劇について大島は、二ヵ月後に発行された『陸上日本』（十二月号）に、その顛末を寄稿している。八月二十九日、列車でベルゲンに着いたときの様子を、次のようにレポートした。

《澄み切った美しい朝であった。午前十時、ベルゲンに着いた。汽車の窓を開け、ライゼスビューローに「日本船はいるか？」と大声で聞くと「いる」という。私は思わず「しめた！」と叫んだ。ホームを歩く足取りは自分ながらくそ落ち着いている。タクシーを断り、どんどん歩いて丘を目指した。ベルゲンは三年前に来ていて、うろ覚えながら知っているし、この尊大な気持ちをできるだけ長持ちさせたかった。赤い寺院のある丘に登ったところ、木の間から二本の赤線が入った煙突が見えた。「いたぞ！」と誰かが叫んだ。恐ろしく大きな声だった。誰ともなく砂走りのようにどんどん船を目指し、丘を降りた。ハンブルグで取り逃がした船を、このスカンジナビアの西端でついに捕えたのだ。その喜びは、そしてこれで日本に帰れるのだという願いは、いかなる代償もこれを購うことのできないほど高価なものだった。

顧みれば、二十六日にウィーンを発って以来、ヨーロッパを南から北へ移動し、四日目にようやくここまできた。靖国丸に乗れる感激でいっぱいであり、記念写真を撮ることも忘れてしまうほどだった。我々の切符は二等室だったが、当てられた室は三等であった。しかし、そのようなことはもはや問題ではなかった。私は部屋に入ると、すぐに自分の家に帰った気やすさで、前後を忘れてベッドにもぐり込んでしまった……》

こうして大島率いる選手団は、帰国の途に就くことができた。

しかし、これまた結果を先に記せば、大島は日本に帰ることはなかった。ニューヨークに一週間ほど寄港した際、各国に派遣している特派員を統轄する大阪毎日新聞社副主幹・上原虎重に電報と電話で直訴し、従軍記者としてドイツに戻ることを訴えていたのだ。

遠征メンバーの一人だった東京文理科大学の四百メートルハードル選手の小田洋水は、『スポーツの人　大島鎌吉』（中島直矢・伴義孝、関西大学出版部）で当時を回顧している。

「ニューヨークでの大島さんは、毎日新聞社の支局に詰めきりだった。社命を待っていたのである。後で聞いた話だが、記者魂の旺盛な大島さんは、ニューヨークへの船中から、毎日新聞本社に『私をドイツに置け』と電報を送っていたそうだ。大島さんはドイツ戦線の従軍記者として、ニューヨークから再度ドイツに逆戻りされた。見送る立場になった一同は、大島さんを囲んで、泣いてビールを飲んだ。偉大な団長の無事を祈念しながら……」

自ら従軍記者に志願した大島は、敗戦から二年後の一九四七（昭和二十二）年一月に鱒書房が刊行した『戦後ルポルタージュ』シリーズ第三巻で『死線のドイツ』篇を執筆。従軍記者としてニューヨークからドイツに向かう際のことを、次のように詳述している。

《一九三九（昭和十四）年九月下旬。私はニューヨークに止まり欧州入りの支度にとりかかった。独ソのポーランド進駐後に東部戦線は呆気なく大勢が決し、西部戦線は小競合いが継続し、飛行機が相互に牽制し合っているだけで、欧州戦がようやく外交戦に入って、小康をとり戻した頃である。

しかし、ニューヨークに伝えられる欧州情報は、すべてドイツに非であった。食料の危機、日用品の不足、市民生活の甚だしい窮乏など、アメリカと比べればドイツは既に地獄の模様を呈している。戦争を好まぬアメリカ・ジャーナリズムはドイツの不法を語り、ソ連の行動を論議し、精神的には英仏を支援し、第二次欧州戦に対する態度をようやく明らかにしようとしていた。それは、最初漠然とした正義感から発したものであるが……。

ドイツの敗戦はそのときに既に予言されていた。ことの当否は別として、私のドイツ入りの準備は、だから最初から逃げ支度で、スーツケース三個に必要な身まわり品を詰め込むという、極めて簡単なものであった。人々は限りなくこの従軍記者に同情した。ドイツ総領事館の査証係まで『身体に気を付けて』と固く手を握ったほどである。

欧州の避難民は富裕階級や迫害を恐れるユダヤ人、難民を含めて便船ごとにアメリカに逃れてきた。船賃は二倍からたちまち三倍に奔騰したが、戦禍を避ける人々は欧州中立国の港々に蝟集《いしゅう》して幸運を掴もうとしていた。ニューヨークは快く欧州の不幸な人々を迎えたが、親類や知己の懐に入った数万の呪詛の声はやがて数十万となり数百万と化して反独熱は全米に広まった。

コンテ・ディ・サボヤ号四万トンの巨体は、明るいニューヨーク港を出帆した。ハドソン河の埠頭には、世界最大の豪華船ノルマンディー号とクイン・メリー号が灰色に迷彩されて係留されている。ドイツ潜水艦の襲撃を怖れて開戦以来航行を思い止まったのである。ニューヨークではこれを幽霊船と呼んでいた。ハドソン湾頭に巨立する平和（自由）の女神も何かわびしいものがあった。やがて摩天楼やエンパイヤ・ビルも視野から去り、このイタリー船は大西洋に乗り出した……≫

大島は、帰国することなくニューヨークを出発した。イタリアに行き、ローマ経由で再びドイツ入りし、従軍記者として取材を開始した。以来、敗戦直前の一九四五（昭和二十）年七月下旬に帰国するまで、実に五年十ヵ月にも及ぶ従軍記者生活を送っている。ドイツに向かった五ヵ月後に長女・三智子が誕生しているが、帰国することはなかった。

大島の長男・大島章和によれば、かろうじて家族が父の声を聞くことができたのは年に数回ほど。幼い妹の三智子とともに母・二三子に連れられて大阪毎日新聞社に出向き、約九千キロ離れた異国に滞在する父と国際電話で話す、そのときだけだったという。

第三章
復興

1

一九四〇（昭和十五）年の開催予定だった第十二回オリンピック・東京大会は、日中戦争が長引いただけでなく、競技場建設に必要な資金と資材不足などの理由から返上された。代替都市のヘルシンキ大会も第二次世界大戦勃発で開催不能となり、さらに四年後の敗戦前年の第十三回ロンドン大会も大戦のために中止となった。

それに伴い戦時下の日本スポーツは、軍国主義を標榜する国家の弾圧を受けることになった。首相の近衛文麿が政治体制を強化するために打ち出した新体制により、「国防体育は、指導精神において自由主義的なスポーツ・イデオロギーを清算。その上で教練の延長として近代武道を目指す」とし、国民の体力増強と精神面での統制、とくに愛国精神の高揚を奨励した。競技場ばかりか校庭や公園までもが軍事教練の場となり、銃剣を手にした白兵戦競争、土嚢《どのう》運搬継走、土嚢牽引競走、手榴弾投競争などが行われた。また、ラグビーは「闘球」、ハンドボールは「送球」、レスリングは「重技」、ホッケーは「杖球」、スキーは「雪滑」、スケートは「氷滑」となり、米式蹴球と呼ばれていたアメリカンフットボールでさえも新たに「鎧球《がいきゅう》」と日本語化され、すべての外来語を使用禁止とした。

そのような戦時色深まりつつある頃から、大島鎌吉《けんきち》は敗戦を迎えるまでの約六年間にわたり、ドイツを拠点に従軍記者生活を送った。その取材活動は常に死に直面したもので、顔写真入りの「大島本社特派員発」のスクープ記事は、大阪毎日新聞と東京日日新聞（一九四三年からは「毎日新聞」に統一）の紙面を飾っている。

私の手元には当時の東京日日新聞のコピーされた大島の記事がある。それは『吹雪の独ソ最北戦線を行く』の惹句で『眼前三百火を噴くトーチカ　危うし一弾・記者を狙い射ち　凍る塹壕に戦う独山岳兵』の見出しが躍った、一九四二（昭和十七）年十月十九日付の一面記事である。ソ連の北極圏最大の港湾都市・ムルマンスクをドイツ軍が総攻撃した際、唯一の外国人記者として従軍している。要約したい。

《……ソ連軍の機関銃陣地三百メートルを隔て、約一年にわたり、陣地戦を続けるドイツ軍最北部前線に来た。記者（大島）は十四日ノルウェーの北端タナ狭湾を出発し、十六日未明最初の外国人記者として、この独ソ最北部戦線に向かったのである。キルケネスの山岳地帯を経てフィンランドに入り、ベツァモから前線に向かう際は、出没するソ連のパルチザン（ゲリラ部隊）に備え、記者の自動車も他の軍用自動車を待ち合わせて行く。すでに危険区域だ。道路には多数の高射砲や重砲、弾薬箱、鉄舟が置かれている。森の中にある戦車は巧みな迷彩で隠され、白い息を吐く歩哨、馬と部隊の行進、軍用自動車の激しい往復はさすが前線近くを覚え、緊張する。

　この付近はツンドラ状の山また山の連続である。道路側にある荷物運搬車が吹雪の中をこの日も弾丸、食糧を前線に供給するため絶えず動いている。ドイツ軍が得意とする戦車も飛行機も、この戦線ではものを言わない。雪が小やみになると、これまでルイバチ半島方面に聞こえていた砲声が次第に近くなり、突如轟然たる爆音で思わず身体が縮まる。ソ連軍からの砲弾だ。次々に炸裂する砲弾は後方百メートルから二百メートルの間に落下し、雪煙を上げる。このときドイツ軍陣地からいきなり八・五センチ高射砲と十二センチ砲が火を噴く。塹壕にうずくまるドイツ兵は悠然と煙草に火をつけ「またか」というような顔をしている。双方の砲撃は、あたかも互いにその存在と強さを主張しているかのようだ。

　望遠鏡の焦点を近くに合わせると、迷彩の巧みなソ連軍のトーチカが岩間にわずかに頭を出している。距離は約三百メートル。その左右百メートルをおいてまた他の押し黙った二つの姿が映ってくる。いまにも動けばこの不気味な沈黙は一瞬にして激しい十字砲火の嵐の中に叩き込まれる。記者が北に廻ると人の動きを察したのだろう。赤軍狙撃兵が撃つ一発が記者から三メートル先の壕の石に撥ね返る。途端、間髪を入れず周囲からバリバリと機銃が火を吐いた。

トーチカ陣地はソ連軍が得意とする背後強襲に備えてつくられ、その外郭に厳重な鉄条網が張り巡らされている。電光型の交通壕が全部の火点をつなぎ、しかもまた火点を孤立しても戦えるように四方八方に銃眼が覗く。自動短銃、機銃、高射砲の巧みな配置、手榴弾や食糧の配備、北極戦の特性に鑑みてドイツ軍が知能を傾けただけに空の護りも堅ければ、百倍の敵が地上から襲うとも容易に陥るものではなかろうと思われた。

中隊指揮用トーチカに入れば、二十度の暖房の上に野戦料理が記者を待ち、ひとり窓の下に電話と並んだラジオが甘い音楽を奏でている。ベッドの壁には若い元気な兵士たちを今日まで鼓舞してきたのであろう、美しいチロル娘の笑顔があった。前の冬の陣ではこの地帯の気温は零下五十度で、さすがチロルの兵隊も天の無慈悲に泣いた。ここにいるのは山を愛し、山に生きる南ドイツ出身の兵隊だが、この十七人の兵士たちは数倍の赤軍に対し、この逆境に逆らって自分たちの山を一歩も退かず、十二時間ぶっ通しの歩哨に立ち、吹き倒れるテントの中で互いに体温で暖をとりながら護り通している。「せっかく戦友の血でとった高地だ。隊長の命令でも後退しないぞ」と山を愛する兵士は強く言い切った。死の一刻を前に朗らかに口笛と合唱が聞こえてくる……》

常に大島は死を覚悟して最前線を取材し、悲惨な戦争を報じた。

「ぼくは生まれながらのわがまま。一匹狼だと自負していたし、従軍記者であれば生きて帰国できる保証はない。それに内地にいたら赤紙一枚で徴兵され、太平洋の孤島かビルマあたりで戦死していたはず。だから、何でも覗いてみたいという、ジャーナリストの性といえば格好もいいが、この際は何でもやってやれという思いで、自ら戦場に足を運んでいた。何もかも自分の判断で処理していたし、当時の毎日新聞の欧州総支局長だった加藤（三之雄）さんは何一つ文句を言わずに、自由な取材活動を許してくれた」

そう回顧する大島によれば、灯火管制下のベルリンに赴任した翌日からワルシャワ取材を手始めに、パリ攻略、第二戦線のカサブランカ、レニングラード待峙戦視察、ウクライナからドン河に臨むナチス・ドイツに従軍。さらにブダペストからイスタンブールに至るまでの食料品買いだめまでも取材している。

また、従軍記に限らず、開戦前のドイツ・オーストリア遠征でコネクションをつくった駐独日本大使「大島浩」の名を拝借し、電報で「オーシマ」の名でアドルフ・ヒトラー会見のアポイントメントを求め、約二十分の単独会見にも成功した。ただし、軍部の厳しい検閲のために紙面を飾ることはなく、記事は闇に葬られてしまった。そのためヒトラー会見についての資料類は見つけることはできず、自慢話を好まない大島自身も多くを語っていない。取材で得られた証言は、会見の際は、ヒトラーの長年の愛人でありベルリン陥落前に結婚したエヴァ・ブラウンが同席した、ということだけである。が、容易に想像することができるのは、ナチスが誇った歓喜力行団「クラフト・デュルヒ・フロイデ」について聞き出したと思われる。

そう私が推測するのも、大島が独裁者・ヒトラーの政策で評価していたのは、スポーツ、旅行、観劇などの国民の余暇活動を推進した「クラフト・デュルヒ・フロイデ」と称するレクリエーション運動だった。それは第二次世界大戦勃発以前のことで、プロパガンダの一つではあったが、ナチスは国民誰もが楽しめるレクリエーションに社会的意味を見いだし、普及に力を注いでいたからだ。

もちろん、大島はスポーツで海外遠征に行ったときと同様、各国の選手やスポーツ関係者たちと交流を深めていた。フィンランドのパーヴォ・ヌルミやハンネス・コーレマイネンといった、ヨーロッパを代表するオリンピアンたちとも親交を重ねていた。

ヌルミは、一九二〇(大正九)年の第七回オリンピック・アントワープ大会、第八回パリ大会、第九回アムステルダム大会と三大会連続出場し、陸上競技の中長距離ランナーとして、千五百メートル、三千メートル(団体)、五千メートル、一万メートルなどで実に九個の金メダルを掌中にした。戦後の一九五二(昭和二十七)年開催の第十五回オリンピック・ヘルシンキ大会では、最終聖火ランナーを務めている。

一方のコーレマイネンも、日本が初参加を果たした一九一二(明治四十五)年の第五回ストックホルム大会と第七回アントワープ大会の二大会に出場。陸上競技の五千メートル、一万メートル、八千メートルクロスカントリー、マラソンの四種目で金メダルに輝いている。いまでいうならウサイン・ボルトやマイケル・フェルプスに匹敵する、いやそれを超える世界的なヒーローであった。

今回の取材では、ヌルミやコーレマイネンたちと大島がいつどこで知り合ったかを明かす資料類や、証言を得ることはできなかった。しかし『死線のドイツ』には、次のような一文がある。

《私は飄然《ひょうぜん》とベルリンを発ち、フィンランドのヘルシンキに来た。ドイツ当局の国外旅行査証はこの頃非常に五月蠅《うるさ》くなってきた。スイス、スウェーデンの中立国へも同盟国日本人にさえ一定の割合があって簡単ではない。新聞記者が占領地や国外で生のニュースをとることを極度に警戒しているのだ。

（一九四三年）八月末の爽やかな気候も九月の声を聞くともう冷えだし、ヌルミやコーレマイネン氏が冬仕度の準備を援助してくれた。ヘルシンキの街も所どころ爆破され、数機のソ連機が毎日上空に現れた。食糧倉庫がやられると直ぐ翌日の配給に支障をきたし、煙草倉庫の場合など、一、二週間配給停止の状態であった。フィンランド経済は、兵器・弾薬・食糧に至るまでことごとくドイツの好意に甘んじている。ここにはドイツ以上の窮乏生活があるのだ。

街には軍服を着た廃兵が多い。一九四〇年秋から冬にかけて十倍の赤軍を相手にスケートに乗り、ナイフを振りかざして雪の密林を紅に染めた英雄たちの姿である。だが、一年以上の対峙戦でいまの彼らには当時の復讐心は消え、希望を失った野良犬のように闇の火酒を漁っている。夜の街には刃傷沙汰が横行した。

ソ連が何故にこの北欧の平和を愛する小国に兵を進めたか。英米が何故に宣戦布告し、国交を断絶したか。そして、フィンランドの誇りであったかつてのオリンピックの花形選手たちが、何故にその八割も戦場の露と消えなければならなかったのか。この国はすべてが不可解な謎であった……》

また、後にフィンランドの大統領に就任する、ハイジャンプの選手だったウルホ・ケッコネンとも強い絆で結ばれていた。すでに大島は、単なる記者というよりもコスモポリタンであった。

そして、敗戦を迎える一九四五（昭和二十）年が明けた——。

大島が従軍記者になってから、六回目の春がやってきた。日本では連夜のごとくアメリカ軍のB29の空襲に脅えていた頃、ついにナチス第三帝国は終焉を迎えることになる。

四月二十三日、ドン河線から押し返した破竹の勢いで、ソ連軍はベルリン市街に突入。フランクフルターアレーの大道を進み、突撃してきた。その二日後の二十五日だ。ナチスを壊滅させるため連合国のアメリカとソ連の両軍は、ドイツ東部を流れるエルベ河畔で出会って「エルベの誓い」として握手。一気にベルリン陥落の日は迫り、脱出を断念したヒトラーは最後の一戦を試みた。が、一週間も持たなかった。結婚したばかりのエヴァ・ブラウンとともに、潜伏していた地下壕で自殺。二日後の五月二日にベルリンは陥落した。

ソ連軍がベルリンに向かって進軍を始めた頃、四月十三日だ。「逃げなければ、生命財産の保証はしない」とナチス・ドイツ宣伝大臣のヨーゼフ・ゲッベルスが各国大使館、新聞社などに勧告。それに従って朝日新聞、読売新聞、同盟（現・共同通信）の特派員たちは次々とベルリンを脱出し、オーストリアなどに避難した。

ところが、大島は逃げなかった。毎日新聞社ベルリン支局が設けられていたホテル・カイザーホーフは爆破され、移転したホテル・アドロンも瓦礫を抱くように折れ曲がった。テンペルホーフ空港近くに確保していた宿舎も空爆で焼失したものの、ナチス終焉の瞬間を取材するため最後までベルリンに残ったのだ。『毎日新聞百年史』（一九七二年発行）を閲覧すれば、大島は四月二十二日にナチス・ドイツがソ連軍と繰り広げた「ベルリン最後の死闘」を取材。スウェーデン・ストックホルムに滞在する同僚の特派員・榎本桃太郎に国際電話で送稿した。この独占スクープは『伯林《ベルリン》から最後の電話』と銘打たれ『入り乱れる敵味方機　天を掻裂く砲爆音　ヒタ押すソ連の攻勢』の見出しで報じられた。

　しかし、身体に日章旗を巻きつけ、後ろポケットに二挺のピストルを忍ばせて決死の取材をしていた、その後の大島の記事は途絶えてしまう。ソ連軍がベルリンとストックホルム間の電話線を切断したためであり、ベルリン陥落の第一報もベルリン中央郵便局に持ち込んだものの、打電されずに幻のスクープ記事となった。

　そのためだろう、七年後の一九五二（昭和二十七）年八月中旬、大島は第十五回オリンピック・ヘルシンキ大会取材後に西ベルリンに寄った際、ソ連の統治下にあった東ベルリンに拘束覚悟で単身潜入して、復興の進まない廃墟の東ベルリン市街を目の当たりにし、七年前のベルリン陥落のときの悲惨な光景を蘇らせた。そのありさまを帰国後に毎日新聞八月二十三日付夕刊に『恐怖の街・東ベルリン　ソ連の玩具となる』の見出しでレポート。一方、月刊誌『婦人公論』（中央公論社刊）十一月号にも寄稿している。脳裡に焼きついていた、幻のベルリン陥落のスクープ記事をあらためて書いたのだ。抜粋したい。

《「カバリシチ！　カバリシチ！（友人か！）」と怒号し血相を変えて乱入してきたのは赤軍の通り魔である。またその先鋒を承《うけたまわ》る脱獄者、モスコーから帰りついた亡命共産党員、さらに豹変した暴徒の火酒に煽られた凱歌怒声を、もう一度聞いたような気がした。

狂乱怒濤の街と化したときの全ベルリンには、無警察のままむき出しになった人間の野性がほしいまま暴威をふるったのだ。血に飢えた獣性は猛火と硝煙の渦の中で、至るところ武器のない市民に向かって殺戮、強盗、強姦、ありとあらゆる非人道を思いのままに重ねていった。魔笛に踊る乱舞は死体を積み上げ、その上で血ぬられた土足を踏み鳴らしていたのである。

妙齢の婦女子は言うに及ばず、六十数歳の老婆から十二、三歳の少女に至るまで、瓦礫の散乱する広場や街頭で、あるいは地下室や納屋に引っ張り込まれ、そこで衆人環視の中で辱めを受けたのだった。彼女らは人間のものでない声をうめいていた。

第一の波には次の波が来、第二の波には第三の波が続いた。

かくて、これを防ごうと試みたものは、それがどんな抵抗であろうと情け容赦なく、ある場合にはすべての非政治的レジスタンスが地下室から広場に引きずり出され、市民をここに狩り集めて人民裁判の名で大量銃殺が行われた。その結果、夫や娘の前で辱められた女性が自ら剃刀で動脈を切り、舌を噛み、夫婦で毒をあおり、また手段を持たぬものは暴徒に挑んで自ら死地を求めた事件は数限りなく生まれた。

やがて廃墟の中で石を抱いて泣き叫ぶもの、あるいはカラカラと声を立てて気味悪く笑うもの、生き残った人々の中にもすでに魂を失った廃人のさまよう姿が至るところに見受けられた……》

ベルリン陥落後の大島は、ソ連軍に地下壕で拉致されたが、処刑は免れた。「カバリシチ！」の怒号に対し、日本人であることをアピールしたことが奏功したのだ。大島によれば、ソ連軍兵士は「日本人は捕らえよ」と命令されていたが、日ソ中立条約を重んじていたため、処刑を躊躇《ためら》ったからだという。まさに幸運のひと言だった。

その後の大島は、連合軍の収容所に入れられ、幸いにも七月中旬にポーランドから出発する国際列車に乗車。ソ連の対日宣戦布告前にシベリア鉄道経由で満州を南下し、朝鮮の京城（現・ソウル）に着くことができた。京城ではベルリン大会マラソン金メダリストの孫基禎《ソンギジョン》、ロサンゼルス大会走高跳六位入賞の木村一夫や、早稲田大学教授であり日本体育協会にも関係していた李相佰《イサンベク》たちが温かく出迎えた。李は大島に「お前だから！」といい、韓国独立運動本部に案内し、幹部達を紹介した。その晩に好物のすき焼きと銀シャリで帰還を祝ってくれた。その宴の際、これまた運よく隣室で飲んでいた読売新聞社の航空士と知り合って意気投合。翌朝の九時に空襲警報のサイレンを聞きながら京城空港を発ち、埼玉県所沢市の飛行場に着陸したのは昼過ぎだった。

こうして一九四五（昭和二十）年八月一日、死線のドイツから無事に帰還した大島は、約六年ぶりに日本の地を踏んだ。その二週間後の八月十五日、ポツダム宣言の受諾が日本国民に知らされ、ドイツと同様に無条件降伏で敗戦を迎えたのだった。このとき大島は決意する。

「この死にぞこないは、何でもやってやる！」

2

大島の戦後が始まった――。

敗戦の年の十月。大阪・岸和田市に住んでいた妻の二三子・長男の章和・長女の三智子の三人を呼び寄せ、ようやく大島は埼玉県川口市に借家を求め、一家水入らずの生活を送ることになった。

そして、毎日新聞東京本社勤務となった大島は、政治部記者として精力的に取材を開始した。新聞の顔である社説を担当することもあったが、そのまま紙面に載ることはなかった。GHQ（連合国軍総司令部）の厳しい検閲を受け、原稿がボツなることが多かったからだ。そのたびに編集局長たち重役に呼び出されては小言を言われたが、意に介さずに言った。

「GHQの占領地行政を間接法で批判しただけだろう。それでも検閲を通らないとは、あいつらのケツの穴は小さすぎる。GHQに、まだこんな日本人記者がいると思わせるだけでいい……」

終戦後の大島は、仲間の記者を前に口癖のように言っている。

「敗戦後の惨めな現実への抵抗心が、波打っているのだ。政治家や官僚たちがパンパンのように、何でもかんでもアメリカに手を振り、従っていたら日本はどうなる。沈没してしまうじゃないか」

パンパンとは進駐軍を相手にしていた街娼の蔑称であり、本来はポンポンガールと呼ばれるチアリーダーが選手に拍手を送る仕草からきている。つまり、ポンポンが訛《なま》ってパンパンになった……。

大島が本来の運動部記者に戻ったのは、一九四六（昭和二十一）年の年が明けてからだった。政治部から運動部へ転属された理由は、大島の記事がたびたびGHQの検閲に引っかかり、重役たちが当局から睨まれることを恐れたからだという。

しかし、大島にとって運動部への転属は願ってもないことだった。同時期、大日本体育会（戦時中、大日本体育協会は政府の支配下で「大日本体育会」と名称を変えていた）は、荒廃した国民生活に光明と希望を与えるためにスポーツ復興を掲げ、新たに民間団体としてスタートを切ろうとしていたからだ。音頭を取った平沼亮三が会長に就任し、副会長には末弘厳太郎、理事長には清瀬三郎が選出された。ロサンゼルスとベルリンの両大会で団長を務めた平沼は当然として、末弘も清瀬も大島とは旧知の仲だった。前年三月まで東京帝大法学部長だった末弘は、水泳競技役員としてベルリン大会に参加。弁護士の清瀬は、日本軟式野球連盟や日本ラグビーフットボール協会などの役員に名を連ねていた。

東京・お茶の水に事務局を構える大日本体育会（一九四八年十月二十五日から日本体育協会に改称）を訪ねるたびに大島は三人と顔を合わせ、意見を交換するようになった。当時の平沼たちは戦後の日本スポーツ復興の一環として、戦災を免れた京都を中心に開催する国民体育大会を計画し、四月半ばから二ヵ月間にわたり、全国十三ヵ所でスポーツ懇談会を開いていた。

そして、第一回国民体育大会の夏季大会は八月に兵庫県で、秋季大会は十一月に京阪神地域で開催されることになった。牛乳一合一円に満たない時代に政府から補助金四十万円が支給され、次の六つのスローガンを掲げて行われた。

・戦後の荒廃によって健全娯楽を失った国民、とくに青少年にスポーツの喜びを与えたい
・進駐軍に対し、民族の気概を示そう
・荒廃した国土、とくに旧軍隊の施設をスポーツ文化の場にしよう
・戦禍に喘ぐ国民、とくに退廃した青少年に、平和と民族愛の表徴としてのスポーツを浸透させよう
・純粋スポーツの再建と指導陣の充実を図り、今後の日本スポーツの再建を期そう
・全国的体育大会を開こう

GHQの正式承認を得たスローガンではあるが、大島の意見が色濃く打ち出されている。

一年後の第二回国民体育大会は、大島の故郷・金沢市を中心に開催された。第二回国民体育大会の際は、大島の提唱により、第一回全国レクリエーション大会も同時に開かれている。国民体育大会のメイン会場は、金沢城内にあった旧軍隊の跡地に建設した総合運動場で、日本初の人工土「アンツーカー」の競技場であった。ベルリン大会後に大島の助言でアンツーカーでの競技場造りを研究していた、奥庚子彦《かねひこ》が営む奥商会が竣工した。選手間の評判がよかったため、十年後の一九五七（昭和三十二）年に神宮競技場を解体し、新たな国立競技場を建設した際もアンツーカーが採用され、その七年後に開催された東京オリンピックの会場となる。

続いてその年の暮れにＪＯＣ（日本オリンピック委員会）設立の準備に取りかかった会長の平沼は、大島を初めて公の職務である幹事に任命した。それを受けて大島は、アマチュア選手の倫理規定である「スポーツマン綱領」の起草に着手した。

そして、その年の正月早々――。一九四七（昭和二十二）年の元日に昭和天皇の「人間宣言」の詔書が発表された直後、一月三日と四日付の毎日新聞紙上で大島は『スポーツ界の展望』と称した記事を上・下の二回にわたり書いている。それは従来の日本スポーツ界の問題点を指摘し、早急に取り組むべき方策を打ち出したもので、とくに四日付の記事は新時代に向けての注目すべき提言だった。紹介したい。

《さてあらためて世界のスポーツ地図を眺めるならば、二つの陥没地帯がある。一つは言うまでもなく日本であり、他はドイツである。オリンピック憲章とポツダム宣言の精神を突き合わせれば（来年夏に開催予定の）ロンドン大会には規約上、論理的にも時間的にも日独の出場は不可とする何ものもない。この際、民主日本の青年が平和の使徒としてあらためて国際帰りに期する意義は極めて大きい。ただ、はたして現実に世界の空気がこれを許すかどうか。これはスポーツ政治における重要課題である。我々はこれに対する大日本体育会の態度を是認する。

翻って見るならば、従来の日本スポーツは学生選手の独占的花壇でしかなかった。オリンピック選手のほとんど全部が学生で占められた実態は、日本資本主義を母体とする社会環境の生んだ奇形だが、勝利追求に急なあまりこれを矯正せず、いよいよ変質的に追い込んだ事大主義的失敗は、この際断じて繰り返すべきでない。我々がスポーツ界に声を大にして叫ぶことは「スポーツは国民大衆とともにあれ」「スポーツは大衆に基盤を持って育成促進せよ」ということだ。崩れかけたピラミッドの先端だけを眺めて回顧し、弱弱しく「復興」を叫ぶ愚人の夢を縋《すが》ってはならない。視角を変えれば、国民生活の中へスポーツ的要素、文化的素材が織り込まれることだ。

第一に重要なこととして、戦争放棄による生活規正の問題がある。我が国特有の軍隊生活には批判があったが、是非善悪を別として、これが青年の心身に与えた影響は練成の意味で極めて大きかった。戦争放棄で自由と奔放が見境もなく乱舞しているとき、スポーツ（規則という一定の約束の下に行われる心身の鍛練）が大写しに映し出されるのはまた当然であろう。

第二に、働く国民の厚生運動、新生活運動の問題である。現に我々の手に残されたものは資源でも工場施設でもなく労働と勤勉であるとすれば、この全資材を効率的に回転させる。産業復興の潤滑油となるものは新鮮で明朗な生活である。

生活手段としてあらためてスポーツが再検討される日は、いまや近づきつつある。かくて我々はスポーツを見直したあと提唱する。まず「スポーツは見物するもの」という迷信の囚虜数百万をスタンドから引き降ろし、これに動くスポーツの世界を与えよ。さらに職場や家庭からも運動場への通路を引けということを、この通路はまた山や海に、あるいは劇場や音楽会や図書館に直結して、健康と文化の毛細管とならなければならない。

かくてスポーツがいま、認識線上に浮かび出るとき、虎ノ門（厚生省と文部省）もお茶の水（大日本体育会）も久しく閉ざしていた扉を力強く開いて新鮮な空気を注入し、勇敢に国民の声と取り組む用意を持つべきであろう。敗戦ですべてがご破算となり、地ならしされた今日、頑迷な封建思想がスポーツ界だけに巣食うことが許されぬと同時に、本質的な転換、新しい再出発の好機を逃すこともまた許されるべきではない。》

戦災のためまだまだ国民が必死に耐え忍んでいる時期。この「大島アピール」は、新たなスタートを切った国家への紙面を通じての直訴であり、日本スポーツの行方を案じた大島流宣戦布告だったといえる。戦前の歪められたスポーツを全面的に立て直し、とくにスポーツを国民に融合させるレクリエーション運動推進を訴えたのだ。

以上の大島の考え――「大島思想」は、享年七十七で鬼籍に入るまで一貫してぶれなかった。

それから二ヵ月後、大島は故郷の地方紙・北國毎日新聞社（現・北國新聞社）が発行する文芸誌『文華』（四月号、第十五号）にも寄稿している。この時期には第二回国民体育大会を石川県で開催するため、大日本体育会石川県支部と金沢市が中心となり、国体招致運動を繰り広げていた。スポーツを市民に一刻も早く浸透させたいという、大島の情熱が伝わってくる。

《勤労者諸君！

我々のスポーツは職業選手をつくるのではない。あくまでも「余暇」を善用して楽しむスポーツでなくてはならない。優れた素質を持つ者が一流選手になることには何の異論もないが、勤労者全員が選手になるためにスポーツをやるのではけっしてなく、あくまでも明日の生産に備えるためのスポーツでなくてはならない。

スポーツは広い文化運動の一翼として英語では『レクリエーション』と呼ばれている。『厚生運動』という訳語は戦時中に本来の意味を歪めてしまったが、我々には単なる外国模倣でない正しい運動が必要なのである。

我々のスポーツには団体、個人のあらゆる種類のスポーツが含まれる。遊戯、ダンス、ハイキング、裸体運動健康法から職場施設の改善明朗化、能率作業、職場食堂を始め運動場の問題や、健康保険が取り上げられ、さらに演劇、映画、ページェントはもちろん、これが家庭に延長して敗戦による窮乏の生活の新設計、簡易生活、台所設計、菜園、子ども部屋、共同遊技場、託児所などまで広い領域が問題にされる。

レクリエーション運動は、つまり新生活運動であり、産業復興の大道を自信に満ち満ちて堂々と行進するものである。

勤労者諸君！

我々が自分の周囲を見回すとき、すべてが灰色で形づけられている環境は、この明るい世界とはおよそ縁遠いまったく別のものであることに喚声を発するだろう。

現にのしかかっている執拗な食糧難やインフレの怒濤を力泳しながら疲れきった目で見、耳で聞くときは新しいスポーツと文化の世界は飢餓と失意の人間が描く夢としか思えないであろう。

またあるいはレクリエーションは最低生活が確保され、生活が安定して後の問題だという人もあろう。だがそんな杓子《しゃくし》定規の考え方は正しくない。

「今日最低生活が確保された。さていよいよ明日から産業復興に突入するのだ」という詭弁の紳士に与《くみ》する常識が、いまここにあるものではない。我々の知性は、最低生活とレクリエーションという一見疎遠の二つの問題を、一つのテーマとして解答する聡明さを持つであろう。》

敗戦から三年後の一九四八（昭和二十三）年夏。第十四回オリンピック・ロンドン大会は開催された。しかし、大戦中に連合軍と敵対し敗戦国となった日本とドイツは、IOC（国際オリンピック委員会）、さらに各競技団体はIF（国際競技連盟）から除名処分を受けた。そこには本来のオリンピック精神＝IOCの基本理念である「スポーツに政治は介入すべきではない」は反故《ほご》にされ、大島が指摘したように参加資格が与えられずに、十二年ぶりのオリンピック参加は夢と消えた。日本がオリンピック参加を許されたのは、一九五一（昭和二十六）年五月にオーストリア・ウィーンで開催されたIOC総会のときだった。

そのような状況の中でも四十歳を迎えたばかりの大島は、国民を主役とする日本スポーツ界復興に奔走する。

戦前の第十一回オリンピック・ベルリン大会以来、親交を深め「スポーツの哲人」と崇めるカール・ディームと頻繁に往復書簡によって意見を交換したのも、この頃からである。同じ敗戦国ドイツのスポーツ復興を目指すディームは、一九四七（昭和二十二）年十一月にドイツ体育大学ケルン（Deutsche Sporthochschule Köln　通称・ケルン体育大学）を創設し、初代学長に就任した。その際も当時六十五歳のディームは、冒頭に「私に残されたる命をドイツ民族に捧げる」と記し、大島に次のような手紙を寄せている。

《我々は大学を建設した。それはドイツの明日を信じる所以である。この建設はドイツの再誕が始まるそのときに行われた。それはドイツ精神がなお生き、将来も生きるであろうことを示すものである。

スポーツ大学を支える四本の柱として「Dem Starken-Wahren-Guten-Schönen!（強く、真実に、善く、かつ美しく！）」を掲げ、指標とする。これは自分自身のためにのみあるのではない。むしろ我らドイツの生活の大きな共同体の中にあるべきで、このことは、この時代に課せられた苛酷な課題の解決に役立つべきだ。これを私はドイツ精神の再誕と称したい。

将来の指導者を養成するスポーツ大学は、人間的個性の調和を確保し、学生に自己完成の道を容易にし、国際的共同社会復帰の道を拓くことにある。我々は教養を打ち立て、新しい教師を養成する。大学は努力と汗――これをなくしてドイツの復興はない――に対して、それが苦痛としてではなく、むしろ生命の獲得であることを保証する。さらに課せられた困難な課題が、実行と、それから生まれる喜びによって容易に果たせることを保証する。

我々が奉仕するスポーツは、フランス語にある sedesporter であり、さらに語源的にはラテン語の disportare（気分を爽快にする、自己を楽しむ）を意味する。スポーツによる快活と喜びは、力を生み出し、事業を達成させるあらゆるものに対して空気の役割を果たす。我々の大学はこの空気

を呼吸するだろう。そして、スポーツはいうまでもなくあらゆる階層のものである……》

ときにディームからの手紙は便箋十枚を超え、スポーツに傾倒していたゲーテ、ルソー、ペスタロッチたち偉人の名言を巧みに引用し、明解に綴られていた。当然、大島も日本の現状を伝える一方、助言を求めた。

クーベルタンが提唱したオリンピック精神を継承する戦後のディームは、一九五〇（昭和二十五）年に民間団体のＤＯＧ（ドイツオリンピック協会）を設立し「青少年育成」を掲げ、第一次ドイツ少年計画を発表。戦時中にナチスに破壊された環境を整えるため、まずはドイツスポーツを組織し、ドイツ労働少年団、ドイツ社会主義少年団、ドイツカトリック少年団、ドイツ農業少年団などを次々と組織化した。また、東ドイツからの難民少年で編成するズデーテンドイツ少年団、ドイツ国境少年団、赤十字少年団などの組織化にも着手。レクリエーション運動やワンダーフォーゲル運動を復興させ、ドイツ少年団宿泊事業の宿泊所再建にも取りかかった。

それらディームが実践していたスポーツ政策「青少年育成」は当然として、大島も積極的に「レクリエーション運動」「ワンダーフォーゲル運動」などの推進に取り組んだ。が、組織化するにはディームの意向で一九五〇（昭和二十五）年五月末に西ドイツ政府とＤＯＧ（ドイツオリンピック協会）が結成したスポーツ少年団に倣《なら》い、同じように日本でも発足することが急務であると考えていた。

そのような思いを大島が巡らしていた矢先、西ドイツがスポーツ少年団を発足して一年が過ぎた頃だ。日本体育協会会長の座を辞職し、横浜商工会議所会頭を経て、その年の春に横浜市長に当選した平沼亮三から連絡が入った。

この一本の電話が、十一年後の一九六二（昭和三十七）年に発足する「日本スポーツ少年団」結成への布石となる。

平沼は、おおよそ次のように言った。

――大島君、横浜市役所の健康教育課長が「健民少年団」を発足したいと言っている。よく君が口にしている、ドイツのスポーツ少年団のようなものだ。発足するには山下町のアメリカ領事館に出向いて説明しなければならないが、とにかく青木という課長に会ってみないか……。

健民少年団――。この聞き慣れない言葉に着目した大島は、さっそく横浜市役所に出向き、健康教育課長の青木近衛に面会を求めた。

青木の説明によれば、戦時中から横浜市の青少年たちは荒れ、戦後は空襲による焼土化と破壊、占領軍の進駐でさらに酷《ひど》くなった。政府は物的な復興のみに夢中で、若者は次々に非行に走り、繁華街を闊歩し、暴力が横行し、自殺や殺人事件までも起き、市民は頭を悩ませている。自警団を結成して取り締まってはいるが、もっと子どもたちには健全な生活を送らせなければならない。そのためには、市民運動として「健民少年団」を発足し、推進運動を展開したい。とりあえず磯子町に遊び場を設けたところ、子どもは元気に遊ぶようになった。ゆくゆくは指導者も育成したい――。そう青木は大島に熱っぽく語った。

もちろん、その趣旨に賛同した大島は、同じ敗戦国のドイツのスポーツ政策、とくにスポーツ少年団について詳細に青木に説明し、自身の考えも伝え、全面的に協力することを約束した。

この横浜市の健民少年団運動は、それから二年後の一九五三（昭和二十八）年三月、青木たちの地道な活動が市民に認知され「横浜市健民少年団」として正式に発足した。地区ごとに健民会が設けられ、自然訓練会などを実施。他県を含めた各市町村の少年たちとの交歓会を開く一方、指導者を養成する訓練会まで行うようになった。さらに横浜市長の平沼は、全国市長会で横浜市健民少年団運動の成果を発表し、各自治体が独自に設立することを呼びかけた。

そして、平沼の提案で全国市長会は、各都道府県の少年たちと西ドイツのスポーツ少年団との親善を兼ねた交流会を計画し、一九五四（昭和二十九）年夏から日独スポーツ少年団交流会が開始された。もちろん、日独交流のパイプ役を担ったのは大島であった。この日独交流は平沼の死去（一九五九＝昭和三十四年二月）と、ドイツオリンピックスポーツ連盟事務局がボンからフランクフルトに移転したため、五年で打ち切られた。ただし、この交流は一九六二（昭和三十七）年に「日本スポーツ少年団」が創設された後に再開され、半世紀以上経った現在も続いている。大島の大きな遺産である。

3

それでは毎日新聞運動部記者としての、戦後の大島はどうだったのか——。

まずは、反骨精神あふれる大島らしいエピソードを紹介しよう。

一九四九（昭和二十四）年に毎日新聞社は、現在のプロ野球チームの千葉ロッテマリーンズの前身である「毎日オリオンズ」を創設。巨人軍を擁する読売新聞社に対抗するがごとくプロ野球界進出を果たしたのだが、このときだった。アマチュア精神を重んじ、プロスポーツが大嫌いの大島は、社長・本田親男に反旗を翻している。

——読売は巨人のお陰で部数を伸ばしているらしいが、それを真似るのは情けない。本末転倒ではないのか……。

——新聞社はプロスポーツを経営するよりも、国民の健康について真摯な姿勢でスポーツを報じるべきだ。それが公器である新聞の任務だ。ジャーナリストあがりのあなたならわかるだろう……。

この痛いところを次々に突いてくる九歳年下の大島に対し、社長の本田は烈火のごとく怒ったという。が、大島は容赦せず、次なる行動に出た。当時のＩＯＣ副会長であり、二年後に会長に就任するアベリー・ブランデージ宛てに手紙を書いたのだ。

——アメリカのメディアとプロスポーツの関係などについて、ご意見を伺いたい。

大島の手紙にブランデージは、さっそくＢ４判の便箋二枚にタイプライターで打った次のようなメッセージを寄せてきた。近代五種競技のオリンピアンでもあるブランデージは、アマチュアスポーツ振興を推進していた。

《親愛なる大島さんへ

スポーツはアマチュアであるべきで、すなわちプロスポーツはビジネスです。何年も前に私は、いわゆる「プロスポーツは娯楽ビジネスの部門であり、それはまったくスポーツではない」と指摘しました。私は新聞のスポーツ編集者に、プロ野球やプロサッカー、プロボクシング、プロの競馬などの記事はスポーツ面から除外されるべきで、劇やサーカス、ボードヴィル、バレエなどの記事が載る娯楽欄に据えるべきだと提言しました。もしあなたが辞書を調べれば、スポーツは「レクリエーション、楽しみ、気晴らし、面白いこと、戯れ」などであることがわかるでしょう。その点、プロスポーツは、参加者にお金が支払われた瞬間に彼は働いているのであって、競技をしているのではありません。私は日本での状態を知りませんが、我が国ではギャンブル性のあるプロスポーツは、アマチュアスポーツに広がる恐れがあり、それはとても危険なことです。こうしたことが起きることを防ぐためにあらゆる努力がなされています。

日本における正真正銘のスポーツに対する偉大な興味に私はずっと感銘を受けてきましたし、あなた方のスポーツが政治的な、そして商業的な影響から自由であり続けられるよう私は望んでいます。ご多幸を祈って　敬具

アベリー・ブランデージ　一九五〇年十月十六日》

この「ブランデージ・メッセージ」を大島は共同通信社に持参し、各新聞社に配信するように依頼している。当然、このことは社長の本田を筆頭とした重役陣に知られることになり、一ヵ月間の自宅謹慎処分を受けることとなった。その上、運動部長昇進の人事も消えてしまったものの、

大島は同僚を前に鼻先で笑って言った。

「新聞社は芸者を斡旋する置屋ではないはずだ。ぼくは文化人を気取っている鉛筆女郎にはなれないし、なりたくもない。現場で取材し、思ったことを書く。部長昇進？　興味はないね……」

鉛筆女郎とは、思想を持たない文化人や新聞記者に対する、大島流の揶揄《やゆ》する造語だった。

その後の毎日オリオンズは、大映ユニオンズを吸収合併し大毎オリオンズとなったものの、一九六三（昭和三十八）年のシーズン限りで毎日新聞は球団経営から撤退した。赤字経営のためだった。

戦後の大島は、毎日新聞を代表する記者といわれただけに、その取材力は他紙の記者を寄せつけなかった。

戦後初めて日本が十六年ぶりに参加した、一九五二（昭和二十七）年開催の第十五回オリンピック・ヘルシンキ大会取材のときだ。大島の取材は単に競技場に出向くだけではなく、独自の視点でオリンピックを報じている。

まずは、ヘルシンキ入りする前に単身イタリア・ローマに行き、日本と同じ敗戦国のスポーツの現状を取材した。が、そればかりではなかった。ローマ法王・ピオ十二世謁見に成功している。この記事は六月二十日付夕刊の紙面を飾り、法皇と大島の顔写真が入り『「日本の幸福を祝福」大島特派員、ローマ法皇に特別謁見』の見出しが付けられた。「ローマ十九日大島本社特派員発」の囲み記事を転載したい。

《記者は十九日正午ローマ法王に特別謁見を許された。ヴァティカン宮殿の謁見室でピオ十二世の前に教徒の礼でひざまずいた記者に法王は「いやいやそうしなくとも……」と手をとり上げた。記者が「日本は困難にもかかわらず多数のオリンピック選手団を送る。それは全世界の若人たちの平和への努力に協力するためです」と言えば、法王は微笑を浮かべて、

「日本が人類の幸福のため努力されていることは喜ばしい。その努力が神の恵みで実を結ぶことを祈ります」

と答えられた。この日法王は純白の法衣に赤いクツをはき、金の十字架が胸に光っていた。そして聖ピーター寺院の伽藍には多数の信者が敬けんな祈りをささげていた。その中には十九日着いたばかりのニュージーランド選手団のユニフォーム姿がひと際目についた。》

当然、この記事は他紙も驚くスクープだったが、このときも社長の本田は喜ぶどころか「一介の運動部記者が余計なことをした！」と怒ったという。その理由は、それまでローマ法王に謁見した日本人記者はたった三人で、その一人が本田社長だったからだ。

このローマ法王謁見に関しても大島は、ヒトラー会見同様に多くを語っていない。なぜ大島が謁見することができたのか？　私の推測では、ローマには戦時中の従軍記者時代から懇意にしていた貴重な情報提供者、イタリア政財界や各国大使館に太いパイプを持つ通称「西田のおばさん」の協力が考えられる。また、ピオ十二世は大島が推進するワンダーフォーゲル運動の信奉者であった。そのことを突破口に西田のおばさんの協力を得ての、特別謁見だった……。

続いて大島は、ローマ法王謁見後のその日の夕方、ローマからギリシャ・アテネに飛んだ。翌二十日の午前八時四十五分。オリンピック発祥の地であるクロノスの丘で行われる聖火の採火式を取材するためだった。それまで採火式を取材した日本人記者はいなく、とくにその厳《おごそ》かな儀式を撮影したいと考えたからだ。首にニコンをぶら下げた大島は、十四人の古代コスチュームをまとった乙女たちが集光灯でオリーブの枝に聖火を灯す光景をカメラに収めた。この記事は、二週間後の七月四日付紙面に『「聖火」はすすむ』の見出しの記事とともに三枚の写真が掲載された。これまたスクープである。

もちろん、ヘルシンキ入りすると大島は、他社を圧倒する取材力を見せた。フィンランドの英雄のパーヴォ・ヌルミの自宅を訪ねて単独インタビュー。その上、ヌルミに山田敬蔵、西田勝男、内川義高たちマラソン選手を同行させてコースの下見をし、選手へのアドバイスを求めている。さらにヌルミ同様に旧知の仲のフィンランドの大統領であるウルホ・ケッコネンにもインタビューを敢行した。また、世界記録保持者の三段跳のブラジル人選手であるダ・シルヴァを筆頭に、海外のメダル候補選手たちを次々と取材。それだけでなく日本人選手たちに紹介している。

山梨県甲府市に在住する、ヘルシンキ大会陸上競技三段跳に出場した飯室芳男を訪ねた。自著の『あるオリンピック選手の軌跡』(近代文芸社)を手に、大島について記述したページを捲《めく》りつつ、柔和な表情で語った。

「開幕前に緊張している私たち選手を心配してのことでしょう。大島さんはシルヴァを選手村の食堂に案内し、紹介してくれた。つまり、大島さんは私たち選手が相手選手を知ることによりプレッシャーから解放させ、リラックスさせたかったと思いますね。まあ、本番でのシルヴァは二回も一六メートル台を跳んで、一六メートル二二の世界新をマークして金メダル。私は残念ながら三段跳の記録は一四メートル九九で六位でした……。

大島さんについていえば、私だけでなく選手の誰もが、偉大な人物であると思っていました。外国人選手や役員を前にしても臆せずに話しかける。それに選手に限らず、他社の記者が困っていれば自ら通訳役を買って出る。そういった姿を見ると、やっぱり『すごい人だなあ』と思いましたね。私は日本スポーツ少年団の副本部長時代にドイツに行ったことがあるんですが、大島さんの話題になると、誰もが『ケンキチ』『プロフェッサー・オーシマ』と言う。ドイツでも大島さんは有名でした」

このヘルシンキ大会取材後の大島は、本社の「ただちに帰国せよ!」の社命を無視した。「せっかくヨーロッパにやってきたんだから、もうひと仕事したい」と言い、先に記したようにドイツの西ベルリンに寄り、そこからソ連統治下にある東ベルリンに拘束覚悟で潜入する。七年前のベルリン陥落の悲惨な光景を蘇らせ、あらためて幻となったベルリン陥落の記事を書いたのだった……。

そして、ヘルシンキ大会から一年後の一九五三（昭和二十八）年――。

「青少年育成」を掲げる大島は、敗戦によって国際舞台からパージされていた日本学生スポーツ復興のためにも尽力している。

中央大学時代の一九五〇（昭和二十五）年から、日本陸上競技選手権大会の四百メートルハードルで四連覇し、一九五三（昭和二十八）年春、卒業と同時に毎日新聞社に入社した岡野栄太郎は、入社早々から大島の言動に呆気《あっけ》にとられた。たとえば、社内で社長の本田と顔を合わせても物怖じせずに「よお、元気か？」と言って、肩を叩いてしまうのだ。

東京・世田谷区三宿の自宅マンションで、岡野は快く取材に応じた。

「大島さんとは何度か一緒にヨーロッパ遠征に行っているため、思い出はいっぱいある。イビキと歯ぎしりがすごいため、同室になると眠れない。そのことを言うと『岡野は邪心があるから眠れないんだ』のひと言で終わり。当時は資金がないために、遠征先の宿舎は一般家庭にお世話になるホームステイがほとんどでね。そのために選手から不満が出る。英語もドイツ語も話せないため不安だといってね。そんなときに大島さんは『お前たちは、それでも最高学府で学んでいるのか！』と怒り、『世界中、口と目さえあればどこにでも行ける。文句があるなら、さっさと帰国せよ！』と言ってしまう。そのため選手たちは、しょうがないという思いでホームステイ先に行くと、里親たちに親切にされるためにもう喜んじゃってね。『さすが国際人の鎌さんは違う』ということになる。

よく大島さんは『いずれ岡野も団長として海外遠征に行くことがある』と言ってアドバイスを惜しまなかった。たとえば『海外では遠慮してはダメだぞ』と。そこでぼくが『どうしてですか？』と聞くと、『外国人が日本に来たら日本人は気を遣う。その逆で俺たちが海外に行ったら、外国人のほうが気遣うのは当然だ。だから、遠慮しなくていい。要求することは要求する。そういった監督の姿を選手が見たら〝俺たちの監督はやるじゃないか〟と思う。それだけで選手の心を掌握することができるんだ』と言っていた。とにかく、大島さんは勉強家というか、机の上には海外のスポーツ雑誌や専門書が山積みになっていて、『岡野、海外の連中に馬鹿にされないためにも、これを読んでおけよ』と言っていた」

一九三〇（昭和五）年生まれ。遠い日を懐かしむように語る岡野が「大島のすごさ」を思い知ったのは、入社一年目のドイツ遠征のときだった。

ヘルシンキ大会終了一年後の一九五三（昭和二十八）年の夏だ。現在のユニバーシアード大会の前身である、ドイツ・ドルトムントで開催された第三回国際学生スポーツ週間に、日本は招待国として出場した。日本学生陸上競技連合は、戦後初めて学生チームを国際大会に派遣することができたのだが、これも大島の功績だった。

敗戦と同時に日本学生スポーツは、FISU（国際大学スポーツ連盟）から除名処分されたままだった。終戦から八年も経ち、すでにオリンピックには復帰できたにもかかわらず、学生スポーツだけは国際大会出場への門が閉ざされていた。そのためカール・ディームを筆頭としたDOGの創設メンバーたちが、自国開催の大会ということで日本に招待状を送ってきたのだ。この大会にはサッカー（監督・竹腰重丸）とフェンシング（監督・須郷智）も出場することができた。

そのときの陸上競技監督としてチームを率いたのが大島で、コーチ兼主将として指名されたのが二十三歳の岡野だった。大島が懇意にする、国会スポーツ議員連盟所属議員の川崎秀二が団長を務めた総勢十五名は、七月二十一日に羽田空港を発ち、帰国したのは九月十四日。実に遠征期間は五十六日間に及び、ドルトムントでの第三回国際学生スポーツ週間（八月九日から十六日）への出場は当然として、ドイツ各都市——ケルン→ゾーリンゲン→ハム→ハノーバー→チュービンゲン→アンスバッハ→エッチンゲンと移動。その地で開催される国際大会を転戦した。さらにザール→スイス→ルクセンブルクでの国際大会にも出場するという、過酷な日程だった。移動や宿泊はマネージャー役を兼務する大島が手配した。長時間列車に揺られ、宿泊先は大学の寮や一般家庭でのホームステイであった。資金不足ゆえにホテル宿泊はほとんどなく、ときには時間単位でホテルのシャワールームだけを借りて汗を流した。当然、選手から不満の声も聞こえてきたが、大島が一喝した。

「文句があるんなら即刻一人で帰国するんだ。法政の広瀬が苦労して集めた軍資金で、こうして大会に参加できるんじゃないか。文句を言うよりも、広瀬へのお土産のことを考えろ！」

法政の広瀬とは、法政大学四年生の広瀬豊のことであり、当時の関東大学陸上競技連盟の事務局を切り盛りし、今回の遠征資金集めに奔走していた。卒業後に広瀬は大島の紹介でベースボール・マガジン社に入社し『陸上競技マガジン』を創刊。その後に講談社に入社して『月刊陸上競技』の初代編集長に就任し、大島が鬼籍に入るまでブレーンの一人として支えていた。

そのような厳しい状況の中でも、日本学生チームは各大会で好成績を挙げ、八名の選手が十一種目の競技に自己最高記録を出した。本番のドルトムントでの国際学生スポーツ週間では、田島政治（走幅跳、中央大）と小島義雄（ハンマー投、法政大）が金メダル、岡野（四百メートルハードル）と西村昭（三段跳、慶應大）が銀メダルを獲得している。

大会期間中の大島は、よく選手を前に叱咤激励した。

「メダルを狙ってやるなんて思うな。大事なのは自己記録を更新することだ。普段通りにやればいいんだ」

主将の岡野によれば、この大島の言葉が選手を奮起させたという。その代表選手が、岡野の一年後輩の田島政治だった。岡野同様に学生時代の田島は、日本陸上競技選手権大会の走幅跳で四連覇を達成。前年のヘルシンキ大会ではメダル候補といわれながらも、ベスト記録七メートル五四を下回る七メートル〇〇で十位に終わっていた。

千葉市花見川区幕張町在住の田島を訪ねると、「大島先生のことなら喜んで話します」と言って、当時を振り返った。

「それまでの私は織田幹雄さんと田島直人さんから指導を受けていたんですが、二人とも金メダリストのために、どっちのアドバイスを参考にすればいいのか迷ってしまう。織田さんは『走力をつけろ』と言うし、田島さんは『踏み切りが大事だ』と言う。しかし、身長百六十七センチ、体重五十六キロの小柄な私の記録はなかなか伸びない。そこで、ドイツに着いて練習を始めた頃だったと思う。緊張しながら大島先生に聞いてみた。それというのも、先生はいつも神経質そうなしかめ面をしていたため、なかなか声をかけることができなかった。ところが、話してみたらそんなことはなく、気軽な人だったんです。最初のうちは『君は織田さんや田島君に教えられているのは知っている』と言って、織田さんや田島さんの教えに従ったほうがいいと言っていたんですが、どうしても先生の指導を受けたいと言うと、『君の助走は素晴らしいが、体重がないためにだんだん身体が浮いてしまう』と言う。そこで私は『どうすればいいんですか?』と聞くと、『君は手の重心を下げ、地面を腕で叩くように走れ。三段跳同様に走幅跳の場合も、ピッチ走法ではなくストライド走法がいい』と言ってくれた。だから、私は『その練習方法を教えてください!』と言うと、『二百メートル走の練習をすることだ。コーナーを回るときはある程度ピッチ走法になるが、直線ではストライド走法だ。そういった練習をすればいい。気を付けなければならないのはコーナーから直線に入るときだ。第一歩が跳躍するときの踏み切りに似ている。ストライド走法に入る一歩目は踏み切りと同じだ』と言うんですね……」

両手を目の前に広げ、走る仕草をしつつ田島は丁寧な口調で続けて言った。

「そこでアドバイス通りの練習を繰り返すと、徐々に調子が上がり、飛距離も伸びる。先生は、選手をリラックスさせるために『メダルを狙うよりも、自己ベストをマークすることが大事だぞ』と言ってくれた。この言葉は何よりも私を落ち着かせました。前年のヘルシンキ・オリンピックのときは、もう頭の中が『メダル、メダル』でいっぱいだったんですね。ところが、そんな緊張を感じることなく、ドルトムントでの大会で私は、走幅跳で自己ベストの七メートル六六の記録で優勝した。ヘルシンキ・オリンピックの金メダリストの記録は、たしか七メートル五七だったから、もっと早く大島先生からアドバイスを受けていたらと思うと、もう悔しかったですね。

……こうして大島先生について思い出していると、たしかに不思議な人だった。優勝した夜、みんなで食事をしているときです。私に『もう田島を指導するのは今日限りで終わりだ』と言ってきた。だから『私は選手を続けます。どうしてですか?』と聞くと、『君は素晴らしい記録で優勝した。ぼくの現役時代の技術を上回った。もう教えるところはない』とね。普通の人だったら『田島を育てたのは俺だ』なんて言うんですが……。それ以来、私は『君のコーチは誰だ？』と聞かれると『大島鎌吉先生です』と言っている。だから、もう五十年以上前の話でも、こうして先生について話すことができるのは嬉しい。私の師匠は大島先生なんです」

この大会終了後に読売新聞社に内定し翌年から運動部記者になった田島は、微笑を宿しながら言った。

ただし、この約二ヵ月間に及ぶ遠征中、選手誰もが大島の行動を不審がった。ときとして姿をくらましてしまうからだ。

「選手たちは、戦時中の大島さんがドイツで特派員生活を送っていたことを知っていたため、『ドイツの彼女に会いに行ったんじゃないの』なんて言ってた。でも、それは単なる邪推で、大島さんは大変な仕事に取り組んでいた」

そう岡野が語るように、大島は遠征先でのドイツでも多忙を極めた。なぜならこのドイツ遠征では、その後の日本スポーツ界の行方を決める三つの大きな任務を全うしなければならなかったからだ。

もちろん、一つは選手たちをベストコンディションで大会に臨ませ、招待国日本の学生スポーツの存在を他国に認識させることだった。が、それ以上に重要な任務があった。それはドルトムントでの大会終了後、二日間にわたって開かれるＦＩＳＵの総会にオブザーバーとして出席し、団長の国会議員の川崎秀二とともに加盟国にアピールして、除名されている日本学生スポーツを国際舞台に復帰させるために加盟承認を得ることであった。このことについては事前に日本学生陸上競技連合を始めとする、各学生競技団体から要請されたのではなく、あくまでも大島の独断であった。一刻も早く国際舞台に復帰するには、FISUに加盟するのが急務であると考えていたからだ。

それに加えて、もう一つの任務は、横浜市長の平沼亮三が会長を務める全国市長会からの依頼で、日本の健民少年団と西ドイツのスポーツ少年団の交流を実現させるため奔走しなければならなかったことだ。それにはカール・ディームが中心として運営するDOGの協力を得て、西ドイツ政府へと打診し、さらに海外交流という国家間の交流については、大統領の承認を得なければならなかった。

当然、大島はすべての任務を成就させた。用意周到な根回しが奏功したのだ。

まずは、もっとも厳しいといわれたFISU加盟が承認された経緯については、翌年七月に大島編集で発行した『ドルトムント報告書』（日本学生陸上競技連合）に詳述されている。抜粋してみよう。

《総会第一日は八月十七日午前九時半からシュライマー会長（ルクセンブルク）を議長として進みました。まず学連憲章の改正が審議され、会議を公開するか非公開にするか討議されましたが、公開することになり、日本がオブザーバーの資格で座りました。

それより二日前の十五日の朝、日本の加盟について予備会議の理事会が行われ、説明役として私も出席しました。相手はシュライマー会長、シュナイター事務局長（スイス）、フォロース財務部長（英国）、ストーム副会長（ベルギー）の四氏で、事情説明後フォロース氏に難色のあることが解りました。というのは陸上学連だけでは困るので日本学生スポーツの統合団体でなければ承認し難いというのです。その結果、今大会に参加している陸上、サッカー、フェンシングの三チーム間に協定を作り、これをとりあえず日本学生スポーツの統合団体に認めるかどうか聞きました。四氏は頭をひねったようですが、シュナイター氏がまず賛意を表し、シュライマー、ストーム両氏も了承しました。それを実証できるかということなので、私は少々待って欲しいと述べ、さっそくホテル内で朝食中のサッカーの竹腰、フェンシングの須郷の両監督にその旨を伝え賛同を得て、今度は三名で理事会に臨みました。

ここで話は順調に進み、今年中に全学生スポーツを統合する機関を設立することを条件として、総会で審議することを約束してくれました。日本学生スポーツの統合団体の名称は四氏と協議の結果

Federation Sportive Universitaire du Japon（仏語）
Japanese University Sports-Board（英語）
Japanische Studenten Sport-verband（独語）

と決定。また、責任者を出してくれということで、三者（大島、竹腰、須郷）協議の結果、仮会長は川崎秀二、仮事務局長は大島鎌吉ということで一応話し合いがつきました。以上で理事会を終え、二日後に行われた総会に臨んだわけです。

かくて総会では議長の指名により私は、まず日本の学生スポーツの現状を説明し、加盟が承認されるよう、とくに配慮されるよう要請しました。ところが、理事会で一応了承してくれたと思われた英国のフォロース氏は「日本には二十数種類の学生スポーツ団体がありながら、そのうちわずか三つしか総合機関に加盟していない。新憲章ではその国の学生スポーツの統轄団体であることを加盟資格としている」と述べ、反対意見を開陳しました。私は問題が早くも暗礁に乗り上げたと感じ、会議の空気を悲観的に見ました。即ち最も痛い急所を単刀直入に突かれたからであり、各国委員の顔を見てもあまり好意的であるとは考えられなかったからです。

ところが、このとき、事務局長のスイス人のシュナイター氏は激越な口調で英国（フォロース氏）の発言に反対意見を述べたのです。

「すでに加盟しているスイスの学連といえども、必ずしも全部の学生スポーツ団体が加盟しているわけではない。もし厳格に憲章の条項を守ろうとするならば、スイス学連は脱退を余儀なくされる」

と極言しました。

会議の空気はここで極めて緊張しましたが、すかさず立ったドイツのフォアハンマー会長は「遠隔の地から遠征した日本学生の実力について、我々はこれを無視することはできない。世界学生スポーツの発展のため、加盟できるよう取り計らうことを要請する」と声を大にして主張しました。

議長は裁決を前に二つの事項を質問したいといって、まず「このスポーツ学連は日本における最も権威ある団体であるかどうか？」と聞いてきました。私はこれに対し「諾」と答えました。ついで「その他に日本に学生の統合スポーツ団体はあるか？」と聞いてきました。それに対し「否」と答えました。

質疑応答を打ち切った後、直ちに日本加盟承認の採決に入り、その結果は賛成九、保留六で三分の二を制したこととなり、議場拍手裡に日本の加盟が承認されました。ときに午後十一時三十分、私の横にいたドイツのフォアハンマー会長は、しっかりと手を握って「よかった」と言ってくれました。賛成した国はオーストリア、ブラジル、チリ、スペイン、レバノン、ルクセンブルク、ドイツ、ザール、スイスの九ヵ国。保留したのはベルギー、エジプト、英国、イタリア、モナコ、オランダの六ヵ国。英国が反対投票をせずに保留したのはいろいろな含みがあると考えられます。

日本の他ではシリア、ユーゴ、アルゼンチンが相次いで承認され、インドネシアは資料不足で適応なしの理由で否決。かくて国際学連は新加盟四ヵ国を加えて、全部で十九ヵ国。いまや日本の加盟は承認されましたが、総合的日本学生スポーツ連盟の結成という重大な問題は、改めて世論の上に論議される日を迎えたと思われます。》

こうしてＦＩＳＵ加盟を承認された日本は、翌日に加盟分担金二百マルク（約十七万円）を納入。議席を得た日本は、投票で理事国に選出された。すべては大島の機転の利いた言動によるものだった。

続いて、横浜市長の平沼と全国市長会に依頼された、健民少年団とドイツスポーツ少年団の日独交流についても実現することになった。このことに関し、生前の大島は語っている。

「ボンに立ち寄り、ドイツ政府内務省所管局の扉を開けると、家庭・青少年・スポーツ局長は、旧知のハンス・ハインリッヒ・ジーフェルトだった。彼とは戦前のロサンゼルス大会のときに選手村で知り合っていて、ずっと文通をしていたからね。『なんだ、お前か?』でどんどん話が進み、日独スポーツ少年団交流が実現することになった。もちろん、当時の大統領のテオドール・ホイスとも会見し、了解を取りつけた。それで翌年夏、まずは日本からドイツに行き、次の年にはドイツスポーツ少年団が来訪した。これが日独スポーツ少年団交流の始まりだった……」

三つの任務を滞りなくやり遂げた大島は、寸暇を惜しむことなく次なる行動に出ている。フランクフルト郊外のグレーヴェンヴィースバッハに住む、ワンダーフォーゲル・ヘヤベルグ運動の提唱者であり「ユースホステルの生みの親」の八十歳になるリヒャルト・シルマンの自宅を訪問し、長時間にわたるインタビューを敢行する。それは大島が長年温めていた題材として、一九五六(昭和三十一)年に『ワンダーフォーゲル』(明文社)と、『世界をへん歴する靴は兵隊の靴よりも強い』(ベースボール・マガジン社)の上梓に結実した。

世田谷区三宿の自宅マンションで、岡野は知る限りの大島について語った。

「大島さんと一緒にいると面白いというか、勉強になった。たとえば、海外遠征に行った際は大使館にお世話になるんだが、大島さんは『戦後の大使館員は役に立たん。スパイもできん』と言う。だから『大島さんはスパイをやったことがあるんですか?』と聞くと、『当たり前だ。戦争中の新聞記者や大使館員はスパイ同然だった。岡野、スパイは敵ばかりを相手にするんじゃないぞ。味方も相手にしなきゃなんないんだ。そうでもしないとスクープは取れない』とね。

まあ、大島さんは怖いもの知らずでね。ドイツを転戦したときも、帰りはローマから飛行機で帰国することになっていたんだが、途中ラングーンに寄る飛行機のためにイギリスのビザがないと搭乗できなかった。ところが、大島さんは『心配するな。ローマの〝西田のおばさん〟に頼めばなんとかなる』と言う。だから、私が『西田さんって何者ですか?』と聞くと、『新聞記者なのに知らないのか。日本の政治家がイタリアに行ったら、みんながペコペコするおばさんだよ』と……。その西田さんの自宅にお邪魔したら、スシをはじめとした日本食や漬物、それにスパゲティまでも用意して出迎えてくれた。それで西田さんが『皆さんのパスポートをお借りしたいわ』と言うので預けると、翌日にはイギリス大使館に行ってビザを取ってきてくれた。驚いている私たちを見て、大島さんはニタニタしていた……」

視線を浮かしながら、岡野は続けて言った。

「なんかね、大島さんという人物は、単なる新聞記者ではなかった。度量があるというか、ああいった人物に出会えたのは後にも先にも大島さんだけだった。FISUの加盟承認を得たことは当時としてはすごいことだったが、帰国後に日本ユニバーシアード委員会を設立しても、大島さんは委員長とか副委員長といった役職には頓着しない。『ぼくは他にやることがある』なんて言う。まったく欲がないんだ。いまも同じだと思うが、スポーツ界の人間は『俺には欲はない』と口に出していう輩《やから》ほど欲張りで、肩書にこだわる……」

——欲がなく、威張らない人だった……。
この大島の横顔を語る言葉は、私が取材した誰もが口にした。

第四章

招致へ

1

敗戦から約十年間、昭和三十年代初期までの大島鎌吉《けんきち》の足跡を辿れば、出版にも大いに意欲を燃やしている。『死線のドイツ』（鱒書房）、『陸上競技練習法』（万有社）、『ワンダーフォーゲル』（明文社）、『オリンピック物語』（あかね書房）、『スポーツ・絵とき百科』（偕成社）、『スポーツの教室』（金子書房）、『世界をへん歴する靴は兵隊の靴よりも強い』（ベースボール・マガジン社）を出版し、『スポーツの本質・その教え』（万有社）、『勝利の誓い』『オリンピックの勇者』『若い人々のための陸上競技』『スポーツマンの医学』『ソ連の陸上競技』（以上、ベースボール・マガジン社）などの訳書もある。さらに雑誌、専門誌、文芸誌、機関紙、社内報に至るまで、あらゆる媒体でスポーツの重要性を説く論文やエッセイなどを発表している。

そのような大島は、一九五二（昭和二十七）年の第十五回オリンピック・ヘルシンキ大会取材を契機に、毎年のようにヨーロッパに出向いた。とくにドイツ（当時は、西ドイツ）におけるスポーツの現状を視察・取材をしている。そのたびに日本と比較し、焦りを感じなければならなかった。同じ敗戦国ながらドイツは、年度ごとに推進するスポーツ政策が実を結び、さらなる新機軸を打ち出していたからだ。

なぜにドイツ人は健康に敏感でスポーツを好むのか――。

当時の大島がドイツで体験した逸話を紹介しよう。

戦時中の約六年間ドイツで生活を送った大島だが、どうしても口にすることができない食べ物が一つだけあった。それはシュピナート（Spinat）――ほうれん草を刻んでどろどろにした塩味のポタージュのようなもので、茹でジャガイモやスクランブルエッグと一緒に食べる料理であり、目にするだけで大島には緑色の怪物に思えた。

ところが、多くのドイツ人は老若男女問わず好んで食べ、最後はパン切れで跡をとどめぬばかりにふき取り、平らげてしまうのだ。

ある日、レストランで食事をしたときだ。大島は、隣のテーブルでシュピナートを食べる初老のドイツ人を見て、思わず尋ねた。

「こんなまずいシュピナートを、あなたはどうして好んで食べるのか？」

それに対する答えがふるっていた。

「たしかにあなたが言う通り美味《うま》くはないね。しかし、栄養があるし、身体によいではないか」

そして、食事を終えるとそのドイツ人は大島を誘ってきた。

「Gehen《ゲーエン》!（散歩をしよう!）」

この言葉にこそ、ドイツ人が健康＝スポーツに固執する源がある。そう大島は思ったという。

私をDOSB（ドイツオリンピックスポーツ連盟）本部があるドイツスポーツ会館に案内してくれた高橋範子によれば、ドイツ人は大の散歩好き。とくに日曜日は家族の日であり、お昼はシュピナートや肉のブロックの蒸し焼きブラーテン（Braten）などを食べ、お父ちゃんを先頭に家族揃って散歩をする。それが昔からのドイツ人の慣わしだという。

「とにかく、ドイツ人の健康に対する思いはどこの国よりも強いと思うわ。たしか、来年（二〇一三年）は、『Deutsches Sportabzeichen』っていう『スポーツバッジテスト』を始めてから百周年を迎えるはず。つまり、一九一三（大正二）年から国のスポーツ政策として、体力水準や運動能力を高めるため毎年、実施してきたということ。六歳から九十歳まで国民の誰もが受けられるわ……」

そう高橋が語るように、大島がドイツを訪ねるたびに感心したスポーツ復興の一つは、ドイツ国民のスポーツ実践者の数だった。たとえば、一九五七（昭和三十二）年当時の西ドイツの人口は約五千万人だったが、政府の調査によるとスポーツクラブの数は二万六千百十六で、会員総数は約四百六十二万人。そのうち、二十五歳以上の成人会員は約百七十三万六千人であり、全員がDSB（ドイツスポーツ連盟＝現DOSBの前身）に登録されていたからだ。それに対して当時の日本の人口は、西ドイツの二倍弱の九千二百万人であったが、日本体育協会に登録されていた会員数は約五十万人。西ドイツの成人会員の三分の一にも満たなかった。

この他にも西ドイツの場合は、登録会員ではないが、レクリエーションとして組織的にスポーツを実践する成人の数はこの数倍にものぼり、一般の中小企業の従業員の旅行、野外活動、保養などのための施設も整っていた。また、大島が思わず感心したのは、いまでいうNPO法人のスポーツ奨励団体がかなりあり、その中には聾唖《ろうあ》者スポーツ連盟や障碍《しょうがい》者スポーツ連盟も存在していたことだ。そればかりではない。連盟や団体の会員でなくともスポーツを常習とする市民は多く、降誕祭、復活祭、五月祭、正月、命日などには、国民的な文化として散歩することが慣わしであった。

それでは、終戦から十年を経た当時の日本の世相はどうだったのか――。

一九五〇（昭和二十五）年に勃発した朝鮮戦争による特需を運よく受け、窮乏の時代から日本経済が好況に転じた。神武景気の到来が告げられ、六年後の一九五六（昭和三十一）年の経済企画庁発行の経済白書は「もはや戦後ではない」と謳い、神武景気を上回る岩戸景気を迎えようとしていた。

しかし、大島の目から見れば、けっして国民が心身ともに豊かで健康な生活を送っているとは思えず、ひたすら経済発展のみを求める政治に我慢できなかった。

ドイツの実状を目の当たりにした、四十歳半ばの当時の大島は怖いもの知らず、遠慮はなかった。東京・お茶の水にあった日本体育協会、虎ノ門にあった文部省や厚生省に出向くたびに、官僚然とした幹部や役人を前に声を荒らげて言った。

「ドイツでは、変質者と重病人を除けば、ほとんどの成人が大なり小なりスポーツをしている。その政策を日本も倣《なら》うべきだ。そうでないと日本は『病棟列島』になってしまうんだ！」

この「病棟列島」という言葉は、当時の大島の口癖であり、東京オリンピック後の本格的な高度経済成長期時代を迎えた昭和四十年代には、さらに強調して叫ぶことになる。

混沌としていた日本スポーツ界に活を入れなければならない——。

そう考えた大島は、横浜市長の平沼亮三と相談し、青少年非行問題に取り組む全国市長会に呼びかけて「全国都市体育研究協議会」を発足させた。そのメンバーに名を連ねた大島は対策の一環として、親交を深めていたカール・ディームを招聘することにした。何よりもディームは大島への書簡で「体育・スポーツのない教育は、一本足の案山子《かかし》にすぎない」と喝破していた。

戦後のドイツにおけるディームはスポーツ復興の立役者であり、世界に先駆けてスポーツの本質を体系づけた唯一の研究者だった。当時の大島は「体育・スポーツの最高権威」と崇められるディームの著書『スポーツの本質・その教え』の翻訳に取りかかっていて、ディーム自身も「ケンキチと日本のためなら役に立ちたい」と言い、来日することを快諾した。

一九五五（昭和三十）年十一月。戦前の一九二九（昭和四）年以来、二十六年ぶりにケルンから二度目の来日を果たしたディームは、京都で開催された日本体育学会第六回大会での特別講演を手始めに、東京、大阪、高槻、神戸、福島、柏崎、広島、八幡（現・北九州市）、熊本、岐阜、横浜の各都市に出向いた。全国都市体育研究協議会だけでなく、文部省と日本体育学会も主催者となり、講演のテーマは「ドイツ体育の現状」「青少年生活に占める体育の位置」「生涯教育の中に占める体育の位置」などで、戦後ドイツの復興にスポーツがいかに大きな役割を果たしたか、そのスポーツの重要性について詳細に語った。滞在は十一月十四日から十二月五日までの三週間にわたり、その間にディームは、「盛り場でパチンコ屋に出入りしている多数の青少年の姿は、希望を失った日本のシンボルのように思われる」との手厳しい批判もしている。

もちろん、ディームの講演行脚は、全国のスポーツ関係者に限らず多くの教育者たちも注目し、反響を呼び起こした。そのためディーム自ら帰国二日前の休日を急遽返上し、お茶の水女子大で特別講演会を開くほどだった。それらの功績が認められて、帰国の際は政府から勲二等瑞宝章が贈られた。また、来日中に昭和天皇の招待で園遊会に出席し、三笠宮殿下の好意により日本古来の武術である流鏑馬《やぶさめ》や蹴鞠《けまり》などを鑑賞している。これらは招聘した都市体育研究協議会（全国市長会）や、主催した文部省と日本体育学会が政府に働きかけて実現したものだったが、大島の存在も大きかった。「スポーツの宮様」と称された秩父宮や高松宮をはじめとした皇族とも交流があり、晩年の秩父宮が過ごした静岡県御殿場市の東山荘（現・YMCA東山荘）で開かれる会合やパーティにたびたび出席していたからだ。

来日したカール・ディームは、日本スポーツ界に何を提唱したのか――。

ディームの帰国後に大島は、毎日新聞紙上で東俊郎（日本体育協会専務理事）、加藤橘夫（東京大学教授）、森徳治（教育評論家）、内藤誉三郎（文部省社会教育局長）、佐々木吉蔵（文部省体育課長）、青木壮五（都市体育研究協議会）の六氏による座談会を企画し、司会役は大島が務めた。その座談会（十二月十八日付の毎日新聞に掲載）後、当時の日本スポーツ界が早急に取り組むべき課題を、大島は次のように簡潔にまとめている。

・機械文明過信は人類を滅亡に導く。それを体育＝スポーツは救う
・目立つ肉体の衰えは国民経済に大きな影響を及ぼす
・体育＝スポーツの目的は、本質的には人間形成だ
・健康な国民は体育＝スポーツから。肉体と精神は一つ
・知育偏重に教育者の反省が必要。青少年には多くの経験をさせる
・文部省は体育＝スポーツの普及にもっと力を入れるべきだ
・オリンピック精神を生活レベルで学べ。体育＝スポーツで平和を
・体育＝スポーツは社会教育として重要。娯楽本位は無意味だ
・学校体育を尊重せよ。青少年育成にふさわしい環境をつくろう
・指導者は勉強と研究を怠らず、指導理念を持つことが重要だ

戦前は「跳ぶ哲学者」といわれ、この頃から「アジアのカール・ディィーム」と呼称されるようになった大島は、止まることを知らない。ディーム招聘後は、東京オリンピック招致に向けて奔走することになる。

2

戦後の日本が、東京を開催地としてオリンピック招致に立候補したのは、一九五五（昭和三十）年六月。フランス・パリにおけるＩＯＣ（国際オリンピック委員会）総会で、一九六〇（昭和三十五）年の第十七回オリンピック開催地を決めるときだった。このときは開催地に選ばれたローマの他、ローザンヌ、ブダペスト、ブリュッセル、メキシコシティ、ニューヨーク、デトロイトなどが立候補したこともあり、無謀にして無策な東京オリンピック招致活動といわれた。

ただし、その二ヵ月前に日本体育協会が招聘したＩＯＣ会長のアベリー・ブランデージは、貴重なアドバイスをした。親日家であることを知った関係者が、抜かりのない接待をし、美術工芸品などの土産をプレゼントしたためだろう。ブランデージは、次のように語っている。

「まず東京は競技場をきちんと整備し、再び次回の開催地を決める総会のときに立候補すべきだ。そのほうが各ＩＯＣ委員にかえって好感を与える結果になる。そうすればその次の第十八回オリンピックの開催地は東京が非常に有利となる。今回の立候補は当選することを考えないで、ＩＯＣ委員に宣伝する絶好の場であると思ったほうがいい。来年開催される第十六回オリンピックはメルボルンのため、ヨーロッパのＩＯＣ委員は二大会連続してヨーロッパ以外で開催するのは好まない。何故なら選手団派遣に多額の経費を費やすことになるからだ……」

それから三年後の一九五八（昭和三十三）年。戦後の日本経済復興のシンボルといってよい、世界一の高さ三百三十三メートルを誇る東京タワーが、暮れに完成した年だ。五月十五日に東京でIOC総会が開かれ、その九日後の二十四日からは、第三回アジア大会が新装されたばかりの国立競技場を中心に開催された。それを契機に日本は、一年後にドイツ・ミュンヘンでのIOC総会で決まる、第十八回オリンピック（一九六四年大会）の開催地招致に再び立候補することを決定した。多くのIOC委員に国際大会開催の運営能力があることをアジア大会の成功によってアピールし、本格的に国を挙げて「東京オリンピック招致運動」を開始した。三年前のIOC会長・ブランデージのアドバイスに従ったのだ。

ところが、好事魔多し。思わぬアクシデントに見舞われた――。

東京でのIOC総会とアジア大会終了から半年後の十一月。オリンピック開催地が決まるミュンヘンIOC総会の六ヵ月前だ。

東京オリンピック招致運動のために日本体育協会は、四年前に募金などで得た資金を管理する任意団体「日本オリンピック後援会」を発足させていたのだが、浄財である資金を事務局長たちが遊興費などで使い込むという、横領事件が発覚してしまったのだ。その使途不明金は約一億円にものぼり、国会でも問題となり、新聞各紙は「日本オリンピック後援会事件」として大々的に報じた。当然のごとく世間から批判を浴び、一気に東京オリンピック招致運動はトーンダウンし、七十パーセントを超えていた国民の支持率は、あっという間に五十パーセント台にまで下がってしまった。

日本体育協会の会長であり、東京都知事・安井誠一郎とともに東京オリンピック準備委員会委員を務める東龍太郎（後に東京都知事）は、十二月二日付で辞任し、続いて道義的責任を問われた日本体育協会の理事、ＪＯＣ委員、監事たちも、十二月二十七日付で総辞職を余儀なくされた。つまり、オリンピック開催地決定まであと半年に迫っているというもっとも大事な時期に、日本体育協会は空中分解したといってよい。新年が明けるのを待ち、出直し人事を発表するまでの期間を空白にしてしまったのだ。

このとき、毎日新聞運動部副部長の大島は事件を追及する側だったが、空転する東京オリンピック招致運動を黙って見過ごすことはできなかった。憤りを感じつつも「お家の一大事」とばかりに行動に出た。二年前の第十六回オリンピック・メルボルン大会まで三位以内に入賞したメダリストたちに連絡し、すぐさま「オリンピック・メダリスト・クラブ」を十二月二十日に設立させたのだ。戦前の芸術競技のメダリストも加えて六十五名（本来の有資格者は七十六名だったが、そのうち十一名は戦死・病死・転国籍者）が次々と大島に賛同し、メンバーに名を連ねた。会長には織田幹雄が就任し、大島は理事に就いた。

クラブ設立後の最初の仕事は、ＩＯＣ加盟国七十二ヵ国のうち五十ヵ国近くのメダリストの住所を調べ上げることだった。そして、世界中のメダリストに「ジャパン・オリンピック・メダリスト・クラブ」の名称で挨拶状を送った。

後年、このことについて大島は次のように述懐している。

「各国のメダリストの多くはスポーツ団体の役員に就いていたため、住所や連絡先を調べるのは意外と簡単だった。それよりも挨拶状を出したクラブの本当の狙いは、東京オリンピック招致運動を休むことなく続け、成功させることだった。開催地が決まるのは五月のＩＯＣ総会だが、各国の意向は半年前の十二月、遅くとも新年が明けた一月には決まる。そのためにも急がなくてはいけなかった。タイミングよくクリスマスと新年を迎える時期だったのが幸運だった。その期間に日本から挨拶状が届けば、諸外国のスポーツ関係者や重要な地位にいるメダリスト、ＩＯＣ委員たちに大いに注意を喚起させることができる。『そうか、日本はやる気だな。東京でオリンピックを開催したいんだな』と思わせる。要するに相手の気を引く一種の『ラブレター作戦』を実行したわけだ……」

その後もオリンピック・メダリスト・クラブは「ラブレター作戦」を展開した。同時期に発足した「青年オリンピック協会」（会長・古橋広之進）、加えて全国の青少年たちが会員となっている「郵便友の会」（ＰＦＣ）の全面的な協力を得た。「オリンピックを東京へ！」のスローガンを掲げ、富士山型のシールを作り、会員たちは世界各国のペンフレンドやＩＯＣ委員に東京オリンピック招致を促すハガキを送った。国内においては「オリンピックシール十円募金活動」を展開し、配布されたシールの数は実に五十万枚にのぼった。

オリンピック・メダリスト・クラブ設立について大島は、翌年三月発行の体育専門誌『体育科教育』（大修館書店、一九五九年四月号）に寄稿している。大島の狙いは、単に世界中のスポーツ関係者に挨拶状などを送るだけではなかった。抜粋したい。

《クラブの本来の目的は、別のもっと基本的なものの上にあった。規約の第二条には次のように目的を掲げている。「クラブは会員相互の親睦を図り、オリンピック思想の普及、オリンピック理想の実現に寄与し、併せて後進会員（将来のオリンピック・メダリスト）の育成に協力することを目的とする」である。

オリンピック・メダリストの連中の話だといえば、多くの人は「選手づくりだな……」と、すぐ考えるだろう。地方の体協の考え方は別として、お茶の水の体協は選手づくり以外にはほとんど何も考えたことがない。だから、ここから選ばれて出たメダリストならば、体協の代弁者であると誤解されるのも無理のないことである。だが、話は少し違う。メダリストたちは規則によって選手づくりに協力する用意を持っているとはいえ、そのつくり方は国民の広いスポーツの基盤の上にピラミッドを築き上げなくてはという考え方を持っている。

だが、日本の現状を眺めると、主な狙いはむしろ第二条の前項であった。すなわちオリンピック思想や理想の普及実現に力を入れようということである。東京にオリンピックを招致する。それなのにオリンピックの理念が叫ばれずに周知徹底していない。さらに責任があると思われる団体でさえ、誰もこの点に関心を払おうとしていない。オリンピック問題で極めて重要な点が、歯抜けになっている。このときメダリストたちは、密かに期するものがあったようである。

さて五年後の一九六四（昭和三十九）年のオリンピックといえば、いまの中学生は大学に在学中か社会の第一線で活躍中であり、これが明日《あす》の日本の若いエネルギーになることは間違いない。そこで、この層に働きかけることがオリンピック東京大会の成否を決めるカギだが、メダリスト・クラブが体育・スポーツの側面から青少年に着眼したのはそのためであった。》

さらに、もう一つ。オリンピック・メダリスト・クラブの重要な任務は、当時の首相・岸信介に直談判することだった。

クラブ設立から九日後の十二月二十九日朝。大島はメンバーで理事の西田修平（陸上）、北村久寿男（水泳）、笹原正三（レスリング）、メルボルン大会体操競技男子監督・近藤天らに加え、自民党の青年将校を標榜する若手議員の竹下登、原田憲、坂田道太、文部省からは西田泰介体育官と松島茂善体育事務官たちを引き連れ、東京・渋谷区南平台の岸信介の私邸を訪問した。

首相の岸を前に、大島は声高に説明した。

――五ヵ月後に迫ったＩＯＣ総会で東京が開催地に決まれば、日本だけでなく、アジア諸国のためにも成功させなければなりません。五年後の東京オリンピックを成功させるには若い力が必要で、そのためにもドイツに倣ってスポーツ少年団を結成すべきです。将来の日本のカギを握っているのは青少年です……。

そして、次のように訴えた。

「明日の日本の文化の担い手を思うとき、国は体育・スポーツによる青少年の育成に責任をとるべきです。小学校五年から高校三年までの生徒数は約千六百万人。これらの青少年が将来の日本を担ってくれます。希望をバトンタッチしなければならないのですが、それには政府の援助がなければ実現することはできません。私の試算によると、スポーツ少年団を誕生させるには結成のための補助費と指導者養成費、アジア地区青少年スポーツ交歓などの経費、合計で約七千万円になります。まず援助を考慮していただきたい……」

首相を前に泰然と語る大島に、岸は頷《うなず》いて言った。

「趣旨は大いに賛成だ。私の政策としても青少年の教育をもっとも重要視しており、できるだけ期待に沿うような努力をする……」

これが契機となり、一気に日本スポーツ少年団発足に動き出した。

新年が明けて一九五九（昭和三十四）年を迎えた。大事な時期に不祥事を起こした日本体育協会評議員会は、新規まき直しのための新陣容を一月十日に発表し、会長代理兼専務理事に元皇族の竹田恒徳を選出。その三ヵ月後の三月三十一日に評議員会は、東京オリンピック招致運動を統轄するJOC（日本オリンピック委員会）委員長（日本体育協会から独立後は会長）に、参議院議員の津島壽一を選び、総務主事に田畑政治が再任された。

その田畑が、東京オリンピック招致運動の切り札として指名したのが、学識経験者としてJOC委員に初選出された大島だった。

ミュンヘンでのIOC総会開催まで残すところ三十六日――。

四月二十二日、毎日新聞夕刊の片隅に『五輪誘致に大島鎌吉氏渡欧』の小さな見出しの記事が載った。

《五月下旬ミュンヘンで開かれるIOC会議で一九六四年度のオリンピック開催地が決定されるが、東京誘致を有利に展開するため、体協の先陣として、大島鎌吉氏（日本オリンピック委員、毎日

新聞社勤務）が二十二日午後零時半羽田発ＳＡＳ機で欧州に向け出発した。》

この大島の渡欧が東京オリンピック招致成功への大いなる決め手となる。

その一週間ほど前だ。大島の元に田畑から連絡が入った。二年前まで日本水泳連盟会長を務め、元朝日新聞政治部記者で重役を務めたこともある田畑に会うと、おおよそ次のように言った。

――五月六日からウィーンで開かれるＡＩＰＳ（国際スポーツ記者連盟理事総会）に、織田君（幹雄）とともに出席することは知っている。それを終えてからでいいんだが、ソ連をはじめとした東欧諸国に出向いてＪＯＣ委員として招致活動をしてほしい。すでに大島君も知っているように、中南米やアジア・ヨーロッパの主要国の票は獲得できる見通しがついている。

しかし、厄介《やっかい》なのは東欧諸国だ。共産圏が持っている八票を獲得することが東京オリンピック招致の決め手となるはずなんだが、どうも大使館や領事館の連中の情報はあてにならない。スポーツについては何も知らないためだろう。共産圏の票が一票でも二票でもいいからこっちに流れてこない限り、夜も眠れないんだ。竹田（恒徳）さんも津島（壽一）さんも君の東欧行きを了解している。承諾してくれれば、すぐにでも外務省に行き、オリンピック招致使節団の一員として渡航できるように手続きをする。大島君、東西冷戦のために厳しい状況であることは承知しているが、壁の向こうの東欧諸国のＩＯＣ委員を説得できるのは君しかいない……。

以上の田畑の強い要請に、大島は快諾した。

投票権を持つ各国のＩＯＣ委員の意向はすでに決まっていると思われたが、東欧の八票の行方が把握できずに、田畑が苛立っていることは充分知っていた。そのことを考えれば田畑の要請に異論はなく、JOC委員でもある大島は東欧――ソ連、ポーランド、チェコスロバキア、ハンガリー、ルーマニア、ブルガリア、加えてユーゴスラビアでの招致活動を引き受けた。それに大島にとっては、東欧諸国のスポーツ事情を見聞できるいい機会だと思った。

それでは当時の田畑と大島は、どのような関係にあったのか――。

戦前から日本水泳連盟を率い、第十回オリンピック・ロサンゼルス大会水泳競技選手団の監督を務めたこともある十歳年上の田畑に、大島はある面では一目置いていた。しかし、戦後における両者の関係は複雑であり、けっして仲がよかったわけではない。ことにスポーツ政策においては水と油のごとく意見が合わず、顔を合わせるたびに激しく論争をすることもあった。

ひと言で大島にとって、田畑は単なる「オリンピック至上主義者」としか見えず、クーベルタンが掲げる理念を理解しているとは思えなかった。オリンピックで日本人選手がメダルを獲得すれば国民は感動し、触発されてスポーツに興味を抱くと考えていたからだ。大島が提唱しているスポーツ少年団結成については、無関心で見向きもしなかった。

大島は田畑について『昭和スポーツ史　オリンピック80年』（毎日新聞社、一九七六年）で当時を回顧している。

《田畑氏とはスポーツ振興と選手強化の方策で意見が違っていた。田畑氏の見解は蚊帳《かや》の釣手を上げると、自然に底が広がるということであった。ぼくの場合は、底を広げることが第一、その上にエリート・スポーツの構築論だった。

ところが、オリンピックの東京招致で様子が変わった。東京招致運動が本格化してきた一九五九年春、田畑氏からぼくにモスクワを始め東欧のＩＯＣ八票を獲得するため飛んでくれないか、との要請があった。戦前の〝鰻香《まんこう》オリンピック〟の苦い思い出があったせいだろう（東京に決まっていた第十二回オリンピックを日中戦争で返上した）。『もう一度日本で』の思慕がいつもぼくの心の底にあった。一方、子どもたちにどうしてもオリンピックの姿を見せたいという願いもあって、田畑氏との論争を離れて要請を受けることにした。》

さっそく大島は、予定よりも十日ほど早く渡欧することにし、出発日の四月二十二日の午前中に、とりあえず入国困難といわれるポーランドとチェコの領事館に出向いてビザを申請。午後十二時半に羽田空港からスカンジナビア航空機で、北回りのアンカレッジ経由でヨーロッパに飛び立ったのだ。

3

大阪府吹田市にある関西大学の「大島アーカイブス」。カール・ディームのデスマスクや大島の遺品・蔵書などが並ぶ戸棚に、『Tokyo Olympic 東欧訪問誌』と手書きのタイトルが付いたＢ５判の毎日新聞社製ノートは納められている。一部の者しか目にしたことがないと思われるそのノートを私が手にしたのは二〇一〇（平成二十二）年春、二回目の訪問のときだった。

そこには東京オリンピック招致活動のため渡欧した一九五九（昭和三十四）年四月二十二日から、五月二十六日のミュンヘンでのIOC総会までの大島の行動が、詳細なメモにより遺されていた。

まず、四月二十二日から、IOC総会の前哨戦といわれる、イタリア・ローマでのIOCと四十八ヵ国NOC（国内オリンピック委員会）の合同会議が開かれた五月十八日までの、二十七日間の移動経路を記述したい。

二十二日午後零時半羽田発→二十三日アンカレッジ（アメリカ）・コペンハーゲン（デンマーク）経由→ハンブルク（ドイツ）着。二十五日ハンブルク発→ボン着。ボン発→ケルン着。二十六日ケルン発→ウィーン（オーストリア）着。三十日ウィーン発→ブダペスト（ハンガリー）着。五月二日ブダペスト発→プラハ（チェコスロバキア）着。四日プラハ発→ウィーン着。八日ウィーン発→ワルシャワ（ポーランド）着。九日ワルシャワ発→モスクワ（ソ連）着。十二日モスクワ発→キエフ・オデッサ経由→ブカレスト（ルーマニア）着。十三日ブカレスト発→ソフィア（ブルガリア）着。十五日ソフィア発→ベオグラード（ユーゴスラビア）着。十六日ベオグラード発→チューリッヒ（スイス）経由→ローマ（イタリア）着――。

一日おいて五月十八日からのIOCと四十八ヵ国NOCとの合同会議に出席。二十日にローマからチューリッヒ経由でミュンヘンに行き、IOC総会に臨んでいる。実に約一ヵ月間に十ヵ国以上を飛び回った。

以上の経路を辿りながら大島の『Tokyo Olympic 東欧訪問誌』や、当時の毎日新聞に大島が送稿した記事などを参考にし、東欧諸国での招致行脚を詳細に書き込みたい。ちなみに、東京の他に開催地招致に立候補していたのはデトロイト（アメリカ）、ブリュッセル（ベルギー）、ウィーン（オーストリア）の三都市である。

・**四月二十三日**――アンカレジ→コペンハーゲン経由で二十八時間のフライトでドイツ・ハンブルクに到着。

ドイツ体協幹部のハンス・ハインリッヒ・ジーフェルト氏をはじめとした重鎮たちが出迎えてくれる。ジーフェルト氏は、ベルリン大会陸上競技十種競技金メダリストで、その四年前のロサンゼルス大会のときに選手村で知り合った。文通をし、クリスマスカードを交換する仲だ。ジーフェルト氏たちと、しばし歓談。その後は日本領事館に出向いて、中川進総領事と高松領事に挨拶。夕食をともにする。

・**四月二十四日**――午前十時十五分からカフェで地元紙二紙の記者から取材を受ける。

ドイツでは「スポーツ大使が来た」ということで歓迎してくれた。「Japans Sport hofft und bangt（日本スポーツ界は望み、気をもんでいる）」のタイトルを掲げて「Oshima wirbt für Tokio-Olympische Spiele 1964 erstmals in Asien?（大島はアジアで最初の一九六四年の東京オリンピック誘致のため精を出している）」というサブタイトルだ。アーベント・ブラッド紙の編集長は、「東京は日本的な礼儀正しさでお願いするのではなく、礼儀正しく、かつ強引に要求すべきだ」と忠告してくれた。

オリンピック招致への主張――①東京は一九四〇年のゲームをやむを得ない事情で返上したが、

再度の開催ができるまで権利を保留していた。②オリンピックの理想を貫くためにアジアで開催するべきである。③日本はオリンピックのたびごとに参加した国で、その思想と精神に忠実であった。④極東にある日本までの距離は遠いという観念は、もはや問題ではない。⑤ブリュッセルを立候補させているベルギーは、すでにアントワープで開催している。デトロイトを立候補させているアメリカもセントルイスとロサンゼルスで二回も開催している。⑥オーストリア（ウィーン）は、今回の総会でインスブルックが冬季大会の開催地になるはずだ。それで満足すべきだ……。

ドイツ体協の仲間たちは、以上を強く主張せよと忠告してくれた。「東京オリンピックは八十パーセント大丈夫だ」と語る。午後一時からラジオ番組出演。放送二十分。

・**四月二十五日**――ボンの都倉栄二書記官邸で麻雀（筆者註・都倉栄二は、ヒット曲を数多く手がけている作曲家の都倉俊一の実父。戦時中のドイツでの従軍記者時代から大島は親交を深めており、情報提供者の一人だったと思われる）。

・**四月二十六日**――午前十一時ケルン発。

スイス・チューリッヒ経由で午後六時にオーストリア・ウィーン着（一時間遅れ）。ホテル・インペリアルへ。

・**四月二十七日**――午前十一時に日本大使館訪問。古内広雄大使と久し振りに握手。

午後三時四十分、ハンガリー領事館にビザを申請。五月九日までに返事するとのこと。戦時中のウィーンを思い起こす。

・**四月二十八日**――大使館の車を借りる。ハンガリーのビザ早くもＯＫ！　ソ連、ルーマニア、ブルガリア、チェコにビザ申請。ルーマニアは消極的。電報・電話攻勢をすることにする。

・四月二十九日――ポーランドとユーゴスラビアにビザ申請。

・四月三十日――ＡＩＰＳに出席。

ウィーン在住の記者たちから、招致都市であるウィーンの情報を得る。一九六四年の夏季大会開催地についての彼らの情報は、①ウィーン市長は記者会見で「個人的感じでは東京が確実だ」と話していた。②ウィーンは選手村造成に困っている。土地は市役所所有ではないので買収費がかさむためだ。③欧州は東京に強い関心を持っている。ローマの次は別の大陸で開催したいためだ。実例として一九五六年の冬季大会（コルチナ・ダンペッツォ＝イタリア）の次はスコーバレー（アメリカ）が開催地になったことを挙げる。以上の情報を得た。

午後六時十分ウィーン発、午後七時ハンガリーのブダペスト着。ブダペストの税関は極めて好意的。旧知のＦ・メゾー氏（アムステルダム大会芸術競技叙事詩部門金メダリスト）の出迎えを受け、ホテルに着くとＩＯＣ委員のＧ・Hegyi とＪ・Molnar 両氏の代理人が来て、「二人は公務で多忙のために申し訳ない」と言い、「滞在を一日延ばしてほしい」といってサインを求められる（日洪国交再開の日来る！）。

・五月一日――メゾー氏の書斎を訪ねた後に、公務を終えたＪ・Molnar 氏と会見。

彼は二つの重要なことを言った。

①ハンガリーはすでに東京に投票することに党議で決定している。ただし、このことは内密ゆえにＩＯＣ委員の東（龍太郎）と高石（真五郎）だけに知らせてほしい。

②日本とハンガリーのスポーツ親善の道を拓きたい。今度バスケットボールチームが北京を訪問するが、その際に是非日本行きを希望したい。公式書簡を送るのでよろしく頼む。

以上の二つであり、了解した。

メゾー氏は「東京招致確率は五十六パーセントで最低で五十一パーセント。モスクワ（ソ連）の二票は確実に東京に入る。その他は解らぬ。ウィーンとブリュッセルは問題外」と語ったが、ただし「若いIOC委員はなぜかアメリカ（デトロイト）に行きたがっている。総会での説明役は東（龍太郎）がよいと思う」と言った。

・**五月二日**――午前九時五分ブダペスト発。メゾー氏が空港まで送ってくれる。

午前十一時チェコのプラハ着。大使館に電話をするも休日のため通じず。が、二度目に通じ、丸山理事官と片山一等書記官が来る。ホテルで明日の打ち合わせをする。昼食後にOlshanyの国立墓地に人見絹枝嬢の碑を訪ねる。一九三一年八月死とある（筆者註・人見絹枝は、一九二八年開催の第九回オリンピック・アムステルダム大会陸上競技八百メートルで銀メダルを獲得。日本人女性初のオリンピック・メダリストとなる。人見にとってプラハは、一九三〇年に開催された第三回国際女子競技大会に出場した思い出の地で、走幅跳で優勝し、個人総合で二位となっている。百メートル・二百メートル・走幅跳の元世界記録保持者であり、大島と同じ大阪毎日新聞社勤務だった）。

・**五月三日**――午前十時チェコスロバキア体協書記長のF・Kroutil氏たち幹部と会談。

IOC委員のF・Vodsion氏（体協会長）は帰郷中で出席できずとのこと。東京オリンピック招致については、①まず東京は確実とのこと。ウィーン、ブリュッセル、デトロイトはともに宣伝不足（チェコ体協幹部は東京の準備を熟知していた）。②ただし、日本までの距離が遠いので困っている。シベリア経由での日航機の乗り入れを考えるべきとの意見。アメリカ（アンカレッジ）経由の北回りだとビザ取得は無理で、イタリア（南回り）経由も同様に困難だ。そこを考えてほしい、とのこと。

会見後は書記長の案内で博物館視察。午後七時三十分からIOC委員のGRussと体協書記長Kroutilの両氏主催の招待会に出席する。そこでの話。GRuss氏は、Kroutil氏が料理を注文しに行っている間に、「これは秘密だが、自分は最初から東京だった。最近NOCも東京と決めた。このことは他言しないように」と語った。

またKroutil氏と片山一等書記官を交えてこう言った。

「デトロイトはIOC委員一人ひとりに自動車を贈ると言っている。ウィーンは近いうちにめかけ、芸者……」

と言ったのだ。終わってからKroutil氏と散歩する。

GRuss氏を送った片山一等書記官がホテルを訪ねてきて、GRuss氏の話として「東欧はユーゴの動きは解らぬが、他の全部は党議で東京に決めた」と語った。

・**五月四日**――午前九時十分プラハ発。オーストリア・ウィーンへ。明日からホテル・フランスでAIPS。

・**五月六日**――AIPS会議二日目。

四月末の段階では「まだ東京は油断がならない」と言っていたスウェーデン人のアンリ・シヒ

ン会長は記者会見で、「一九六四年の夏季オリンピック大会の開催地は東京にチャンスがある」と語った。
その理由は――
①一九四〇年に東京開催だったが返上している。
②アジアで初のオリンピックになる。
③昨年のアジア大会の成功と運営ぶりで、日本が国際大会を開く能力がある。
とのことだった。
・**五月七日**――ポーランドとソ連のビザが下りる。これで東欧六ヵ国とユーゴスラビアのすべてのビザを取得する。

このビザ取得について大島は、母校・金沢商業高校創立六十周年記念講演（一九六〇年十月二十六日）の際、次のように語っている。

「ウィーンで行われた国際スポーツ記者連盟理事総会にも出席しました。そのときは、東ヨーロッパおよびモスクワのビザを、つまり民族のビザを持っていなかったので、この理事総会の間に取るつもりで、各国の領事館に手続きをすると同時に、国際オリンピック委員会ならびに体育協会の会長宛てに、毎日毎日電報を打ったのであります。この電報料が相当高いのであります（笑声）。その結果私は七ヵ国のビザを一週間にして下ろしてもらい、世界新記録を樹立したのであります」

さらに大島の『東欧訪問誌』を続けよう。

・**五月八日**——午後二時十五分ウィーン発、四時にワルシャワ着。ポーランド体協秘書の出迎え。IOC委員の**J・Loth**氏の案内でスポーツ・アカデミーを見学。

夜、体協外国部長の**J・Piewcewicz**氏たちと会食。

・**五月九日**——午前十時三十分。ポーランド体協本部に会長の**W・Reczek**氏を訪ねる。Reczek氏の話「ポーランドは東京を支持するが、ただし条件あり。ソ連と日本の間に臨時航空路を開くこと。東欧各国は自国機でソ連まで乗り入れる。南回りは三年間の選手の準備を二日で駄目にする。北回りは米国ビザが必要のため駄目だ」とのこと。

昼の十二時から体協事務局長の招待会。Piewcewicz氏を始め、現地のスポーツ記者も出席。

午後一時四十五分、ソ連機で発。五時四十五分モスクワ着。日本大使館の法眼晋作公使たちに出迎えられる。法眼氏邸で晩飯をいただく。

・**五月十日**——ホテル〝YKPANHA〟は三十階建てと立派。朝食は八時三十分からでき、終わるのは十時。

新井秘書官の案内で市内見物。クレムリンの内部（数ヵ月前から公開）、貧家のテレビアンテナ、百貨店……。一九三〇、三四、三五年に来訪した当時と比べて非常なる進歩。

大使館員邸で映画シネマスコープ「唐人お吉」を観る。

・**五月十一日**——お昼の十二時からソ連体協事務所で日ソ会談。

K・Andrianov氏（体協会長、IOC委員）、Tschibalov氏（秘書）、M・Pesljak氏（体協副会長）、IOC委員のA・Romanov氏は欠席。通訳・末沢昌二氏。

ソ連側の主張――

①「東京オリンピック問題＝好意的な態度を取る。ソ連は一九六四年立候補の意見があったが、アジアで開催するべきだという見解が強く、立候補をやめた（譲ったという意味ではないと強調する）。一九六八年開催を希望している。デトロイトが立候補するだろうと、新聞にソ連の見解を暗示した。

輸送問題やオリンピック村について質問すれば、招致決定後にしたいという。

②北朝鮮問題＝アジア大会の際の国際審判のような不愉快な問題が起こらぬように（審判の通知が遅すぎて間に合わなかったと記憶する。オリンピックは自ずから異なると返す）。

③東のブロックの印象を与えることはソ連にも日本にも、対IOC関係を思えば避けたほうがよい。

④発表について＝日本のIOC委員だけに伝えてよい。新聞発表は困る。東京のIOC総会に対する期待を考慮しているためだ。

最後に「ソ連の票は東京に投じられるであろうことを確信している」と言うと、ソ連側はニヤニヤする。

「本日の会談は極めて友好裡に進んだ。結果は満足なものであった」とし、日ソ会談は約二時間で終了。

午後二時、門脇季光大使の招待会。法眼公使、根本参事官、新井秘書官、高橋正書記官、末沢昌二氏、その他の大使館員全員が出席した。田畑氏に打電（ポーランドの件について）。

午後三時、Zaitsev氏の案内でモスクワ体育専門学校を訪ねる（市中心から北東へ八キロ）。

設立一九一八年、教師数二八九人、学生二〇〇〇人（他に通信教育一三〇〇人）、四年課程。一週三十時間（上級）～三十六時間（下級）。卒業生毎年三〇〇～五〇〇人。

入学試験科目は化学・物理・露語・体育能力（GTO＝スポーツ検定一・二級資格）、志望者の二十五パーセントが入学。体育実技＝四〇〇〇時間中、九〇〇時間でGTO一級を取る。

教授陣＝オゾーリン学長、クワーシキン、ジャチコフ、ホメンコワなど。主な学科＝生理、医学、心理学（カガエバニセ助教授・五十五歳が研究）。研究の方法＝各種目にわたり専任教授を中心にして研究。目下、戦績の分析研究が行われ、結果は一九六〇年度に発表される。たとえば、レスリングはカトゥーリン（生徒四〇）、陸上競技はマルコワ（学生の他に少年一〇〇）。付属少年スポーツ学校＝生徒数一五〇〇人。十三歳～十六歳、水泳は八歳～十六歳。卒業生＝優秀選手はモスクワとレニングラード（現・サンクトペテルブルグ）に集める。

創立以来の卒業生は一万三〇〇〇人で、うち一万人が専任スポーツ教師。測定室＝機能測定機（脈、呼吸、血圧、心電図が同時にグラフにできる。十五秒全力走→測定→三分歩行・一分一八〇歩。その結果でトレーニングの負荷のかけ方を考えて能力を知る。治療室、フィルム現像・被写室、カルテ室もある）。

続いて練習場を視察。

四百メートルトラック二つ、二百メートル砂トラック（幅二メートル）。冬も屋外でトレーニングができる。テニス、バスケットボール、バレーボール、体操の室内練習場など。ハイジャンプの脚の鍛練にフットボールのゴールネットを利用し、砂トラックで脚の強化運動。この練習場は明年度に移転するという（当初はレーニンスタジアムに建設予定だったが、中止にした）。モスクワ市中心より南西十五キロのイズロイロフスキーに移転し、そこにはテニスコート六〇、バスケットボールコート二五、フットボールコート五、スタジアム（四万五〇〇〇人収容）、大集団体操場（レーニンスタジアムの四倍の広さ）、五十メートルプール、ボート漕室、教師用住宅一〇六棟（六階建て）などが建設される予定だという……。

・五月十二日——午前七時二十分モスクワ発。

キエフ（十時着）・オデッサ（十二時着）経由で午後三時三十五分ルーマニア・ブカレスト着。オデッサの税関で所持金の調査。ルーブルは全部ソ連内で使用（国外持ち出し厳禁の由、仕方なく煙草を買う。NOCの招待だと言うと書類書き込み不要になる）。ブカレストは心配であったが、出迎えあり。

午後七時、Bodnarashルーマニア体協会長の招待。Balash副会長、Ghilen副会長（ピンポン）たちが出席する。オリンピックについての話。

①ルーマニアは東京に投票する。なぜならアジアで一度は開催されねばならぬ。日本は組織能力がある。資料を読んで準備状況がよく解っている。東京とデトロイトの決戦だが、東京が有利と思う。

②オリンピックに対するルーマニアの態度＝競技数はできるだけ多数にすべきだ。中共＝地下八メートルの炭鉱で歌をうたっている、人口六億の強力なスポーツ国を脱退させるような組織に

は反対だ。北朝鮮も加盟させるべきだ。

会談中のBodnarash体協会長＝狩猟と釣り好き人物の言葉は極めて強烈。ただし、眼は据わっていない。陽気でラテン系の乗りだ。モスクワから南へ二千八十キロのブカレストの陽射しは暖かい。だが、夜は冷える。

・五月十三日――Bodnarash体協会長をコミッティに訪問。
アメリカ大統領Eisenhower（アイゼンハワー）からのデトロイト招致のための要請状＝薄緑色でホワイトハウスの公式便箋。約九百五十字を見せてもらう。

内容＝①米国民の代表としてデトロイトにＮＯＣ（ルーマニアオリンピック委員会）を招待したい。②アマチュアリズムを理解し、クーベルタンの理想を若い時代から理解している。③五月のミュンヘンでのＩＯＣ総会での協力を願う。三月二十五日付。

以上である（アイゼンハワー大統領は、デトロイト・オリンピック招致のために全世界のＮＯＣ＝国内オリンピック委員会に要請状を送ったと記してあった）。

Bodnarash体協会長は感情的に米国が嫌いで、日本を支持すると語った。選手団輸送については、一九五六年のメルボルン大会のときは一人について一千ドル要したという（四十六人の選手が出場した）。

午後三時二十五分ブカレスト発。

四時三十五分ブルガリア・ソフィア着。Avramov体協副会長、Lekarska秘書、Vassev事務局長たちの出迎え。ＩＯＣ委員のＧ・Staitrehev氏は、ローマに出張中で留守であったが、丁重な接待を受ける。
革命家"Basile Levska"名称のスタジアムでブルガリア対オランダのサッカーの試合を観戦。三対二でブルガリア勝利。ホテル・バルカン泊。
・**五月十四日**――午前十一時から記者会見（三十六名が出席）。
質問内容――
①オリンピック遠征費節減＝滞在費・旅費（ソ連経由）について。
②組織＝招致準備委員会について。
③学校体育について。
④プレス＝電報・電話・電送・放送・テレビジョンについて。
⑤自国機の乗り入れ問題について。
⑥選手団入国ビザ＝レスリング、スピードスケート、卓球、柔道の世界選手権、ソ連と中共への選手派遣について。
⑦バスケットボールでのチリの対中共戦拒否問題＝政府の介入について。
⑧競技後の見学について。
⑨原爆反対アピールをやる用意があるのかについて。
以上について質問される。
午後四時市内見物。午後九時招待会、ホテル・バルカン。
・**五月十五日**――ブルガリアの体育事情を視察・取材。

一九五八年から六二年までの五ヵ年計画で建設されるのは（個数）＝スタジアム（全国百十二市）八七二、サッカー場一五二、陸上競技場五三五、大室内競技場（三千〜一万二千席）一二、小室内競技場（全市）一〇四、プール（全市）八五となっている。

一九五七年から五八年に建設されたもの＝スタジアム二三二、大室内体育館六、小室内競技場二八九、プール一六四、サッカー場二九三〇、バスケットボール・バレーボール・体操・その他八〇〇〇。

会員数＝一九三九年・一六万七七七〇人、一九四四年・七万三〇〇〇人、一九四五年・二五万人、一九四六年・三六万二六一八人、一九四八年・一一〇万人（全人口の十五パーセント）、一九五八年・九七万三〇〇〇人（人口七三〇万人）

午後十二時五十分ソフィア発。

午後九時二十分ユーゴスラビア・ベオグラード着。日本大使館の大木浩書記官、ユーゴ体協秘書たちが出迎える。Bakrac体協会長とIOC委員のPolic氏たちは、ともに今夕ローマに発ったとのこと。東京オリンピックについては「期待されている。ローマに行ってから話があろう」ということであった。

原栄吉参事官、大木浩書記官とセルビアの料理店で話す。

・五月十六日——午前五時三十分起床。散歩してからゆっくり食事。

十時ベオグラード発。チューリッヒ（午後十二時四十分着、三時発）経由五時三十分ローマ着。

竹田恒徳（日本体育協会会長代理兼専務理事）、田畑政治（JOC総務主事）、高島文雄（JOC常任委員）、

八田一朗（ＪＯＣ常任委員）、高石真五郎（ＩＯＣ委員）、平井俊一（ＪＯＣ委員）、岩田幸彰（ＪＯＣ常任委員）たちとホテル・シーザー・アウグスティヌス（Kaeser Augustinus）で会う。

・五月十七日――遺跡訪問。チヴィタヴェッキアにて長谷川路可画伯の日本人殉教者の壁画を観る。

夜、鈴木大使邸で歓迎会。その後にホテルにて招致使節団の報告会。織田幹雄（西欧）、市田左右一（ＪＯＣ常任委員、アイルランド・アイスランド・ニュージーランド）、清川正二（ＪＯＣ委員、アメリカ）、竹田恒徳（スウェーデン）、高島文雄（アジア）、大島（東欧）、高石真五郎、平沢和重（ＪＯＣ委員）、岩田幸彰が参加した。明日からＩＯＣと四十八ヵ国ＮＯＣの合同会議が始まる。

4

こうして大島の二十七日間に及ぶ東欧六ヵ国、加えてユーゴスラビアへの招致行脚は滞ることなく終わった。東欧六ヵ国のＩＯＣ委員が持つ八票すべて、悪くとも六票、いや七票は獲得できると大島は確信した。心強かったのは、ソ連の二票をほぼ間違いなく獲得できること。それにベオグラードでは会えなかったものの、ローマで会談することができたユーゴスラビアのBakrac体協会長とＩＯＣ委員のPolicの両氏からも、東京投票への確約を得ることができたことだ。

もちろん、招致活動を依頼した田畑は、東京オリンピック開催地招致の切り札である大島から詳細な報告を受け、両手を握り何度も感謝したという。

東京オリンピック招致使節団のメンバーがローマからIOC総会が開催されるミュンヘンに向かったのは、五月二十日の午前十一時。チューリッヒ経由でミュンヘンに着いたのは午後四時だった。

そして、五月二十三日にIOC総会が開催され、プレゼンテーターの平沢和重が、投票権を持つIOC委員たちを前に東京招致アピールの演説をした。実は当初に予定されていたプレゼンテーターは、東京大学陸上競技部出身の外務官僚でフランス語に堪能な北原秀雄だったが、直前の外務省の運動会でアキレス腱を傷めて辞退。急遽、ジャパンタイムズの編集主幹を務め、NHK解説委員でもあった平沢がプレゼンテーターに指名されたのだった。ただし、当時の平沢は東京招致時期尚早論を唱えており、けっして快く引き受けたのではなかったといわれる。

しかし、平沢をプレゼンテーターに起用したことは成功した。招致説明の制限時間は一都市四十五分であったが、原稿なしで簡潔な演説でアピールしたからだ。NHKのニュース解説に慣れていたからかもしれない。所要時間は三分の一の約十五分。小学校の教科書を手に掲げ持ち、おおよそ次のような内容を語った。

≪いままでヨーロッパ文化の花であったオリンピックを、東洋の文化の上に咲かせて、オリンピックの輪を完璧なものに近づけてほしいです。このように日本では、小学校の教科書の中でもオリンピックの精神が書かれています。日本の子どもたちは、その目でオリンピックを見られることをどんなに待っているかしれません。ヨーロッパの人たちは、日本をファーイーストと呼びますが、飛行機時代のいまは、もはやファーではありません。ファーなのは国と国、人と人との理解です。国際間の人間のつながり、接触こそが平和の礎《いしずえ》ではないでしょうか。ヨーロッパに咲いた花を、いまこそ東洋でも咲かせていただきたいのです……》

この平沢のプレゼンテーションは、制限時間を十分以上超えたライバルのデトロイトとは対照的であり、それもまた奏功したといってよい。

そして、五月二十六日の投票日。まず冬季大会開催地の投票があり、インスブルック（オーストリア）がカルガリー（カナダ）を四十九票対九票で破った。これで同じオーストリアのウィーンの開催地も消え、ブリュッセル（ベルギー）はやる気を失っていた。続いて行われた夏季大会開催地の投票で、東京は一回目の投票で早くも三十四票を獲得。デトロイト十票、ウィーン九票を大幅に上回り、他を寄せつけることなく文句なしに開催地に選ばれた。東京の三十四票のうち七票が東欧からの票であり、これが予想通り決め手となったのだ。

後に大島は、東欧諸国招致行脚について述懐している。

「一九五九年春、オリンピック東京招致の際、ぼくもソ連を始め、東欧の八票を手に入れるよう各国を回った。とくにモスクワを訪ねたときのぼくは、真っ先に『ソ連において、モスクワでこの次のオリンピックをやりたいという情報があったが、なぜに取りやめたのか？』と聞くと、『ソ連では一九六四年のオリンピックをモスクワでやるという空気がかなりあったが、オリンピックはいままで行われなかったアジアでしたほうがよいという、ソ連スポーツ界の空気も同時にあった。だから、東京にしたらどうかと思っている。しかし、はっきり決定したわけではない』と言ってきた。そこでぼくは『ソ連の票は東京に投じられると確信しています。いかがですか?』というと敵はニヤニヤしていた。

東京招致のときは、東欧諸国の八票が招致のキャスティングボートだといわれていて、結果的にミュンヘンのＩＯＣ総会では一票が逃げてしまったが、七票が東京に入った。ぼくは招致の過程で、モミ手で懇願するつもりはまったくなかったし、ましてやデトロイトのような殺し文句も用意していなかった。強くアピールしたのは一つだけで、『あなたの国がオリンピックの理想を追求するなら、第四の大州であるアジアでの開催に充分な考慮をしていただきたい!』だった。振り返れば、この言葉が効いたのかもしれない……」

東京オリンピック開催決定から八ヵ月後、一九六〇（昭和三十五）年一月十八日だった。大島は「東京オリンピック選手強化対策本部副本部長」の座に就任した。周りの反対を押し切り、任命したのは本部長に就いた田畑政治であった。

「何の因果か、田畑さんから『お前は暇そうだからやってくれ』との要請で、何の気なしに副本部長を引き受けてしまった」

と、大島は簡潔に副本部長に就いた理由を回顧しているが、一つだけ田畑に具申していた。後に大島は言っている。

「〝選手〟とは、試合に対して選考予選を行い、しかる後に選ばれた競技者に与える名称である。

予選を前にトレーニングをしている競技者に対して『あの選手は……』などとよく言うが、これは誤りであることはすぐにわかる。日体協も田畑氏も競技力を向上させるために『選手強化対策本部』という名の機関を設けたが、正確には『競技者強化対策本部』と呼ぶべきであった」

大島と田畑のスポーツ振興方策の違い――田畑が主張するエリート・スポーツ構築論に対し、裾野を広げることを主張していた大島の意地だったのかもしれない。

それはともあれ、大島の本音はもっと深いところにあった。当時の日本サッカー協会会長・野津謙《ゆずる》の著書『野津謙の世界　その素晴しき仲間たち』（国際企画・學藝書林、一九七九年）に副本部長を引き受けた理由を書いている。

《さてオリンピックが東京に決まると、今度は現実的に選手強化である。（中略）日本のスポーツは依然として経験主義的で科学的な裏付けをもっていなかった。さらにスポーツの基盤である青少年スポーツ振興が、政府の間違った政策で横道を走っていた。これをこの機会に何とかできればと考えた。日本の伝統的な体育風土に対する抵抗心からだったろう。もう一つは頑張っている子どもたちに本物のオリンピックを見せたかった。学校でオリンピックの歴史とかオリンピックの精神とかを教えられるが、みんなお説教に終わっているからだ。選手強化、今様にいえば競技力向上心が、要するに「日章旗を上げよ！」である。みんな本気で精進し努力すれば、当時の世界の水準に達し相当の成果が上がると信じられた。》

もちろん、本部長の田畑は、現場における選手強化は大島でなければ遂行できないと考えていた。

こうしてついに戦後の日本スポーツ界の表舞台に登場することになった大島は、東京オリンピックに向け、選手強化のため『選手強化5ヵ年計画』を策定。選手強化一年目に当たる一九六〇（昭和三十五）年夏に開催された第十七回オリンピック・ローマ大会を視察し、参加国の選手強化対策を調査した。さらに金メダル四個、それも体操競技でしか獲得できなかった日本の敗因を冷静な目で分析。次の十二項目に及ぶ欠陥があることを挙げた。

①アマスポーツの評価が低い。
②学校体育が目標と指導力を失っている。
③スポーツ指導者、施設が不足している。
④科学研究と現場の結びつきが弱い。
⑤選手養成に一貫性、計画性が欠けている。
⑥青少年層のつかみ方、指導方法が的確でない。
⑦選手の健康管理が不十分である。
⑧選手を社会的有能者に導くことが不足している。
⑨選手が非スポーツ的環境の東京に集中しすぎる。
⑩スポーツの種類が多すぎる。

⑪体協・競技団体に財源がない。
⑫政府のスポーツ政策が十分でない。

以上の日本スポーツの欠陥を指摘した大島は、まずはスポーツに「科学」を導入したトレーニングを推進した。それまで融合することがなかったスポーツ界とスポーツを研究する学者たちを組織化し、「スポーツ科学研究委員会」を発足させた。

同時に大島は、日本体育協会や競技団体が中心となって選手を養成する組織の確立と協力を要請した。また、都道府県体育協会との協力体制のもと、選手の発掘と育成、専任強化コーチのコーチャー制度の確立を勧めた。その上で、戦時中から築いていた海外情報収集ネットワークを駆使し、西ドイツ、イギリス、ソ連、ポーランド、アメリカなどから、世界の著名な各競技のコーチや学者を次々と招聘し、選手強化に着手したのだった。

そして、東京オリンピックへ向け、選手強化対策副本部長の大島は本格的に動き出した。三年後の一九六三（昭和三十八）年四月には本部長に就任することになる。

第五章

東京オリンピック

1

岡山県倉敷市のJR倉敷駅前近くの喫茶店――。

一九三〇（昭和五）年生まれ。故郷・倉敷市でいまも執筆に余念がない、早稲田大学名誉教授の窪田登《みのる》を訪ねた。私が窪田を前にするのは実に三十年ぶり。早稲田大学体育局教授時代、国立競技場内のトレーニングセンターでの取材以来だった。「当時と比べたら、少しボケが入ったかもしれない」と苦笑いを浮かべ、取材に応じた。

「あの東京オリンピックは忘れられつつあるし、あなたから電話をもらったときは嬉しかった。それも大島鎌吉《けんきち》さんについてだからね。いまの日本体育協会の幹部たちも知らないと思うが、大島さんのお陰で東京オリンピックは成功した。あなたの言う通りで、大島さんの代名詞は『東京オリンピックをつくった男』だね……」

窪田が初めて大島に会ったのは、一九六〇（昭和三十五）年の第十七回オリンピック・ローマ大会終了後だったと記憶している。ウエイトリフティング（重量挙げ）のライトヘビー級に出場し、七位の成績でイタリアから帰国した九月末。三十歳のときで、場所はお茶の水の日本体育協会だった。その年の一月に東京オリンピック選手強化対策本部副本部長に就き「スポーツ科学研究委員会」を発足させた大島は、窪田を前に言った。

「四年後の東京オリンピックでは絶対にいい成績を上げなくてはならない。そのためにローマ・オリンピックにはスポーツ科学研究委員会のメンバーを派遣して調査させた。その結果、いい成績を上げている国はウエイトトレーニングやサーキットトレーニングを積極的に導入していることが判明した。君は以前に『ボディ・ビルディング入門』を出版しているし、サーキットトレーニングについても研究していると聞く。そこでお願いしたいんだが、スポーツ科学研究委員会のメンバーとして協力してほしい。若い君の指導力が必要だ。これから会議があるんだが、君にも出席してほしい……」

もちろん、窪田はスポーツ科学研究委員会については知っていたし、できれば自分もメンバーに加わりたいと思っていた。そのため即座に「異論はありません。よろしくお願いします」と言い、大島を前に鍛えた分厚い胸を突き出した。ただし、一つだけ心配事があった。あえて大島に尋ねた。

「たしかにぼくは、初めて五年前に小藤書店から『ボディ・ビルディング入門』を出版しました。

しかし、本を出版するのはアマチュア規定違反でプロ行為だと批判され、ウエイトリフティング協会の査問委員会にかけられました。そんな自分がメンバーに選ばれてもいいんでしょうか？」

　それに対し大島は、渋い顔を見せて言った。

「そういった石頭のわからず屋が、この日体協にはゴロゴロいる。だから、日本のスポーツ界はダメなんだ。本の出版は立派なスポーツ普及活動の一つで、プロ行為とはいえない。まあ、その点は心配することはない」

　窪田は遠い日を振り返り、大島についての思い出を語った。

「当時の日本スポーツ界の指導者たちは、古いしきたりに縛られていて、選手には『水は飲むな、水泳はするな』と言う。いまのアスリートが聞いたら呆《あき》れてしまうんだが、そういった風潮がまかり通っていた。いくらぼくが科学的な筋力トレーニングなどを提唱しても、『スピードがなくなる』『柔軟性が失われる』『心臓によくない』『早死にする、病死する』なんて言われた。

　そういった点においては、大島さんだけは違ったね。常識のウソというか、間違った考えを完全に御してくれた。東京オリンピック開催が決まると、次々と科学トレを提唱するだけでなく、海外の一流コーチを招聘してくれた。その成果が東京オリンピックで発揮されてね、成功した。大げさではなくて、大島さんがいなかったら日本のスポーツ界は世界から取り残されていた。すべては東京オリンピックの成功で日本スポーツ界は進歩することができたしね、大島さんの功績は大きい……」

　そう語る窪田に、私は持参した『東京オリンピック選手強化対策本部報告書』（財団法人日本体育協会、一九六五年）を見せた。

巻頭の約四十ページで構成されたグラビアページを、窪田は次々と捲《めく》った。そこには選手強化対策本部室の椅子に座る大島の写真、窪田自身が講師役を務めたウエイトトレーニングの講習会の写真も掲載されていた。懐かしむように問わず語りに話し続けた。

「このように大島さんは細身でね、写真では怖そうに見えるんだが、実際は温厚な人物だった。まあ、ぼくもこのように若かったし、この写真は各競技のコーチたちにウエイトトレーニングの方法を指導しているところだね。当時のスポーツ科学研究委員会の活動は、この写真を見てもわかるんだが、科学的にデータを分析していた。この写真はエチオピアのマラソン選手、ローマと東京で金メダリストになったアベベだね。来日したときに室内でランニングをする、トレッドミル走による持久力測定をしているところなんだが、アベベ自身も驚いたんじゃないかな。身体中にコードを付けられて、いろいろと調べられたんだから……。こっちの写真は自転車エルゴメーターによる持久力測定をしているところだね。よく新聞記者やカメラマンも取材に来ていたんだが、彼らもスポーツと科学が融合するとは思ってもいなかったし、初めて見る光景に驚いていた。

そうだね、東京オリンピックまでの四年間は、スポーツの現場と科学が一体となってトレーニング理論、方法論を模索していた。ドイツ人のカール・ディーム博士やラインデル博士、ロシア人のオゾーリン博士やレツノフ博士、アメリカ人のホフマン博士やキュアトン博士たち……。大島さんの招きで哲学、生理学、教育学を専門とするコーチたちが次々と来日した。初めて競技別のコーチ制度も発足し、ぼくはウエイトリフティングの強化コーチになった。二十年間くらいかけてする研究をたった四、五年でこなして、それで結果を出したんだから、当時はすごいことをやっていた。

そんな感じでね、ぼくたち委員会のメンバーは必死だった。メダルを獲れなかったらどうしよう、少なくとも六位以内に入賞させなければ責任問題になりかねないという、強い信念で任務を遂行していた。ここにメンバーが載っているが、委員長は都知事だった東龍太郎さんの弟の東俊郎さん。もう、ぼくらスポーツ人にとっては大変な人物で『日本体力医学会』の初代理事長でね、大島さんとはとくに仲がいいと聞いていた。顧問が東大医学部教授の福田邦三さん、幹事が加藤橘夫さんと黒田善雄さん……。錚々《そうそう》たるメンバーが名を連ねていた。体力管理部会、技術部会、心理部会、トレーニング部会の四つの部会があり、ぼくはトレーニング部会に配属されていた。大島さんは『選手強化5ヵ年計画』を発表していたしね。その大事な核となった部署がスポーツ科学研究委員会だった……」

その大島が打ち出していた「選手強化5ヵ年計画」とは——。

『東京オリンピック選手強化対策本部報告書』から抜粋したい。

《オリンピック東京大会に備えて日本の選手を強化するには、強化対策本部はいうに及ばず、オリンピック大会に関係する二十競技団体に共通する理念がなくてはならない。五ヵ年にわたる強化過程においてはいろいろな問題が起こることは当然であるが、そこには信条がなくてはならない。精神的基調が打ち立てられたのはそのためである。

A・「日の丸を上げよ！」という純粋な国民感情に応えて、それに応えるに相応《ふさわ》しい強い選手をつくる。

B・ホストの国の選手として、お客である外国選手をもてなすに足る強い選手をつくる。

何よりも大切なことは、我々の代表である日本の選手が、世界各国から参加してくる若い強い競技力に伍して、スポーツマンらしく正々堂々と戦うことである。このことは、内に向かっては純粋な国民の感情に応え、外に向かっては、お客を迎える主人としての役割を果たす意味で、選手ばかりでなく、日本のスポーツ界の義務であり、責任でもある。

選手強化の責任は、一に競技団体にある。言論界でも政府でもなければ、マスコミや見物人でもファンでもない。どんな場合、どんな環境であろうとも、最後の責任を負う者は競技団体であり、コーチである。

また責任の回避は許されない。「何とかして日章旗を上げよ！」という国民感情を審判者として、その前に立っているのである。それにもう一つの責任がある。競技団体は遠来する諸外国の選手に対し、我々の選手にホストの役割を委ねている。ホストの責任は——東洋の美風であるが——最後まで座を持ってもてなすことである。すなわち、競技では決勝まで残る。予選で落ちることは非礼であり、許されないことである。》

これを「選手強化の精神的基調」とし、大島は次のように年度別に強化の目的を掲げた。

・一九六〇年度＝第一次基礎準備期（①本部組織機構の確立、②コーチ制度の設置、③トレーニング・ドクターの配置、④スポーツ科学研究の基礎固め、⑤一般的強化と新人発掘）
・一九六一年度＝第二次基礎準備期（①トレーニング思想の確立、②身体づくりの展開、③国際交流の実施、④立地条件の整備）
・一九六二年度＝第一次本格的強化活動期（①身体づくりの積極的実施、②海外事情の調査、③精神教育の実施、④トレーニング用器具・用具の整備）
・一九六三年度＝第二次本格的強化活動期（①体力と技術の融合、②重点的英才教育の実施、③東京国際スポーツ大会＝プレオリンピックでの実力評価、④トレーニング・センターの確保、⑤健康管理の実施）
・一九六四年度＝仕上げ期（①臨戦体制の確立とオリンピック代表選手団結成準備、②仕上げ期トレーニングの実施、③健康管理の実施）

この『選手強化5ヵ年計画』に加えて、さらに大島は各競技団体別に、東京オリンピックまでの五年間の強化体制と目標を掲げさせた。たとえば、日本陸上競技連盟は「オリンピック強化指導本部」を設置し、五年間の強化計画を次のような趣旨で行うことにした。

①全国高等学校体育連盟、全国大学陸上競技連合、日本実業団陸上競技連合を貫く指導方針に基づいて強化すること。
②東京オリンピックまでを前半（一九六〇年～六二年春）後半（一九六二年春～六四年春）に分けて選

手強化に当たる。前半を主として身体づくりの期間とし、後半を仕上げの期とする。
③オリンピックチームならびにオリンピック候補選手の訓練の徹底化を図る。
④国際競技経験を豊富にし、戦える選手をつくるために海外遠征、国際競技を実施する。
⑤コーチの指導力を強化する（海外遠征）。
⑥トレーニング・センターを整備する。
⑦科学的研究ならびに科学的設備の整備拡充を行う。
⑧外国事情を調査研究する。

以上の八項目の計画を実施するために、日本陸連はオリンピック選手強化指導本部を設置するだけでなく、その下に強化委員会、指導委員会、研究委員会を置いた。

この日本陸連の強化計画は他の各競技団体の手本となり、スポーツ科学研究委員会と連携し、選手強化を図った。

スポーツの現場と日本体育学会から選ばれた四十七人体制のスポーツ科学研究委員会は、窪田が語ったように、①体力管理部会、②技術部会、③心理部会、④トレーニング部会の四部会に分かれていた。当然、部会と委員会の各会議は定期的に開かれ、その成果や方向性は、大島や田畑政治たちが編集委員を務める機関誌『ＯＬＹＭＰＩＡ』（隔月刊誌、一九六〇年七月一日創刊、編集部代表・広瀬豊）で随時報告された。この『ＯＬＹＭＰＩＡ』には毎号『東京まで後７００日！』『東京まで後30日！』などと表示し、大会を盛り上げた。いまでは珍しくないが、大会開催までの日数を入れた標語を最初に考えたのは大島である。

　また、スポーツ科学研究委員会のメンバーは、全国各地に出向いて講習会を開催し、指導者育成に努めた。これは地方に埋もれている優秀な人材発掘にもつながった。いうまでもなく大島も寸暇を惜しまず講習会や講演会に出向く一方、海外のスポーツ事情を把握し、著名なコーチを招聘するなど、東奔西走の毎日を送っている。

　もちろん、海外遠征での合宿や国際大会出場を繰り返さなければならない選手強化には、多額の国税が投入された。東京オリンピック招致が決まってから開催までの五年間の総経費――ビール大瓶一本百二十五円、牛乳一合十八円、ワイシャツ一枚のクリーニング代四十五円ほどの時代に、組織委員会と選手強化の直接費は約百二十五億円にも及んだ。そのため国会で公聴会が開かれたときだ。社会党の女性議員が「選手強化は血税を使いすぎます」と指摘してきた。その意見に対して大島は、こう説明した。

「ジェット旅客機の操縦士の過ちで、仮に富士山に突っ込んだとしよう。すると一瞬で一機三十億円と、尊い人命が失われます。国民の士気が上がるオリンピックで、この程度の金額は使いすぎとはいえないと思います……」

　そう言った瞬間、与野党の男性議員たちから「大島君の言う通りだ！」という賛同の声が飛び、「選手の食費は足りるのか？」「メダルはどれだけ獲れるんだ？」といった激励の声も上がった。

　しかし、大島の考えと、当時の内閣や文部省、日本体育協会、ＪＯＣが示す見解とは必ずしも一致しているとはいえなかった。常に大島は権力側と対峙する運命にあったといってよい。

その時期、一九六一（昭和三十六）年六月。当時の政府は「スポーツ振興法」を制定した。が、それは三年後に開催される東京オリンピックを控え、付け焼き刃的に議員立法で成立させたにすぎなかった。

当然、このときも大島は黙認することなく「蜃気楼的立法」「インスタント的法律」と批判して敢然と異議を唱え、文部省や日本体育協会に具申している。

「ドサクサまぎれに立法化しても、将来のためにはならない。一歩前進程度でお茶を濁しただけだ。高度経済成長時代を迎えるに当たり、少なくとも『工業化に起因する国民疾患の累増を防ぐための法律である』という一句を付け加えるべきだ。もっと世界に目を向け、主要国のスポーツ政策に倣《なら》うべきではないか……」

この大島が唱える一句には深い意味がある。それというのも一年前の一九六〇（昭和三十五）年七月——極秘のうちに閣議で日米新安保条約を批准したことが国民の反感を買い、内閣支持率が一割台に落ちた首相・岸信介を筆頭とする内閣は退陣した。その後を引き継いで首相となった大蔵官僚出身の池田勇人は、国民の不安を払拭するため、経済発展を優先した政策「国民所得倍増計画」を発表。敗戦国日本はひたすら高度経済成長時代への道を進むことになった。

しかし、その政策は国民の生活水準アップを考えたものとはいえ、けっして国民の幸せな生活を思ってのものとはいえなかった。なにせ国民の健康を考えてのスポーツ政策は何一つ打ち出さず、無視していたからだ。

そのような経済優先の政治の流れを読んだ大島の具申だったが、とくに文部省体育局の役人たちは聞く耳を持たなかった。

――このスポーツ振興法によって国民がスポーツに注目し、オリンピックが成功すればいい。大事なのはオリンピックに向けてのムードづくりだ。

という論調だった。要するに、内閣・政治家も文部省も日本体育協会も場当たり的で、大島の先見の明を理解できず、オリンピック開催と、その成功のことだけしか考えていなかったのだ。

――オリンピックに浮かれるばかりで、まったくスポーツの本質を理解していない。

そう思った大島は、この頃から事あるごとに次の言葉を口にする。

「技術革新のマイナス防止を怠るな。怠る偸安《とうあん》を許すな！」

そのためだろう、大島は各地で開催する指導者講習会などに招かれるたびに、所得倍増計画のみを国民に強調する、政府の生ぬるいスポーツ政策を欧米各国と比較して批判した。

その指導者講習会での速記録が私の手元にある。速記・記録したのは、山梨県の都留文科大学体育学教員の一木昭男。一九六二（昭和三十七）年二月十六日に山梨県教育委員会が主催した「青少年スポーツ活動リーダー講習会」で大島が講演したときのもので、政府に対する苛立ちが伝わってくる。抜粋して、紹介したい。

《……体育・スポーツ振興は、社会国家のもっとも大きな仕事である。これは国や地方でも実施されていることであるが、はたして日本のスポーツおよび体育が他国に対して優れているか。他国と比較して普及しているかどうか。さらに政府が体育・スポーツの振興のために力を入れているかどうか。一般大衆の関心があるかどうか……。

まずヨーロッパの西ドイツでは、終戦後から直ちにスポーツ政策が実施され、とくにローマ・オリンピック大会後は、スポーツ振興黄金計画《ゴールデンプラン》として、十五ヵ年計画で子どもたちがスポーツができるような条件を整えるべく、プールや体育館、運動場の整備計画を立てて実施してきた。今年はその三年目であるが、その計画は膨大なもので、一日一億円かけて子どもたちの広場作りのために、政府・市町村が援助し、ドイツに新しい体育設備を作り、人々の健康と幸福のために最善を尽くしている。

ヨーロッパの動きは、さらにイギリスでも青少年のために運動場を作る動きが起こり、イギリス・レクリエーション協会が主となり、昨年度からこれも一日一億円で計画実施されている。フランスは、この面ではなっていなかったが、ローマ・オリンピックで一個も金メダルが獲得できず、その成績はフランス栄光のためには惨めなものであるとし、国会の問題として取り上げられ、フランス国民の体育振興は大統領ドゴール自身が指揮し、選手強化を始めている。社会主義国家はすでに早くから実施し、共産主義国家のソ連や中共は建国の当初から、体育・スポーツの振興は国家の中心として打ち出している。東ヨーロッパの諸国でも体育・スポーツが政策化し、実施され、現在は非常な勢いで進んでいる。

アメリカはどうか。昨年から本格的に動き出し、ケネディ大統領はフロンティア精神により、青少年を鍛えろと言っている。ケネディが大統領になる一ヵ月前に、彼は論文を発表している。その論文によると、身体育成については、古くギリシャの古代オリンピック精神から説き起こし、ギリシャの体育や歴史を紐解き、その精神でアメリカの青少年を鍛えるといっている。現在のアメリカのひ弱い青少年では、先輩たちがつくったアメリカ文化を担っていくことはできない。それは朝鮮戦争で痛烈に打ちのめされてはっきりしたため、昨年五月になって、青少年身体適性委員会が設けられた。さらに大統領の諮問機関として、七月には学校に対して勧告している。すなわち各州の教育委員長、大学体育教官、社会レクリエーション関係者、各学校の教師にアピールしている。今後のアメリカの計画は、そのアピールにより、学校においては体育プログラムを出し、さらに新聞・ラジオ・テレビなどのマスコミにも協力させ、また映画俳優にも協力させることなども考えている。このケネディ大統領のメッセージについては、今月発行された『OLIMPIA』に掲載されているためぜひ読んでいただきたい。

この点、日本の池田首相はどうであろうか。体育・スポーツに関心はあるようだが、このケネディ大統領ほどの意気があるかどうか。いま培われている世代の子どもたちの体力がなければ、次の世代は駄目になるということを知っているかどうかは疑わしい。世界の心ある国はすべて、その方向に向かっていることを認識していただきたい。》

この指導者講習会を企画した元オリンピック選手の飯室芳男によれば、まさに壇上から口角泡を飛ばさんばかりに語ったという。講演のテーマは「選手強化の意義と青少年教育におけるスポーツの地位と、我が国の選手強化の現状と問題点について」とし、質疑応答を交えて約三時間にわたって語った。

この大島の講演速記録を読んでいて興味深いのは、明治時代に来日した「お雇い外国人」の、あの『ベルツの日記』で有名なドイツ人医師のエルヴィン・フォン・ベルツにも言及していることである。ベルツについて、次のように講演で語っている。

《現在の東京大学の招聘によって来日した、ドイツのベルツ博士の「日本の教育界に思う」という講演がなされている。ベルツは日本の医学の進歩や東大医学部の創設や明治天皇の主治医として、約三十年間日本文化の発展に貢献した人である。彼は「日本の大学生や上流階級の人々は、外国文化を吸収することに対しては一生懸命であるが、しかし、彼らは自分の体については、何一つ考えていない。さらに日本の婦人を見ると、体育は何一つしていない。そして体は弱く、こんな弱い体では強い子どもを産むことはできない」と述べている。そして、日本体育協会の創立を勧め、それが国民の体育スポーツを興して、体を強くする方法を勧めている。》

大島が述べるように、ベルツは一八七六（明治九）年に日本政府の招聘で来日し、東京医学校（現・東京大学医学部）で教鞭を執って以来、約三十年にわたって日本に滞在して、日本に近代スポーツなどを伝えて影響を与えたお雇い外国人であった。自ら剣術や弓術などの武道を実践。明治政府の伊藤博文や大隈重信たち要人に「スポーツの医学の効用」を説くだけでなく、婦女子を含む一般国民に体育＝健康の意義を唱えてスポーツを奨励した。とくに青少年にスポーツを推奨し、ヨーロッパに倣って日本もスポーツを統轄する体育協会を創設すべきだと、交流のあった嘉納治五郎に提言していた……。

しかし、日本体育協会が発行するあらゆる文献を手にしても、日本の近代スポーツ発展に陰ながら貢献したベルツについて記述されたものは皆無である。紹介されているのは欧米のスポーツ――陸上競技、テニス、サッカー、ラグビー、野球、ボート、水泳、スケートなどを日本に紹介したお雇い外国人たちだけである。彼らはベルツのように長期間にわたって日本に滞在することなく、短期間で帰国している。たとえば、一八七八（明治十一）年に札幌農学校（現・北海道大学農学部）は、第一回遊戯会を開催している。これは、屋外でのスポーツを奨励した、あの「少年よ、大志を抱け」で知られるウィリアム・スミス・クラークの置き土産である。が、彼の日本滞在期間は八ヵ月間であった。

2

東京オリンピック選手強化対策副本部長の任務を遂行しつつ、大島は同時に念願の日本スポーツ少年団創設にも奔走していた。

東京オリンピック招致が決まる五ヵ月前。一九五八（昭和三十三）年暮れに大島は、「オリンピック・メダリスト・クラブ」のメンバーや自民党の若手議員たちを従え、当時の首相・岸信介の私邸を訪問して、五年後の東京オリンピックを成功させるには若い力が必要であり、早急にスポーツ少年団を結成することを訴えた。それが奏功し、早くも日本スポーツ少年団創設の呼び水として国は、大島たちが提示した七千万円の額には及ばなかったが、翌年度予算で四千七百万円を計上している。

ところが、予算が計上されたものの、文部省は日本スポーツ少年団を創設させるための具体的な動きは見せなかった。単に従来からある指導者養成研修費に盛り、都道府県の教育委員会に補助金として分配するだけだった。『日本スポーツ少年団30年史』(財団法人日本体育協会、一九九三年)によれば、当初の文部省は、青少年のスポーツ活動を推進するのは国の役目ではなく、地域が組織化すべきだという方針を打ち出し、都道府県の教育委員会に「少年団をぜひ組織化してほしい。スポーツクラブのようなものを作っていただきたい」と呼びかけるのみだった。

要するに文部省は地方自治体に丸投げし、具体的な動きは見せなかった。スポーツ振興法を制定したときと同様に、「東京オリンピック開催へのムードづくりをすればいい」という考えだった。そのため大島は、文部省と激しく対峙することになる。


東京・新宿から小田急線電車に乗り、二十分ほどで行ける東京都狛江市。ドイツから帰国中の高橋範子の実家で、彼女の知人でもある当時の文部省体育局指導主事・阿部三也夫に会った。日本スポーツ少年団創設メンバーの一人である阿部は、いまも大島についてはっきりと思い出すことができる。

一九六一(昭和三十六)年。日本体育協会創立五十周年を迎える前年だ。五十周年記念の事業の一つとして、ようやく文部省は重い腰を上げて日本スポーツ少年団創設に乗り出していた。三十二歳だった阿部は、お茶の水の日本体育協会に出向し、二階の小部屋に設けられた「日本スポーツ少年団設立準備室」に詰めることになった。

そのような阿部は、たびたび大島と会話を交わした。

「君はスポーツ少年団創設をどう考えているのかね？」

「はい。もっと早く創設すべきではなかったかと思われます」

「ほう、そう思っているのか。文部省の役人とは違う考えだね」

「私としては、スポーツ少年団が軌道に乗ったら、次はスポーツ青年団を発足すべきだと思います……」

「その考えは、体育局の西田君（泰介、オリンピック課長）や松島君（茂善、スポーツ課長）たち、他の役人連中も同じかね？」

「いや、違います。そのことを口にすると怒られますから……」

「まあ、役人連中はそんなもんだ」

大島は、ふんと鼻を鳴らして言った。

毎日のように日本スポーツ少年団設立準備室に出向くうちに、東京学芸大学出身の阿部は、日本体育協会内における大島の立場を理解することができた。ときには先輩・後輩の関係だけを重んじた力関係、スポーツ界独特の醜い姿を垣間見た。そこには学閥と派閥が跋扈《ばっこ》し、外様《とざま》である関西大学出身の大島に対し、とくに日本陸連の幹部の中には、その細身の身体と風貌から「あのカマキリが！」「何でも反対のアカ」と揶揄する者もいた。また、日体協を管轄する文部省体育局内でも「大島」の名を口にするだけで厭《いや》な顔を見せ、「ドイツのスパイが！」とあからさまに口にする上司もいた。

もっとも大島自身も黙ることなく、容赦なく批判し、大声で怒鳴りつけることもあった。

「何を言うか、このこっぱ役人の馬鹿野郎！」

そのたびに驚く阿部は、大島の存在が気になった。いったい、この人は何者だろう……。

また、当時の大島は、日教組（日本教職員組合）の幹部や、進歩的知識人を標榜する文化人たちから、「大島は、ヒトラー・ユーゲントの日本版を作ろうとしている」「オリンピック開催は早すぎる」などと批判されていた。が、大島本人はまったく意に介さず、「ペダンチックな連中を相手にしていたら前進はない」と言って無視することが多かった。が、ときには彼らと顔を合わせることもあった。東京オリンピック終了後、大島は次のように言っている。

「なぜかぼくが行動を起こすと、周りが騒ぎ出す。東京オリンピック開催直前まで、日本の文化人の一部が開催に反対していた。その人たちは、諸条件が整わなければオリンピックは開けぬと言った。曰《いわ》く食糧問題の解決。曰く老朽学校や橋や道路の整備。そして、オリンピックは一握りの人間が引っ張ってきたのだと言った。その人たちとぼくは議論し、ときにはケンカもした。大事業は何もかも揃って初めてやれるもんじゃない。第一、何もかも揃う世の中なんかない。戦後の事情を考えてみるがよい。食べる物がなく、飢餓で倒れたり、働けば病気になる時代が長く続いた。それが現在はどうだろう。当時に比べると天国みたいだ。ただ慢性の欲求不満があるだけだ。そういったことを言うと、彼らは屁理屈を言ってくる。

ところが、オリンピックが済むと、すっかり黙ってしまった。前に言ったことを忘れたような顔をしている。この人たち一部の文化人を、ぼくは鉛筆女郎と呼んでいる。あるときは右、あるときは左と言っては話し、書く。まったく思想に一貫性がない……」

大島に「君は役人らしくないな」と逆に笑われた阿部は、私を前に日本スポーツ少年団創設当時のウラ事情を披露した。

「当時を振り返れば『よくぞあのときの大島さんは我慢したなあ』という思いです。それというのも、大島さんは真剣に将来の日本を担う青少年のことを考えていた。ところが、当時の文部省の考えは、日本スポーツ少年団を創設することは単なる見栄からだった。つまり、日本には海外のようなスポーツクラブも、青少年スポーツを推進する組織もなかった。そのため、東京オリンピックの開催のときに来日する海外のスポーツ関係者たちから『日本にはスポーツクラブも組織もないのか』と馬鹿にされないため、形だけでもいいからスポ少を創設したかった。だから、文部省側は、大島さんの言動に対し『なんだあいつは』という感じでね、常に目の敵にしていた。

たとえば、大島さんは当初『日本オリンピック少年団』の名称にしたかった。少年団は単にスポーツをやるだけでなく、オリンピック精神のもとに、広く社会貢献などもすべきだといってね。ところが、文部省側は『そんな名前にしたら、まるで大島が作ったように思われてしまう』と言って、名称を『日本スポーツ少年団』のままでいいと、譲らなかった。もちろん、大島さんも黙ってはいなかった。スポ少が創設された後だったが、『根本の理念、哲理なくして少年団の発展も進歩もない』と言って、文部省抜きで独自にブレーンの学者たちを集め『哲理作成委員会』を発足させた。それで箱根のホテルに一週間ほど泊まり込み、『期待される少年像』を念頭に置いて日本スポーツ少年団の哲理と理念を書き上げた……」

五十年前の遠い日を振り返る阿部の脳裡には、次々と思い出が蘇ってきたのだろう。一拍置き、続けて言った。

「私も箱根のホテルに泊まり込んだ一人だったんだが、文部省体育局の上司にバレちゃって『お前は大島の味方か。何を企んでいるんだ！』と怒鳴られた。まあ、そのことを知った文部省はカチンときたんだろう。大島さんたちに対抗するため、真似て『期待される青少年像』とし、哲理や理念を作成した。しかし、内容がイマイチでね。大島さんたちの『期待される少年像』の哲理と理念のほうが、当時の文部大臣に絶賛された。現在の天皇陛下が皇太子時代、師父だった小泉信三さんも大変評価し、皇太子も興味を持っていらっしゃるということだった。そこで初代の日本スポーツ少年団本部長に就任した元皇族の竹田恒徳さんと私が、一緒に宮内庁に出向いたこともあった……。

もう半世紀も経ってしまったが、当時の文部省は東京オリンピックを成功させるための道具として、日本スポーツ少年団を創設させただけだった。オリンピックを終えた後はどうなってもいいという考えでね。西田泰介さん（オリンピック課長）に私は、『少年団の団員が二十万人になったら、あなたは事務局を辞めてもいい』と言われていたほどだった。ところが、大島さんが予想していた通り、たったの四年で団員は二十五万人にも増え、少年団数も一万を突破した。先を読んでいた大島さんの構想と、文部省の付け焼き刃的な考えとはかけ離れていた……」

日本スポーツ少年団が創設されたのは、一九六二（昭和三十七）年六月二十三日。この日は、六十八年前の一八九四（明治二十七）年にクーベルタンがパリの国際会議でオリンピック復興を決定させ、IOC（国際オリンピック委員会）が発足した記念すべき「オリンピックデー」だった。お茶の水の日本体育協会内に本部が設置され、二十二団（団員数七百五十三名）のスポーツ少年団が産声を上げ、東京・新宿の厚生年金会館での日本体育協会創立五十周年記念式典の際に紹介された。初めて結成された東京と埼玉のスポーツ少年団員たちが参列し、初代本部長の竹田恒徳から、東洋レーヨン（現・東レ）が製作・贈与した日本スポーツ少年団旗と制服などが授与され、式典後は銀座をパレードした。

先に阿部が語った「哲理作成委員会」が設けられたのは、それから一年二ヵ月後の一九六三（昭和三十八）年八月二十三日。日本スポーツ少年団本部委員会のときだった。『日本スポーツ少年団30年史』によれば、その席上で大島が提唱している。前年の設立当初は、「スポーツ少年団とは、どんなもので、どうして作り、どんなことをするか」の趣旨を単に説明する文書を全国の関係者に配布しただけだったからだ。

まず大島は、次のように切り出した。

「スポーツ少年団の一層の発展を期するためには、スポーツ少年団はどうあるべきかという哲理ならびに、その展開の方法などについて、徹底的に究明されなければならない段階に入りました」

そう発言した後、さらに続けて言った。

「哲理は、あたかも社《やしろ》の中の神像です。神像が入って初めて社になると同じように、揃いの洋服を着せたとか、靴を履かせたとかという外見だけで、スポーツ少年団は成り立ちません。その中には魂がなければなりません。その魂をつくる。そして、魂が動き出す。（中略）スポーツの哲学は普遍妥当性を持つものであろうと思います。しかし一方、我々は民族の危機を感じております。スポーツ少年団運動は、スポーツの哲理を腹の中にしっかり叩き込んでこそ、新しく起こる国民運動になると思います……」

この大島の提唱により、さっそく哲理作成委員会が発足した。大島のブレーンである元成城大学教授の教育評論家・森徳治を座長とし、日本スポーツ少年団副本部長に就任した野津謙《ゆずる》（日本サッカー協会会長）、飯塚《めしづか》鉄雄（東京都立大学教授）、上田幸夫（東京学芸大学附属小学校教諭）らが名を連ねた。『日本スポーツ少年団30年史』には、その他に大学教授や文部省の役人もメンバーに入っていると記述されているが、阿部によれば、哲理作成会議は文部省抜きで隠密裡にホテルに泊まり込んで行われたという。大島とともに日本スポーツ少年団創設に奔走した野津は、後に哲理作成委員会について次のように述懐している。

「あるときは箱根で、夕方から朝の三時、四時までぶっ続けで討論したこともあった。いったいスポーツの本質とは何ぞや、それぞれの体験、学問的なことも全部話し合った。『スポーツ少年団の少年を指導するのに、スポーツの本質を話すことが必要なのか?』という問題もあったが、『スポーツをやらせるには、スポーツの本質を考えてやるべきではないか』ということが我々の考え方だった」

ちなみに、医学博士でもある野津は、一九五五（昭和三十）年四月から二十一年間にわたり日本サッカー協会の会長を務め、初の「キャプテン会長」として、日本リーグを発足させるなど多大な業績を残している。大島との関係も密接だった。一九六〇（昭和三十五）年に、いまも「日本サッカーの父」と称されるドイツ人コーチ――当時の西ドイツ代表チームのコーチだったデットマール・クラマーを招聘できたのも大島の存在が大きかった。野津にクラマーを紹介したのはケルン体育大学に留学していた成田十次郎（読売サッカークラブ初代監督、元筑波大学教授）だったが、クラマーはカール・ディームを崇拝し、ドイツ語に堪能な大島を慕っていたのだ。

もう一人の哲理作成委員会のメンバー、一九二一（大正十）年生まれの飯塚鉄雄に会った。東京文理科大学（現・筑波大学）卒業後に、フルブライト大学院留学生として四年間にコロンビア大学とアイオワ州立大学を卒業。一九五六（昭和三十一）年九月に帰国した飯塚は、十三歳年上の大島とは鬼籍に入るまで付き合いがあり、晩年はよくゴルフを一緒に楽しんでいたという。

飯塚は私を前に「大島さんについての本を出版することは、日本スポーツ界にとっては意義のあることだ」と言い、当時を語った。

「そうだね。大島さんを筆頭に、野津謙さん、森徳治さん、本部総主事の高田通さん、若い阿部君、上田君たちもいた。たしか哲理作成委員会のメンバーは七人だったため、ぼくたちは映画の黒澤明監督の作品にちなんで『七人の侍』なんて言っていた。メンバー全員がそれなりの意見を持っていて、結論が出ないと、よく大島さんが大声を張り上げた。『そのまどろっこしい意見は何なんだ。もっとストレートに表現しろ。地方の指導者でも理解できるようにするんだ！』なんてね。でも、けっして大島さんは我々の意見を無視するようなことはしなかった。ぼくに対しては

『アメリカ式の合理的な考えではどうなるのかね?』などと言っては、意見を求めてきた。

大島さんは上の者よりも下の者の面倒をよく見ていて、ぼくたちは大島さんに会うときは『大島学校に行くぞ』と言っていた。その大島学校のぼくたちが五十年前に、日本スポーツ少年団を創設させて先導した。これはいまも誇りにし、自慢しているね。大島さんがいなかったら絶対できなかったし、とうてい文部省の役人だけでは創設することはできなかった。いまこうして話していて思うのは、当時の大島さんは東京オリンピックの仕事もあったしね。それを思うと、大島さんは迫力があったというか、ありすぎたね……」

こうして哲理作成委員会は会議を重ね、最終的に座長の森徳治が草案を執筆、起草した。

そして、翌一九六四(昭和三十九)年一月に『日本スポーツ少年団の哲理』と『日本スポーツ少年団の理念』は完成した。

その全文は約五万字にも及び、一字一句には少年たちに日本の将来を託す、大島たちの熱き思いが込められている。

阿部は、いまも大島の言葉を思い出す。

「よく大島さんは『スポーツにピラミッドは必要ない。スポーツをする者はいつも平等であり、底辺もヒエラルキーもない。矩形《くけい》なんだ』と言っていた。あの言葉は私の脳裡に焼きついている。あんなに苦労して少年団を結成しても、副本部長にもならなかった。出世欲のない、日本人としては珍しい、不思議なスポーツ人だった」

創設されてから二〇一二(平成二十四)年で半世紀の星霜を経た。スポーツ少年団は、いまでは誰もが知る組織として、少年たちのスポーツ＝健康の礎《いしずえ》となっている。

3

大島は休むことを知らなかった。否応なしに突っ走る日々を送っていたが、けっして平坦な道のりではなかった。東京オリンピック開催を一年六ヵ月後に控えた一九六三（昭和三十八）年春までの七ヵ月間には、次のような騒動にも巻き込まれている。

その前年の九月末だ。東京オリンピック選手強化対策本部本部長とオリンピック東京大会組織委員会事務総長を兼務していた田畑政治が、辞任を余儀なくされてしまった。これは、当時のオリンピック担当大臣の自民党代議士・川島正次郎の画策といわれ、組織委員会会長だった参議院議員・津島壽一との確執も一因だったといわれた。朝日新聞政治部記者出身の田畑は、東京オリンピック開催のイニシアチブを握っていただけに、政治家たちにとっては何かと疎ましい存在だったのだ。

そのような関係にあった田畑失脚の引き金は、その年の夏のインドネシア・ジャカルタでのアジア大会だった。当時のスカルノ大統領が暗躍するなど、参加・不参加が国際問題にまで発展。参加に踏み切った田畑は、スカルノ大統領と深い関係にあった川島ら政治家たちに、責任を押しつけられた格好で辞任に追い込まれてしまった。早い話が、スポーツの世界に政治家たちが土足で上がり込んできたといってよい。件《くだん》の政治家たちの後押しで、オリンピック東京大会組織委員会事務総長にはスポーツとは無縁の外務官僚の与謝野秀《しげる》が就任。本部長と事務総長の座を奪われた田畑は、単なる委員に格下げとなった。

しかし、周りの状況はどうあれ、任務を遂行していた大島にとって厄介《やっかい》だったのは、田畑辞任後は責任者不在となり、各競技団体の海外遠征計画などに支障が出てきたことだ。予算が通らず、滞ることもあった。なんと、年が明けて新年度を迎える時期が来ても、本部長の椅子は空席のままだった。

その理由は何だったのか――。

実は、もしもオリンピックが失敗した場合は、そのすべての責任を本部長がとらなければならず、当時の日本スポーツ界の重鎮たちに限らず、大物政治家も財界人も腰が引けた。誰もが「オリンピック」という肩書を欲していたが、二の足を踏んでしまうのだ。

そのため田畑の後を引き継ぐ者はなかなか出てこなかった。戦後から二十年弱、当時の日本スポーツ界はまだまだ脆弱であり、田畑や大島以外にリーダーシップを発揮できる、骨のある人物はいなかった。一時は、日本陸上競技連盟強化本部長であり総監督の織田幹雄が適任者といわれ、決まりかけた。

ところが、織田の先輩である早稲田大学競走部出身の自民党の河野一郎を筆頭とする「早稲田閥」の政治家や日本体育協会幹部、日本陸上競技連盟関係者たちまでもが躊躇《ためら》ってしまった。

――もしオリンピックで思うようにメダルが獲れず、失敗したらどうするんだ。織田に全責任を負わせるつもりか……。

早稲田大学競走部出身の織田は、戦前から陸上競技界に限らず、日本スポーツ界の「象徴」であり「神様」とまでいわれていた。一九二八（昭和三）年の第九回オリンピック・アムステルダム大会で、三段跳で初めて日本に金メダルをもたらした功労者であり、国民誰もが知るアスリートであったからだ。国立競技場のフィールド内に金メダル記録と同じ長さの、高さ十五メートル二一のポールが立っているが、それは「織田ポール」と称され、ＮＨＫに隣接している代々木公園陸上競技場もまた「織田フィールド」といわれている。

そのような織田を本部長に祭り上げた場合、失敗は絶対に許されなかったわけだが、もう一つ理由があった。それは、たしかに指導者としては優れた才能を発揮していたが、グラウンド外での統率力や外交力などの実務においては、少なからず疑問視されていたからだ。

以上が、本部長がなかなか決まらなかった大きな理由だった。

もちろん、副本部長・大島の昇格も何回となく検討された。が、いざ決定の段階になると「待った」がかかった。その理由は単純で、いかに日本体育協会の中枢にある陸上競技界出身であろうとも、あくまでも大島は西の外様である関西大学出身だったからだ。その上に、物怖じせずに言いたいことをずけずけと口にし、ときには相手を刺激する言動に出る。そのため日本体育協会や日本陸連の幹部たちは、その存在を認めてはいたものの、許せない人物だった。

当時の日本スポーツ界は、東大・東京教育大（現・筑波大）・慶應大・早稲田大出身者によって主要なポストは占められていた。つまり、副本部長の大島に、それ以上の要職を与えることに我慢できなかったのだ。

しかし、本部長を任せることができるのは、やはり大島以外には見当たらなかった。何よりもすでに丸三年間にわたり、副本部長としての手腕をいかんなく発揮し、順調に選手強化を進めていた。当然、政治家や文部省体育局の役人たちは反対したが、最後は納得せざるを得なかった。東京オリンピックが失敗した際は「そのすべての責任を大島に押しつければいい」という結論に達したからである。

このことについて、後に大島は親しい関係者に言っている。

「本当は本部長になるのは織田さんだった。ところが、早稲田出の政治家や陸連の連中は、失敗したときのことばかり考えていた。織田さんは『鎌ちゃんがやりたがっていた』と言っていたらしいが、それは違う。ぼくは田畑さんに請われて副本部長の座に就いたのであり、他の連中に頭を下げてまで本部長にはなりたいとは思わなかった。だいたいあの時点では、金メダル獲得の目安はついていて、オリンピックを成功させる自信はあった。本音をいえば、事務業務がスムーズに進めば、誰が本部長になってもよかった……」

一九六三（昭和三十八）年四月二十四日。本部長の椅子が空席になってから、すでに七ヵ月が経っていた。ついに大島は、本部長に任命された。東京オリンピック開催まで残すところ一年半。大島は何も言わずに、二つ返事で引き受けたといわれる。

そして、東京オリンピック開催を十ヵ月後に控えた、一九六三年十二月十四日だった。

「日本の金メダル獲得目標数は、米・ソに続いて最低十五個です」

本部長の大島はそう報道陣を前に宣言し、記者たちを驚かせる一方で『選手強化四年のあゆみと、あと一年の対策』と題した強化白書を公表した。

さらに新年を迎えた一月二十八日。午後から開会された第四十六回国会参議院オリンピック東京大会準備促進特別委員会に参考人として出席し、「オリンピック決戦体制の確立」を報告する。あらためて「金メダル獲得目標数最低十五個」を力強く宣言したのだった。

もちろん、大島の宣言には根拠があった。

毎年のように大島は海外に行っていた。各国のスポーツ事情視察のためであった。たとえば、東京オリンピック開催二年二ヵ月後に迫った一九六二（昭和三十七）年七月十八日から九月二日まで、実に五十一日間にわたりヨーロッパに出向いている。フランス、スイス、イギリス、西ドイツ、ハンガリー、チェコスロバキア、ポーランド、ソ連を視察し、最後の一週間はジャカルタで開催されているアジア大会をも隈なく視察。ギリシャ、オーストリア、ノルウェーの現状もアンケート方式で調査していた。一方、スポーツ科学委員会幹事であり、選手強化対策本部常任委員の加藤橘夫を同時期にカナダ、アメリカ、メキシコ、ベネズエラ、ブラジル、アルゼンチン、ニュージランド、オーストラリアに派遣し、八月下旬にジャカルタでのアジア大会で合流して意見を交換している。

それらの海外視察で見聞した各国のスポーツ事情や、毎年開催された国際大会などでの記録などを詳細に分析した。また、オリンピック特集記事取材のため海外に派遣された新聞記者たちからも随時情報を得るなど、日本の強化方針を常に検討。記録を照らし合わせた結果、東京オリンピック開催の十ヵ月後を予測して、大島は「金メダル獲得目標数最低十五個」を宣言したのだった。

しかし、大島の宣言を真に受けた世界のスポーツ関係者は皆無だったといってよい。なにせ前回のローマ大会で獲得した金メダルはたったの四個だった。それも、すべて体操競技での獲得であり、たとえ新たに競技種目に加わる、お家芸の柔道（男子、四階級）とバレーボール（男女）で金メダルを独占できたとしても、計算上では十個。コーチとして招聘されて来日していた海外の指導者たちは、「メダル獲得確実なウエイトリフティングやレスリングの金メダルを加えても、せいぜい十個だろう」と言い、リップサービスとして「最大で十三個」と発言していた。

ともあれ、世界に打電された大島の宣言に対し、海外のスポーツ関係者は一笑に付し、信じるメディアは皆無であった。

たとえば、リヒャルト・ゾルゲが戦前に在籍していたことでも知られるドイツの有力紙『フランクフルター・アルゲマイネ』紙は大島を批判している。

その記事を現地で読んでいたのが、ドイツのヨハネス・グーテンベルク大学マインツ（通称・マインツ大学）の学生だった鴨下礼二郎だった。東京教育大学（現・筑波大学）時代に大学陸上選手権百十メートルハードルで優勝し、卒業後は大島の紹介で留学していた。

埼玉県入間市の小金井精機製作所の応接室。代表取締役副会長の鴨下は、私を前に「大島さんのことなら、何でも話しますよ」と語り、遠い日を懐かしむように振り返った。

「あのときの『フランクフルター・アルゲマイネ』紙は、これでもかというくらい大きく『Leichtsinn!』《ライヒットジン》（軽はずみだ！）という見出しを付けていた。つまり『オーシマは〝軽はずみ〟な公約をしてしまった』とね。それも記事は通信社からの配信で構成されたのではなく、二ページにわたる東京オリンピックに関しての特集記事でね。ドイツから派遣されたアーベルベックという記者が、大島さんに直接インタビューしたもので、たしか記事の内容は『道路をはじめとした競技場などの建設は、真面目な日本人なら必ず間に合わせるだろう。しかし、選手強化は突貫工事ではできない。体操・柔道・レスリングなどで金メダルを獲っても十個がせいぜいだ。十五個以上はオーシマでも無理な話だ……』というものだった。

だから、記事を読んだときは『えーっ！』と驚いた。もちろん、私自身も日本が十五個以上の金メダルを獲得するのは無理じゃないかと。アーベルベック記者と同じで、せいぜい獲っても十個くらいだろうと思っていた。それなのに、けっしてホラを吹くような人間ではない大島さんが『金メダル十五個以上だ』と言っていたんだからね。あの当時、ドイツのスポーツ関係者で大島さんを知らない人はいなかったが、あのときだけは記事を読んだ誰もが批判していた。『ケンキチはAngeber《アンゲーバー》（はったり屋）だったのか……』なんてね。大島さんのよき理解者であり、親友のマインツ大学教授のベルノ・ウィッシュマンだけは違った。大変心配していて、学内で私と顔を合わせると、『ケンキチは大丈夫か？』『ケンキチの宣言に間違いはないか？』と言っていたね……」

そう語る鴨下は、東京オリンピック開催前に帰国すると、真っ先に大島に尋ねた。

「先生、ドイツでは『日本が金メダル十五個獲得するのは無理だ』という意見が多いです。本当に獲得できるんでしょうか？」

それに対し、大島は苦笑いを浮かべて言った。

「鴨下君、ぼくは欧米の記録を調査し、実際にこの目で確かめている。それに二年前からぼくは、非公式だったが『最低十五個の金メダルは獲れるだろう』と言ってきた。ホストの開催国の日本は、そのくらい獲らないとわざわざ海外から日本にやってくる選手に失礼だしね。本音をいえば、十五ではなく二十三個と言いたいところだが、勝負事には運、不運がつきまとう。十五個は世界のスポーツ情勢を慎重に分析した結果の数字だ。開催すればわかる……」

この大島の言葉を聞いて、ようやく鴨下は胸を撫で下ろした。

「けっして大島さんは、根拠なしに発言する人ではなかったからね。私は『やっぱり、そうだったのか』と納得した。先見の明がある人で、物事に取り組むときは、常に組織的、理論的、科学的に追求し、感心してしまうほど用意周到に物事に対処していた。南部忠平さんに会ったら、『ケンちゃんは理屈っぽい。でも黙ってついて行くといいことがあるんだ。鴨下君、金十五は大丈夫だ。心配することはない』と言っていた。もちろん、その通りになって、十五を上回る十六個の金メダルを獲得した。大島さんは繊細でいて、太っ腹な人だった。ああいったコスモポリタンは、もう出てこない……」

そう言って鴨下は私に、マインツ大学時代の恩師であるベルノ・ウィッシュマンの著書『スポーツ　我が生涯を賭けての冒険』を手渡してくれた。この著書はウィッシュマン没（二〇〇一年九月）後の二〇〇三（平成十五）年、講談社から独立して株式会社陸上競技社を設立した広瀬豊の全面的協力で、鴨下が代表を務めたウィッシュマン自伝刊行会が出版したものだった。ドイツを代表する陸上競技選手だったウィッシュマンと大島は互いに尊敬し合い、二歳年下のウィッシュマンは、大島を「アジアのカール・ディーム」と称していた。

ページを捲る私を見つつ、鴨下は続けて語った。

「この本でもウィッシュマンは、大島さんとの思い出をいっぱい書いている。私はウィッシュマンがドイツから来日するたびに同行していたんだが、大島さんとは常にスポーツの思想や哲学、青少年育成や生涯スポーツなどについて話していた。話し足りないときは、いつも大島さんが『うちで話そう』と言って、世田谷区深沢の自宅に連れて行き、一緒に枕を並べながら横になってね、徹夜で語り合っていた。

たしか大島さんが亡くなって四年後の一九八九（平成元）年だった。和歌山で陸上のマスターズ大会があったときのパーティで、ウィッシュマンが挨拶する前に私に尋ねてきた。『ここではケンキチの名前を出してもいいのか？』ってね。要するに、日本陸上界における大島さんが異端児だったことを知っていたんだろうね。だから私は、陸連の幹部が来ていたため『いや、大島さんの名前は口にしないほうがいいです』と言ったら、笑っていた。もちろん、挨拶では大島さんについてはひと言も口にしなかった……」

穏やかな口調で思い出を語る鴨下は、東京オリンピックの翌年春に開校され、大島が副学長に就任した大阪体育大学の専任教員兼陸上競技部コーチに請われた。また、ウィッシュマンは大島没後も毎年のように来日し、鴨下を筆頭としたマインツ大学留学経験者とともに全国各地で指導に当たった。日本陸上界に多大な功績を残したため、いまも毎年夏に開催される「全国中学校陸上競技選手権大会」の四種競技（テトラスロン）種目の男女優勝者に「ウィッシュマン賞」が贈られている。これも「大島遺産」の一つだと、鴨下は語った。

さらに大島は、間を置くことなく新機軸を打ち出した。

東京オリンピック開催に向けて全国各地を駆け巡った聖火リレーも、大きな話題となった。四千百八十八人が聖火トーチを手にし、サポート役の副走者と随走者を加えれば聖火リレー参加者は実に十万人に及んだ。そのほとんどは明日の日本を担う高校生を中心とした若者たちであり、提唱したのが大島だった。

しかし、オリンピック東京大会組織委員会の当初の原案では、都道府県知事を筆頭とした各自治体の首長や議員、商工会などに所属する財界有力者、スポーツ功労者たちが優先的に聖火ランナーに選ばれることになっていた。

その原案に異を唱えたのが、大島だった。組織委員会内の総務委員会の席上で、一気にまくし立てたのだ。こう言った。

「この原案には絶対反対です。仮に、スポーツとは無縁のビール腹の大人たちが、パンツ姿で衆人環視の道路を走ったらどうなるか。あなたたちは想像したことがありますか？　世界中から集まる青年たちのスポーツの祭典が、開会する前にイメージダウンしてしまう。海外からも笑われるのは目に見えています。我々のような大人が大舞台の立役者になってもしょうがない。我々年寄りは沿道の両側に立ち、若者たちに『しっかりやれ！』『前を向いて走れ！』などと声援と拍手を送ればいいわけです。つまり、聖火ランナーは若者に任せればいい。ぼくはこの原案に反対します。異論のある人は反論してください……」

この大島の主張に、真っ先に手を挙げて賛成の立場をとったのが、田畑政治と野津謙の二人だった。組織委員会は事務総長の与謝野秀や文部大臣・愛知揆一を筆頭に国会議員、東京都知事・副知事、日本体育協会幹部、学識経験者、財界人、報道関係者ら二十二人で構成されていたが、とくに出席した長老たちは黙ってしまった。

そんな中で発言したのが、最終聖火ランナーに推されていた織田幹雄だった。それまでの組織委員会の意向では、織田による単独か、もしくは南部忠平と田島直人の三人による、最終聖火ランナーの案が出ていた。この三人は戦前のオリンピック三段跳「金メダリスト・トリオ」である。

一人挙手した織田は、次のように言ったという。

――まったく大島君の言う通りです。私も聖火ランナーの主役は、若者たちに限ると考えます。また、最終聖火ランナーに私や南部さん、田島君の名前も挙がっているようですが、あの国立競技場の百八十段以上ある階段を、私たちが駆け登るのは大変だと思います。そういったことを考えても、聖火ランナーは元気な若者たちに任せるべきです……。

大島と織田の発言に対する異論はなく、聖火リレーは若者中心で行われることになった。

もう一つ。この時期には、三ヵ月後に控えた東京オリンピックの選手団長を決めなければならなかった。候補にはＪＯＣ（日本オリンピック委員会）委員長の竹田恒徳を筆頭に、ＪＯＣ総務主事の青木半治、選手強化対策本部特別委員長の東俊郎たちの名が挙がり、最右翼は元皇族の竹田だった。しかし、竹田に限らず、青木も躊躇った。すでに大島が「金メダル獲得目標数最低十五個」

を宣言していたため、「もし十五個獲れなかったら……」という危惧があったからだといわれる。

七月二日。お茶の水から代々木に引っ越したばかりの岸記念体育館内の日本体育協会本部会議室。選手団長を選出する、東京オリンピック日本選手団編成小委員会が開かれた。予定通り、まずは竹田が推薦された。が、IOCやIF（国際競技連盟）の会議に出席するという理由で固辞。次に青木が推されたものの、日本陸連理事長を兼ねているため、対外的な交渉で多忙であると主張し、辞退した。東は欠席したため推薦は見送られ、三人目に推された大島がすんなりと選手団長に決まった。

いずれにせよ、選手強化対策本部長兼選手団長の大島は、東京オリンピックを成功に導く原動力になるのは、選手を含めた青少年たちだと信じていた。

大阪・難波の大阪府立体育館内に事務局を構える大阪府レクリエーション協会専務理事の片倉道夫は、関西大学の先輩でもある大島に初めて会った日を忘れない。東京オリンピック開催を半年後に控えた一九六四（昭和三十九）年四月初旬。桜が満開の日だった。NHKスポーツ担当ディレクターだった片倉は、東京・お茶の水にあった日本体育協会本部を訪ねた。オリンピック中継に当たり、先輩にアドバイスを求めたのだ。緊張しつつ片倉は口を開いた。

「オリンピック中継をする私は、とくに閉会式を担当することになっています。どのようなことに注意して中継をすればいいんでしょうか？　一応、四年前のローマ大会を視察していますが、あのときの閉会式は単なるセレモニーという感じでした……」

そう恐るおそる尋ねた片倉に、大島は次のように語った。

「オリンピックはスポーツを通して世界が一つになる祭典であり、オリンピックの思想の原点は世界平和だ。それを念頭に置いて、君たちテレビのプロは感動する映像を中継することだと思う。とくに大事なことは、子どもたちや若者に感動を与える映像を中継してほしいということだ。若者は感受性が強いし、感動的な映像であれば自然とスポーツに目を向けてくれる。つまり、青少年たちが中心であることを絶対に忘れないことだ。

……たしかに片倉君が言うように、ローマ大会の閉会式は単なるセレモニーという感じだったが、ぼくは閉会式こそ重要な儀式だと思っている。長い戦いが終わり、選手もぼくたち役員も互いに自由になる。スタンドの観客も、テレビを観ている国民誰もが融和するときだ。世界が一つになる瞬間だと考えている。それを素直に中継すべきだと思う……」

初めて大島を前にした日を懐かしむように、片倉は振り返って言った。

「大島先生がアドバイスしてくれた通りでしたね。やはり、東京オリンピック中継で忘れられないのは、私が担当した閉会式のときです。海外の選手が入場した途端に、日本人選手と肩車などをして喜び合い、まさに世界は一つになった。あのときの私は中継車の中にいたんですが、もう興奮してね。十三台のカメラが映し出すシーンをモニターで見ながら、カメラマンに大声で『観客や選手が感動している表情を撮ってくれ！』『顔のアップだ！』なんて叫んでいた。マイクからの音量を調整するミキサーにも『もっと上げてくれ！』などと指示を出した。つまり、私たち中継スタッフが予想して考えていたシナリオ……。たとえば、Aカメラは選手の表情を、Bカメラでは観客を映し出す、などと単純に決めていたんですが、すべてが崩れてしまった。予想することができなかったシーンが次々と起きましたからね。閉会式のアナウンサーは土門（正夫）さんだったんですが、もう中継中に『えらいことになりました！』と言って驚いていましたから……」

そして、片倉はこう言った。

「たぶん、あのような閉会式になることを、大島先生は予想していたんじゃないかと思いますね。私もなぜか大島先生の言葉が気になって、当初の予定ではプロ野球中継よりもカメラを二、三台多い五、六台でいいんじゃないかと思っていたんですが、結果的に十三台に増やした。それが功を奏しました。私は昭和二十七（一九五二）年春にNHKに入り、翌年から本放送が開始したテレビで高校野球の甲子園大会をはじめ、大相撲やプロレスなどの中継を担当してきたため、いろんな筋書きのないドラマを目撃してきた。その中でも東京オリンピック中継は、もう『強烈だった』のひと言です。大島先生は、大変な演出家でした。オリンピックは世界一の平和の祭典であることを、まざまざと国民に見せてくれました」

——大島は、テレビマンも感心する「演出家」だった。

閉会式に関し、後に大島は語っている。

「あんな閉会式は人間が作為してできるものではない。競技を終えた人間の喜びと悲しみ、満足感と哀愁が、どっと一時に爆発したのだ。一人ひとりが名優以上の巧まざる名優であった。あのような情景は演出しようとしてもでき得ない……」

しかし、日本体育協会勤務時代に国内課長や国際課長を歴任したオリンピック研究家・伊藤公《いさお》は大島の演出家ぶりを認めている。私に次のような知られざる話を披露した。

「たしかに東京オリンピックのときの大島さんは、希代の演出家ぶりを発揮した。たとえば、四年前のローマ大会でのウエイトリフティングの競技日程は、閉会式の前日までの四日間だった。ところが、東京大会のときは大島さんの強い要望で、十月十日の開会式翌日の競技開始初日から日程が組まれている。その結果、十一日の大会二日目にバンタム級で一ノ関（史郎）選手が銅メダルを獲得し、大会初の日の丸を揚げた。さらに大会三日目には、フェザー級で三宅（義信）選手が期待通り金メダルに輝いた。それも世界新記録でね。

要するに、メダル確実といわれたウエイトリフティングの競技日程を開会式の翌日から組み、まずは一ノ関と三宅の両選手にメダルを獲得してもらう。その活躍により、一気に日本選手団の士気を高め、勢いづかせる。戦前からずっとオリンピックに関わり、熟知していた大島さんなりの計算、演出でしょう。大会五日目にはレスリングのフリースタイルでフライ級の吉田（義勝）、フェザー級の渡辺（長武）、バンタム級の上武（洋次郎）が金メダル三個を獲得していますが、それも計算づくでしょうね。威張ることを好まない大島さんは、このことに関しては何も話していないんですが、私は当時の日本体育協会やJOCの関係者が『ウエイトリフティングの日程を早めたことが、金メダル獲得十六個につながり、成功した』と言っているのを何度か聞いている。当然、日程を変更させたのは大島さん以外には考えられない……」

また、演出ではないが、二年前に発足した日本スポーツ少年団を総動員する一方、NOC（各国オリンピック委員会）やボーイスカウト日本連盟本部などの協力を得て、世界二十四ヵ国から千十七名の青少年を招待。東京オリンピック開催四日前の十月六日から二十五日まで「世界青少年キャンプ（オリンピック・ユースキャンプ）」を実施し、東京学芸大学世田谷分校に宿泊しながら、オリンピック見物や共同生活を通しての国際親善を図っていた。これも大島の提案で実施されたものである。このユースキャンプは前回のローマ大会にも行われ、初めて実施されたのは戦前のベルリン大会のときだった。組織委員会事務局長のカール・ディームが提唱している。

当時の大島は、口癖のように言っていた。

――青少年の未完成の力こそが、明日をつくるのだ。

4

一九六四（昭和三十九）年十月十日。アジアで初めて開催された第十八回オリンピック・東京大会の開会式は、国立競技場で行われた。史上最大の九十四ヵ国・地域から五千百三十三人の選手が参加した開会式は、まさに天気は雲一つ見当たらない快晴。テレビ中継を担当したNHKのアナウンサー・北出清五郎は、マイクを前に言った。

「世界中の青空を全部東京に持ってきてしまったような、素晴らしい秋日和でございます……」

あの日からすでに四十九年の星霜を経た。

東京・JR新宿駅東口に立ち、歌舞伎町に向かって私の歩幅で約九十歩。〝アスリートが集う居酒屋〟として知られる「酒寮・大小原」。最終聖火ランナーの坂井義則とは、馴染みの店で会うことになった。店内には坂井が使用した聖火トーチが展示されている。

東京オリンピック開催のときの坂井は、早稲田大学一年生で競走部に在籍。敗戦の年の八月六日、広島に原爆が投下された日に広島県で生まれたことが、最終聖火ランナーに選ばれる決め手となった。

「大島の鎌さんとは、東京オリンピックから四年後の昭和四十三年だったと思う、ぼくが早稲田を卒業してフジテレビに入社した頃だね。大阪からの帰りの新幹線の食堂車で偶然に会った。奥様と一緒で、ビールを飲んでいて『坂井君、一杯やらんかね？』と言ってくれたんだが、もう緊張しちゃってね、直立不動の姿勢だった。学生時代のぼくたちアスリートにとっては、大島先生や織田（幹雄）先生、南部（忠平）先生、田島（直人）先生の四人は、もう神様的な存在でね。陸上の専門誌を見ると、必ず出ていた。でも、鎌さんも織田さんも神様を思わせないほど気軽に、よく競技場では『おい坂井君、調子はどうだい？』なんて感じで声をかけてくれた。そうなると、こっちは練習に張りが出て『頑張るぞ！』となる。アスリートって単純に、そんなもんだからね」

まずは、そう真顔で語る坂井は穏やかな表情を崩さず、日本酒を飲みつつ開会式の思い出を問わず語りに話し始めた。

「そうだね。ぼくが聖火ランナーになれたのも、鎌さんや織田さんのお陰だった。『若い人にやらせるべきだ』という、ひと言で決まったといわれている。若いぼくたちに華を持たせてくれた。これはすごいことですよ。やっぱり、鎌さんや織田さんたちは先見の明があったんだろうな、若い者を育てるという考えね。こういう表現はよろしくないかもしれないけど、聖火ランナーのぼくは聖火台に立ち、大観衆を俯瞰《ふかん》しながら点火した。あのときのエクスタシーは、ぼくのこれまでの人生の中で最高だった。あれ以来、ああいったエクスタシーを味わったことはないな……。

生まれ故郷の三次市は、広島市から七十キロほど離れているため、ぼく自身は被爆していないんだけどね。当時は『ワシントン・ポスト』か『ニューヨーク・タイムズ』のどっちかは忘れたけど、『なぜ日本はオリンピックに〝原爆〟を出すんだ』という論調で書いていた。考えてみれば、日本が〝真珠湾攻撃〟を出されたら気分を害する、それと同じだからね。まあ、ぼくが最後の聖火ランナーになれたのは、当時のオリンピック大臣の河野一郎さん、織田さん、JOCの総務主事だった青木半治さんも早稲田の競走部OBだったから。想像だけど、そのために選ばれたんじゃないかな。選ばれる前に、同じOBの小掛照二さんからいただいたハガキには、『最終聖火ランナーの候補になっているという噂がある。ゆえに言動、その他に気を付けるように』なんて書いてあった。正直、そのときは『最終聖火ランナーって何だ?』という感じだった。当時のぼくは陸上競技のオリンピック代表最終選考会に漏れて、頭ん中では『オリンピックは終わった』という思いだったし、たしか選考基準は戦後生まれの復興を象徴する有名人から選出することになっていたと思う。それなのに選ばれてしまったんだからね……。

まあ、十月十日の当日は、有楽町の都庁前から聖火ランナーがスタートし、五人目のぼくが最後のランナーだった。四回ほどリハーサルをしたんだが、思い出としては前日の九日、それまではトーチを左手で持って点火することになっていたんだが、組織委員会の人が『インドでは左手は不浄の手といわれている。聖火は右手で持たなければいかん』と……。それで右手で持つことになったんだけど、問題はきちんとタイミングよく点火できるかだけだった。聖火台の後ろには大きなガスボンベが四基あり、それぞれに係員がいた。その人たちとの呼吸が大事だったね。係員がガスボンベを開く。ガスの上がってくる音を確かめながらタイミングを見計らい、トーチを聖火台に近づけて点火しなければならなかった……」

店内に展示されていたトーチを右手に持ち、坂井は一拍置いた。再びゆっくりとした口調で続けて語った。

「やっぱり、北ゲートから国立競技場に入ったときは感動したね。七万人の観衆がぼくに注目している。あの感動、あのエクスタシーはいまでも脳裡に焼きついているね。それでバックストレートから緑色の絨毯《じゅうたん》で敷きつめられた階段を一気に聖火台へと登った。『もう、やってやる!』という、そういった気持ちというか、決意だった。それで聖火台に点火するときは、はっきりとガスが上がってくるのがわかった。瞬間、右手で持ったトーチを聖火台に近づけたわけだね。

まあ、あのときは緊張することはなく、後で映像を見たら笑顔だった。それに面白かったというか驚いたのは、点火した後にトーチの聖火を消そうとね、水の入ったバケツにトーチを入れたんだが、なかなか消えない。つまり、開会式が雨天になった場合を考えて、水に強い新兵器のトーチを製作していた。そのへんの日本の技術はすごいなと思った。高度経済成長期を迎えていたしね……。とにかく、日本国民全員が、東京オリンピックを成功させようと思っていた。その思いが通じたんだろうな。前日まで雨だったのに、十月十日は秋晴れのピーカン。素晴らしい日だったし、あの日を忘れてもらいたくないため、この店にあのときのトーチを預けてね、お客さんに見てもらっている……」

こうして開幕した東京オリンピックでは、十五日間にわたって二十競技百六十三種目の熱戦が繰り広げられた。国立競技場をメイン会場に行われた陸上競技だけでも十五の世界新記録、六十五のオリンピック新記録が続出した。ホスト国の日本は、大島の公約を上回る十六の金メダルを獲得。米・ソに続く第三位となった。

大島は、東京オリンピック後に回顧している。

「東京大会は記録の大会だった。競技では水陸を始め重量挙げ、自転車など時計と量りの種目に世界記録が続出した。参加数はもちろん、オリンピアから東京まで運ばれた聖火は、地球を約一周の三万三千キロの都市と沿道にギリシャの昔の〝一時休戦〟を布告した。宇宙衛星シンコムのテレビ中継も初めてなら、入場券二百十万枚、十八億円も世界記録だった。

一方、大会を成功させる裏方さんの組織委員会は舞台装置から運営一切を引き受けて、カユイところに手が届く万全の体制を敷いた。競技環境だけではない。関連事業では、新幹線を始め地下鉄、道路、空港、港湾、上下水道、宿泊所、公園、放送通信、隅田川浄化まで整備された。その上、花いっぱい運動、都市清掃運動は東京から全国に波及し、神風タクシーさえ激減した。また警官からバーのホステスまで英会話を習った。

経費のことだが、一九五九年ミュンヘンのIOC総会で東京と決まってから五年間、総経費は組織委員会と選手強化の直接費が百二十五億円、新幹線など関連事業の間接費が一兆八百億円だった。これまた日本記録であった……」

大島が語るように、国家的大事業だった東京オリンピックは、戦後十九年目にして敗戦国の日本が、焼け野原から完全に復興したことを世界にアピールした。まさに「日本オリンピック」であった。

そのためだろう、ＩＯＣは大会期間中の十月十九日に特別記者会見を開き、開催都市の東京都に「オリンピック・カップ」を贈呈することを発表した。翌年春に東京都が発行した『第十八回オリンピック競技大会東京都報告書』に記述されているＩＯＣ会長のアベリー・ブランデージ発言の抄訳によれば、その決議に至った理由は、「東京都は世界の若人を迎えるにあたり、欣然として惜しみない献身を示し、倦《う》むことなき世話と心楽しき歓待を尽くされたことによって、オリンピック運動に携わるすべての者の記憶の中に永遠に銘記される」ということであり、大会期間中のオリンピック・カップ贈呈の決議と発表は異例だった。

では、選手団長を務めた大島自身の東京オリンピックの評価はどうだったのか――。

東京オリンピック開催中の胸の内を「選手団長」の大島は、半年後の翌年三月発行の『第18回オリンピック競技大会報告書』（日本体育協会）で次のように綴っている。

《オリンピック開催直前の九月三十日、この日選手強化対策本部は一切の仕事を終わった。そして、その翌日十月一日、日本選手団は東京で四百十名の大部隊で編成結団式を行った。

結団式で（選手団長の）私は『十五の金メダルを獲って世界三位になることを目標にして戦う！』と述べた。これはのっぴきならぬ公約であった。オリンピックの歴史の中で、団長がこんな大胆な発言をした例がないそうである。

さて、十月十日から二十四日までの十五日間、世界の視聴を東京に集めた大会は、その中で壮絶を極めた劇的な戦いを繰り返した。そして「世界記録の大会」であった。アマチュアのギリギリの領域限界の中で世界中の青年が共同の努力と功《いさお》しを通じ、人間能力の高さと広がりを実証しつつ、その究極を追求してやまぬ大会であった。

かくて成果全体を通じて見れば、アメリカの若いエネルギーが自由に闊達奔放に躍動して世界の第一位を占め、巨大な人口を擁するソ連が計画性と科学性を貫いて第二位にきた。次いで日本は、スポーツ大家族に支えられつつ、現場のひた向きな精進努力を凝結してメルボルンの十一位、ローマの八位（ともに金メダル四）から目標とする第三位に躍進したのであった。》

しかし、金メダル十六個を獲得したものの、本音はまったく違った。不満だったのだ。オリンピック終了後、親しい新聞記者に吐露している。

「ウエイトリフティング、レスリング、柔道、体操、バレーボール、それにボクシングの六競技で金メダルを十六個獲得することができた。これは素晴らしいことであり、予定通りだった。しかし、以上の六競技は世界においては競技人口が少なく、古代から競技種目になっていたレスリングはトルコを始めとした中近東が中心であり、柔道のように普及段階のものもある。無念なのは主要競技の陸上・水上の両競技においては各銅メダル一個（マラソンの円谷幸吉、水泳の男子八百メートルリレー）という惨敗に終わったことだ。原因を煮詰めると、体力と技術に劣ることが歴然としている……」

　また、大島は珍しく個人名を挙げて言及していた。

　男子の体操競技で日本は、団体総合を始め五個の金メダルを獲得。とくにエースの遠藤幸雄は個人総合と種目別の平行棒で二個の金メダルを掌中にした。ところが、大島は苛立っていた。つり輪と徒手（床運動）の二種目で首位に立ちながらも、遠藤は最終演技でつり輪では着地に失敗して六位、徒手では調子が出ずに二位。得意種目といわれた鉄棒でも五位に甘んじてしまったからだ。

　体操競技終了後だった。プレスセンターに顔を見せた選手団長の大島は、顔馴染みのドイツ人のカールハインツ・ギーゼラーを前に、声高に遠藤の失敗を悔しがっていた。

　——金メダルがもう一個獲れてもよかったところだ……。

　——遠藤が鉄棒ですべてを懸けなかったとしたら、自分自身を裏切ったことになる……。

　後にドイツスポーツ連盟（現・ドイツオリンピックスポーツ連盟）事務局長に就いたギーゼラーと大島の付き合いは長く、戦前のベルリン大会からである。当時、少年だったギーゼラーがベルリン郊外のオリンピック選手村を訪ねた際、気軽に選手団主将だった大島はサインに応じた。それ以来、戦時中から二人は親交を深めていた。だからこそ大島は本音を吐露した……。

　もちろん「選手強化対策本部長」としても大島は、必ずしも成功したとは思っていなかった。

　その証左として、大島は次のような分析もしていた。金メダル四個以上獲得した米・ソを筆頭とする十ヵ国を、それぞれ人口割りで比較していたのだ。

　その結果、世界の十傑は——。

・一位は、十個のハンガリー。人口百万人に一個の割合。
・二位は、六個のオーストラリア。百六十六万人に一個の割合。
・三位は、五個のチェコ。二百八十万人に一個の割合。
・四位は、七個のポーランド。四百二十五万人に一個の割合。
・五位は、十個のイタリア。四百七十二万人に一個の割合。
・六位は、三十六個のアメリカ。五百二十万人に一個の割合。
・七位は、十六個の日本。五百八十七万人に一個の割合。
・八位は、三十個のソ連。七百三十三万人に一個の割合。
・九位は、十個のドイツ（東・西）。七百四十万人に一個の割合。
・十位は、四個のイギリス。千三百二十五万人に一個の割合。

当時の日本の人口は九千三百九十二万人。大島は言っている。
「単に驚くだけでは済まされないが、ハンガリーの比率でいけば、日本は九十三個の金メダルを獲得できる計算だ。それに日本の場合は、東京開催という地の利を得ての金・銀・銅を合わせて二十九個の獲得であり、これを人口で割ると三百二十三万人に一個の割合で、十傑中では最低の十位だ。このことは日本の今後を考えれば大問題ではないか。世界のスポーツ施設などを、あらためて調査すべきだろう。

よくぼくは、ドイツの進歩的なスポーツ政策について口にしているが、たしかに今回は東西統一の参加といえども、日本よりも少ない金メダル十個だった。しかし、銀は二十二で銅は十八個。

金・銀・銅を合わせれば日本の倍近い五十個で、これは人口百四十八万人に一個の割合で、十傑では五位となる。このことは四年前のローマ大会後にカール・ディームやゲルト・アーベルベックたちが積極的に実施した十五ヵ年計画のスポーツ施設振興政策『ゴールデンプラン』が、着実に実を結んでいるからではないか。まだまだ日本は、世界においてはスポーツ後進国といってよい……」

ただし、大島が口にした次の言葉も付け加えなければならない。

「とはいえ、今回の成果を低く評価しているという理由は少しもない。そこにはスポーツを愛する日本の青年のひた向きな精進、努力があり、それが金メダルに結びつくものであることを証明した。それに言えることは、もっと早く競技場などの施設が完成していれば、違う結果になっていたと思われる……」

東京オリンピック選手強化対策本部長としての任務を五年間にわたって遂行し、開催中は選手団長の肩書で選手たちを導き、名実ともに「東京オリンピックをつくった男」と称された大島に悔いがあったとすれば、二年前の師走に崇拝するカール・ディームが八十歳で生涯の幕を閉じたことだ。そのため東京オリンピックに招待することができず、国賓として夫人のリゼロット・ディームだけが来日した。

大島にとって晩年のディームに恩返しができたとすれば、念願だったカール・ディーム編『ピエール・ド・クベルタン　オリンピックの回想』をベースボール・マガジン社勤務の編集者・広瀬豊の協力を得て、自らの翻訳で出版したことだろう。大島はこれを、東京オリンピック開催前の十月一日に行われた日本選手団編成結団式の際、自らの手で選手団全員に配付した。近代オリンピック開催を提唱・実現させたクーベルタンのオリンピック精神を、少しでも理解して本番に臨んでもらいたかったのだ。

東京オリンピック後の大島は、時代の寵児となった。当時の大島の手帳を見れば、連日のテレビやラジオ番組出演だけでなく、各国主催のサヨナラパーティ、各競技の解団式への出席などのスケジュールがびっしりと書き込まれている。

その大島人気にあやかろうと、めざとい自民党幹部から、翌年七月に改選される参議院議員選挙出馬要請があった。しかし、大島は浮かれることなく、一笑に付して断っている。

——ぼくの人生は、常に権力と向き合う運命にある……。

大島にとって東京オリンピックは、三段跳にたとえればスタートラインから助走を開始、踏切板を目指し、徐々にスピードを上げた頃といってもよかった。一気にホップして宙に舞ってステップ、さらに仕上げのジャンプに入るには、まだまだ時間が必要だったのだ。

そのためにも大島は、東京オリンピック開催を日本の「スポーツ元年」と位置づけ、その後も休むことなく奔走することになる。

そして、東京オリンピック後の大島は、さらに強い口調で言うようになった。

「技術革新のマイナス防止を怠るな。怠る偷安を許すな！」

石川県金沢市。ＪＲ金沢駅に隣接するレストラン街の食堂――。

二〇一一（平成二十三）年三月三十日。大島の二十七回目の命日に金沢市小立野の菩提寺である経王寺を訪ねて墓参した伴義孝と私は、大阪行きの最終特急電車が出る直前まで語り合った。

その際に伴から教えられた大島語録の一つが、「技術革新のマイナス防止を怠るな。怠る偸安を許すな！」であった。が、正直「偸安」の意味を私は知らなかったし、初めて耳にする言葉だった。

伴は丁寧に説明した。

「たしかに偸安という言葉は、いまの時代ではなかなか聞くことができないんですが、その意味は『安楽をむさぼり、将来を考えない』ということです。大島が『偸安を許すな！』という言葉を多用するようになったのは、東京オリンピック招致が決まった後、昭和三十年代後半からの高度経済成長期時代を迎えつつあった頃からです。

たとえば、弘田三枝子という歌手がパンチの効いたＣＭソング『アスパラで生き抜こう！』と歌い、プロ野球巨人軍の王選手がリポビタンＤのＣＭで『ファイトで行こう！』と叫び、ビタミン剤広告の激戦時代を迎え、東京オリンピックの副現象が世間を賑《にぎ》やかにしていた。〝体力〟という言葉が日常的に使われ、生活用語になったのも東京オリンピックがきっかけになっている。しかし、経済のみが優先されるばかりで、庶民は雰囲気だけで翻弄されつつあった。大島が指摘したように、国は人間の健康について真剣に考えなかった。それらを的確に発信するために、あえて〝偸安〟という難しい言葉を用い、逆に人間の心に残らせる。大島一流の戦略・戦術というべきもので、大島思想の一つでしょうね……」

私は頷《うなず》き、伴は続けて説明した。

「生前の大島を前に、私は『明日』を〝あした〟と言ったときがありますが、即座に注意された。『伴君、〝あした〟とは言わないんだ。〝あす〟と発音するんだよ』とね。そこで理由を尋ねると、『常に青少年は〝翌檜《あすなろ》〟を目指す。要するに〝明日《あす》は立派な檜《ひのき》になりたい〟ということだ。青少年は未完成だからこそ明日がある。そこに若い人の魅力があるんだ』と言っていた。この言葉は、大島の生涯にわたる口癖だった。

また、このことは岡さんも知っていると思いますが、大島は『体力つくり』と言い、けっして『体力づくり』と発音を濁らせなかった。その理由を大島は『〝体力〟と〝つくり〟の間にイントネーションが生まれ、その間髪に思想が生まれる。すらすらと〝体力づくり〟と読んでしまえば、思想は生まれない』と言った。行動する思想家の大島は、常に言葉を大切にしていました……」

二十時三十五分金沢発、大阪行き最終特急電車出発の時刻がやってきた。神戸の自宅に帰る伴と、私は握手をして別れた。

第六章

宴のあと

1

東京オリンピック開催の年を「日本のスポーツ元年」と位置づけた、その後の大島鎌吉《けんきち》は「二つの大きな仕事」に取り組んでいる。

一つは「みんなのスポーツ」の推進であり、もう一つはスポーツを通じての「平和運動」だった。いずれも、大島が崇拝し親交を深めたカール・ディームと戦後から二人三脚で提唱し、推進した「オリンピック精神」が礎《いしずえ》となっている。その背景に、ピエール・ド・クーベルタンの思想があることはいうまでもない。

東京オリンピック後の大島は休むことなく、翌一九六五（昭和四十）年三月二十五日に国民運動の推進母体となる「体力つくり国民会議」を発足させた。これは、オリンピック担当大臣だった河野一郎が、東京オリンピックを成功に導いた大島を高く評価し、「身体のでかいヤツと、小さいヤツが競争してもダメだ、将来のオリンピックのために日本人の体質改善が急務だ」と主張して、大島が提唱する官民一体によるスポーツ政策「みんなのスポーツ」推進を後押ししたことに始まる。前年の十二月十八日の閣議で、河野提案で「国民の健康体力増強対策」を決定し、設立されたものだった。

国民のすべてが健康な生活を営み、より豊かな社会を築くためには、健康の増進、体力の増強について国民の自覚を高め、その積極的な実践を図る必要がある――。

このことを基本方針に掲げ、総理府（現・内閣府）を筆頭に、関係六省庁の十八局三十四課、加えて全国の各種民間団体が加盟し、「体力つくり国民会議」はスタートした。

もちろん、大島が希求する「体力つくり国民会議」の目的は、けっして新しいものではなく、戦後から一貫してカール・ディームの協力を得て、提唱・推進してきた「青少年育成活動」「レクリエーション運動」「ワンダーフォーゲル運動」、そして「生涯スポーツ」や「スポーツ少年団」の理念などが基盤となっている。

それらの推進運動をより強固なものにするため、さらに大島がドイツ（西ドイツ）のスポーツ政策に倣《なら》ったのが「みんなのスポーツ」の推進施策だった。この時点におけるドイツでは、すでに六年前の一九五九（昭和三十四）年にドイツスポーツ連盟（DSB、現・ドイツオリンピックスポーツ連盟＝DOSB）が、従来の競技スポーツを「第一の道」とし、新たに大衆スポーツ振興策として「第二の道」への転換を定めていた。それまでの競技スポーツの「Leistungssport《ライストンスポーツ》」を重要視しつつも、さらに幅の広いスポーツ＝みんなのスポーツの「Breitensport《ブライティンスポーツ》」も推進。全土のスポーツクラブを市民に開放する施策を打ち出し、カール・ディームやゲルト・アーベルベックたちが、スポーツ施設の増強計画である『ゴールデンプラン』を発表し、世界に先立つ「みんなのスポーツ運動」を展開していたからだ。

　しかし、発足当時から「体力つくり国民会議」が壁に突き当たってしまったのも事実だった。第一に体力つくりに関係する省庁が複数であり、その上に民間団体も加盟していたため、運営そのものが滞り、本格的な事業に取り組むには時間を必要とした。要するに各省庁の意思疎通を欠く、タテ割り行政が障害となったのだ。

　そんな矢先だった。大島の後ろ盾になっていた、キーパーソンの河野一郎が設立四ヵ月後の七月初旬に六十七歳で急逝し、そのため期待していた政治的バックアップを失ってしまった。

「河野一郎が生きていれば、この運動はもっと政治的に乗せられた。それを思えば、十年は遅れてしまった……」

　後に大島はそう述懐しているが、みんなのスポーツが盛り上がらなかった原因は他にもあった。日本スポーツを統括すべき日本体育協会に限らず、文部省も積極的に取り組もうとはしなかった。たとえオリンピック効果でスポーツ人口が増えたとしても、きちんとした行政指導ができず、国民に目的意識を持たせることができなかったからだ。

　とくに日本体育協会や、加盟する各競技団体の幹部たちは情けなかった。話題といえばオリンピックのことばかりで、メダルを獲得した競技団体の幹部たちは終日、日本体育協会がある岸記念体育館内を闊歩し、一階のスポーツマンクラブに屯する。昼間からビールを飲み、ウイスキーをあおる者もいた。「五輪ボケ」に陥っていたのだ。大島もたびたびスポーツマンクラブに足を運んでいたが、栄光に浸ることはなかった。

大島は言っている。

「相変わらず日体協幹部や文部省の役人たちが口にするスポーツ振興の方策は、蚊帳《かや》の四方の釣手を上げれば自然に底が広がるという、楽観的なものだった。つまり、四年ごとに開催されるオリンピックが国民に注目されれば、誰もが真似てスポーツをやるという考えだった。早い話が、ファンファーレを聞くのが好きなだけだ。

それに対してぼくは、とにかく裾野を広げることが第一で、その上にエリートスポーツがあるという構築論だった。オリンピックもいいが、まったく人間の健康を無視した、戦後の教育制度に不満だった。だから、官民一体となって『みんなのスポーツ』を推進しなければならない。スポーツの本質は、人間の健康を保持するために行うもので、このことはいかに時代が変わろうと普遍だ……」

しかし、いくら大島が唱えようが、日本体育協会の幹部たちは、五輪ボケに陥っていた。そのためよほど腹に据えかねたのだろう、珍しく名指しで批判している。

「東京オリンピックが済んだ後、スポーツのムードを絶やしちゃいかんと思って、青木半治（JOC総務主事兼日本陸連理事長）に『一億総スポーツの看板を上げろ！』と言ったら、すぐ飛びついて看板をかけた。ところが、中身は何もない……。次に大庭哲夫（メキシコ・オリンピック選手団長）に、メキシコ・オリンピックをチャンスに『みんなのスポーツ』へ日体協も力を入れるべきだと言った。メキシコでは、メダルをあまり獲れないと思っていたんだが、金メダル十二個も獲った。そしたら、大庭が『言い出しにくい』って言うんだ。そのままずっときた。オリンピック後に、いつも『日体協の総点検をやれ！』と言っても、それすらできない。動脈硬化になっている……」

東京・八王子市。京王八王子駅に隣接する、ホテル内の喫茶店。元朝日新聞運動部記者の三島庸道に会った。中央大学時代は陸上部に在籍し、元毎日新聞記者・岡野栄太郎、元読売新聞記者・田島政治とは同窓であったが、卒業後はライバル関係にあった。東京オリンピックの際の三島が誇れるのは、最終聖火ランナーが坂井義則であることをスクープしたことだ。

「私が最終聖火ランナーが坂井義則であることをスクープした頃は、日本中が東京オリンピック一色で、マスコミ各社がスクープ合戦をやっていた。最終聖火ランナーを指名するのは織田幹雄さんということで、織田さんの自宅に盗聴器を仕掛けた社もあったし、日本陸連の金庫が破られるというね、そういった事件も起きた。

まあ、坂井をスクープできたのは、青木半治さんの市ヶ谷の自宅を訪ねたときだね。麻雀をやっていたら『高校生じゃないよ』と言う。『それじゃあ、大学生の陸上選手だろう』ということで取材を開始した。早稲田の一年生だった坂井に目を付けたのは、原爆投下の八月六日生まれということもあったが、青木さんとしては早稲田の後輩を最終聖火ランナーにしたいはずだと、私自身が推測してね。広島の三次市の実家に帰っているということで、別の記者を広島に行かせた。

もう間一髪というか、ＴＢＳよりも五分ほど先に実家に着くことができてね。それで坂井を大阪まで汽車に乗せ、大阪本社から伊丹空港に行き、そこから朝日のヘリコプター『朝風』で東京に連れてきて、麻布のプリンスホテルにかくまった。それでスクープをものにしたんだが、他社の連中は『朝日は、やりすぎだ！』なんて怒っていたよ……」

まずは、スクープした際のウラ話を披露してから、三島は大島との思い出を振り返った。

「一時期だったが、私ら記者連中も鎌さんをからかっていたね。カール・ディームが来日したときも、サッカー協会の野津謙《ゆずる》さんと二人してクラマーを招聘したときも、『大島さん、またドイツですか？』なんて言ってた。でも、鎌さんがすごいのは、東京オリンピックを成功させる前に、日本スポーツ少年団を発足させたことだね。周りは『ヒトラー・ユーゲントを真似た』なんて悪口を言ってたけどね。それに学生スポーツに対する思い入れは半端じゃなかった。昭和四十二年にユニバーシアード東京大会を開催できたのも、ＦＩＳＵ（国際大学スポーツ連盟）の幹部連中に顔が利く鎌さんのお陰だったしね。

まあ、鎌さんは日本スポーツ界においては奇人・変人・怪人と思われていたけど、豪快な人でもあった。お茶の水に日体協があった時代は、三階の記者クラブに一升瓶をぶら下げてやってきて、大声で『おーい、三島、飲むぞ！』なんてね。飲まないと『なんだ、朝日は根性ねえな』なんて言われる。そこで飲みながら『大島理論』を聞くわけだけど、私らにはなかなか理解できなかった、というか理解しようとしなかった。『また始まった』とか言ってね。だから、東京オリンピック後に『みんなのスポーツ』を提唱しても、周りはわからない。『それがどうした？』となる。私ら記者は『そうか、スポーツ少年団を発足させた狙いは、こんなところにもあったのか』と、一応は感心しても、なかなか記事にできなかった。鎌さんは、こっちがベタ記事だと思っても『特集記事で書け！』なんて言う人だったからね。

そうだね、東京オリンピック後の日体協や競技連盟の連中の頭ん中は、国際大会で活躍できる一流選手をつくることでいっぱいでね。だいたい各競技連盟には強化部はあっても、国民のスポーツを推進するといった普及部なんてなかったしね。いくら鎌さんが『みんなのスポーツ』を提唱しても理解されなかった。その辺は不幸だね……」

取材時間は二時間以上に及んだが、三島は冷めた紅茶を口にしつつ話を続けた。

「そうだなあ。こうして鎌さんの話をしていると『悲劇の人』ともいえる。単なるスポーツマンとは違い、先見の明があるため、結果としていいものを作るし、海外から新しいスポーツ政策を導入してくる。しかし、時期が早すぎるため、バックアップする人に恵まれなかった。関西大学出身のため日体協内には仲間がいない、一匹狼だったしね……。その点、青木半治さんは、私とは亡くなるまで付き合っていたんだが、いい悪いは別にしてね、したたかというか行政手腕があった。私の朝日の先輩だった織田さんをうまく利用して、あれよあれよという間に日本陸連の理事長やJOC総務主事になってしまう。鎌さんとは違い、処世術に長けていたし、根回しうまくって、日体協や日本陸連の会長にまで上り詰めたんだからね。

そう考えると、あれほどの人物だった鎌さんは、ほとんどいまの世の中では知られていない。ああいった人物を面倒見なかった毎日にも責任があるんじゃないのかな。朝日の場合はOBを大事にするけどね。やっぱり、悲劇の人だったといえるなあ……」

何回となく三島は、大島を「悲劇の人」と言った。

2

大島は、日本体育協会や文部省の協力を得られないまま、独自に「みんなのスポーツ」を推進しなければならなかった。

当然、国民運動としての「みんなのスポーツ」に懸ける大島の情熱は、いつものごとく半端ではなかった。

私の手元には、大島が新聞、雑誌、大学新聞などに寄稿した多くの記事や講演録がある。その中に『あゝ「体育の日」――「からだ」忘れて開発なし　痛ましい現実悪疫まん延』と題された、一九六九（昭和四十四）年十月十日（体育の日）に掲載された新聞記事を見つけた。また、当時の大島は「体力つくり国民会議」主催の講演会でも同じ内容で訴えている。その講演録からも引用し、要約したい。

《ところで、肝心の『みんなのスポーツ』振興はどうだったろうか。東京オリンピック後は、景気よくカネ、太鼓で駆り立てたせいもあって、少年から老人まで急にスポーツ人口が増えた。ひと握りの選手のスポーツはそれから二年後には五百五十万人となり、次の年は一挙に七百五十万人と急増した。これらはスポーツ団体が握っている組織人口であり、その周辺でやっている無名のスポーツマンを含めれば、五倍に達する。なんとも素晴らしい膨張ぶりだった。

たしかに数字だけを見れば、以上の通りなんだが、これが実の数字となると「ちょっと待った」となる。「冗談じゃないぞ」は、別の数字が放つ声である。なるほど健康の増進と体力の増強を目指して振興策が実施された。ところが、健康と常に対峙する病気となると、案に相違してこれがどんどん拡散している。国民総医療費の伸びを見ると、このことがはっきりとわかる。

ビタミン剤や風邪薬などの買い薬、あんまや針灸代は含まれない国民総医療費は、オリンピックの年は過去十年の間に三倍にも上り、九千九百億円になった。そして、翌年には一兆円台に乗り、次いで一九六六（昭和四十一）年には一兆三千億円になった。疾病が毎年二割ずつ増えているのだから、今年（一九六九＝昭和四十四年）度は二兆円を超すと思われる。この数字は国の一般会計予算の三割、一千億ドルの大台に上った国民総生産力の三・六パーセントに当たり、同時に日本人の十二人に一人が病気である勘定である。

ウソをつかない数字を示せば、日本の繁栄は突き詰めると、虚弱を隠した虚飾の繁栄といってよい。アメリカ、ソ連、ドイツ、フランス、東欧諸国、中国は国策で「体力つくり運動」を展開している。が、何の手もほどこさない日本は、このまま事態を放置するとえらいことになる。二十一世紀の橋を渡る前に、日本人一億三千万の三分の二が病人、半病人になってしまう計算だ。つまり、残る三分の一の人たちが、三分の二の人たちを背負うわけだから、耐えかねて打ちひしがれてしまうではないか。すなわち、健康の面からいえば、民族自滅の悲劇を自演することになる。

私の言葉が許されるなら「流れている流木にとりつく運動」を展開したい。溺れかかっている日本人一人ひとりが、流木にとりつく運動を実践し、雪崩《なだれ》現象を食い止めることだ。現状を救うには自分であらゆるところに身体運動を持ち込む。周りに施設がなければ、家庭でも学校でも職場でも、さらに寝床でも居間でもいい。とにかく「からだ」を動かす。一日一回、ハーハー息をして汗ばめば、それがどんな運動でもよい。ただし、人間はそれぞれ異なる素質、条件を持っている。だから運動の原則がある。「病人は立て！　立てる者は歩け！　歩ける者は走れ！」。これが原則だ。

戦後、何回か行われてきた国際教育学会の指向を思い出す。曰《いわ》く「きたるべき原子力時代に備えて人間を武装する教育！」。もちろん、それが今後の政治の大いなる課題ではあるが、その際は何よりも体育・スポーツの果たす役割が大きい。まず教育の理念を積極的に改める。「からだ」に対して再認識をし、知育偏重主義の打破、肉体否定思想の撲滅を行い、「原子力時代に備える体力つくり」をしなければならない。ここであらためて体育・スポーツの振興が人間の声として叫ばれ始めたのは当然。不健康を撲滅し、体力をつけ、それによって生活能力を維持増強することが世代の責任である。》

いま、この大島の新聞記事と講演録を読んで痛感するのは、なぜこの時代に政府が素早く対応しなかったかということだ。きたる二十一世紀に向かっての、人口の推移だけでもよい。きちんと把握し、対応できる社会福祉国家に向けての社会保障制度を打ち出していれば、現在のような医療問題、介護問題、年金問題などの、国民を無視する最悪の状態になることを防げたはずだ。

そして、あらためて驚くのは、大島はすでに、原子力推進体制を政治的に本格化させた四十年以上も前に反原発を唱え、きたるべき二十一世紀に入った時代を予測し、「原子力時代」にも言及していたことだ。


大島は、東京オリンピックを成功に導く一方、「日本スポーツ少年団」も発足させている。が、それだけではなかった。同時に関西に初めて設置される、体育大学開校のために動いていたのだ。もちろん、昭和四十年代の高度経済成長期の真っ只中における、大島が提唱した「みんなのスポーツ」の推進と、新たな体育大学設置はけっして無関係ではなく、同じ方向性を持っている。それは大島ならではの思考であり、体育学部や体育科、体育コースなどを擁する従来の大学に一石を投じ、改革を促すものであった。

東京オリンピックの翌年。「体力つくり国民会議」が設立された同じ時期の一九六五（昭和四十）年春に、大阪体育大学が開校されて大島は副学長兼教授に就任している。

「正式名称は大阪体育大学だが、往々にして新聞《ブン》屋は略して『大体大』と書く。下から読んでも同じだから、これだけでもユニークではないか」

開校当時の大島は、そう言って冗談を飛ばしていたものの、既存の体育学部や体育科などとは違い、特色があったことはいうまでもない。

東京オリンピック開催前年の一九六三（昭和三十八）年の夏。お茶の水の日本体育協会内のオリンピック選手強化対策本部室の大島のもとに、大阪から学校法人・浪商学園理事長の野田三郎たちが訪ねてきた。用件は、二年後に体育大学を開校したい、よって設置に向けての協力をお願いしたい、という依頼だった。すでに大島は、野田に自分を紹介した当時の大阪・岸和田市長の中澤米太郎からおおよその話を聞いており、その場で快諾した。中澤は、一九二八（昭和三）年の第九回オリンピック・アムステルダム大会に出場し、日本選手団旗手を務めて十種競技二十二位、棒高跳で六位入賞を果たしていたオリンピアンである。戦前から陸上競技を通じ、大島とは深い関係にあった。

その日の夜。全面協力を約束した大島は、理事長の野田たちを銀座の料亭に案内し、久しぶりに関西弁で大いに歓談もした。東京人よりも本音を口にする関西人のほうが好きだったのだ。それに、なにせ話題は関西初の体育大学を設立するということで、酔うほどに心は躍った。頭の中は開校のことでいっぱいだった。

そして、宴の席で大島は野田たちを前に、二つの考えを述べた。

一つは、教授の目玉に、知名度のある東京大学教養学部教授の加藤橘夫を学部長として招くことを提言した。日本体育学会の中心的人物といわれる加藤が学部長に名を連ねれば、第一に教員人事に手腕を発揮してくれる。そればかりか、元厚生省体育官僚だけに、大学行政の許認可権を持つ文部省をはじめとした官庁とのパイプ役になる。そのためにも、何がなんでも加藤を口説いて獲得してほしい、と強く言った。ただし、実際の大島と加藤の関係はけっして周りの人間が思うほどの仲ではなかった。加藤は官僚出身の東大教授。それを承知で推薦したのは、新設大学の運営を考えての、新聞記者出身の大島のしたたかさである。

もう一つ大島は、新たに開校する体育大学であれば、特色を持つべきだと言った。高度経済成長期時代を迎えている現代を考え、産業界＝企業と密接な関係を持つべきである。つまり、学校体育よりも産業体育を研究する講義を多く設け、その指導者養成を重要視しなければ、なかなか発展は望めないと説明した。

それというのも、中澤から体育大学開校の相談の話が持ち込まれたとき、既存の体育学部や体育科などにはない「生産体育」コースを設けるべきだ、という構想を練っていた。それを実現すれば、労働者＝サラリーマンたちの健康・体力問題について研究、実践できる新領域を開拓できる。労働者たちをも巻き込めば、文字通り「みんなのスポーツ」推進の一環になるはずだ、と考えていたのだ。

それらの要望を了解してくれるのなら、さっそく医学部を擁する順天堂大学体育学部（現・スポーツ健康科学部）、東京大学衛生看護学科（現・医学部健康総合科学科）両校のカリキュラムなどを入手し、まずは徹底的に講義内容を研究すべきだと進言した。とくに順天堂大学体育学部のカリキュラムは、大島の刎頸《ふんけい》の友といわれていた学部長の東俊郎の手によるもので、「健康教育専攻」を設け、衛生管理者を世に輩出させている。これに注目すべきだ、と強く言った。

頷《うなず》く野田たちを前に、大島はこうも言っている。

「細かいことを言えば、たとえば、大学名も『大阪産業体育大学』にしてはどうだろうか。あえて『産業』を入れ、産業界とつながっていることを強調するわけです……」

再び、野田たちは首肯した。中澤が紹介するだけあって「この男はただ者ではない」と思った。結果を先に言えば、東大教授の加藤は定年退職まで二年近く残していたが、教員採用の人事権と学部長就任が約束されて快諾した。大学近くに住居も与えられることになったが、これは加藤が提示した条件だった。

その他の大島の要望も、全面的に受け入れられた。「生産体育専攻」コースが設置されることになり、建学の精神も「産業体育の研究と、その指導者養成」にポイントを置くことになった。

ただし、大学名だけは大阪体育大学に決まった。もちろん、当初は大島が提案した大阪産業体育大学の名称で文部省に認可を求めたのだが、ひと足早く、大阪鉄道学校が新設を申請していた大学名を大阪産業大学としていたため、文部省側から「同じ大阪に〝産業〟と付く大学が二つあるのはまぎらわしい」という行政指導を受けて断念することになったのだ。

元大阪体育大学学長の田村清は、還暦を迎えたあたりから大島を思い出すことが多いという。そのたびに「すごい人だったなあ」と思ったと述懐する。

大阪府高槻市。JR高槻駅に隣接するレストラン。ビールが注がれたジョッキを手に「お酒のほうも大島さんに鍛えられた。大阪に来るまでは飲めなかったんだけどね」と言い、田村は柔和な表情で語り始めた。テーブルの上には持参した『大阪体育大学十五年史』（一九八〇年）が置いてある。

「私が大阪体大に赴任したのは昭和四十二年だったんですが、まず驚いたことはカリキュラムでした。私が卒業した東京教育大になかった科目がずらっとある。たとえば、この十五年史に書いてあるんですが、生産体育課程にはこの通り私が知らなかった科目がある。『労働衛生』『安全管理』『運動障害救急法』『労働管理』『労働法規』『生産体育論』『生産体育演習』……などですね。これは、大島さんが提唱した科目です。

高度経済成長時代の当時は、政府が労働力保全のため、企業に対し労働基準法の義務づけが厳しかったですからね。その辺を大島さんはきちんと把握していたんでしょう。よく『生産体育』という言葉を口にしていた。生産体育課程の学位取得者は衛生管理者の資格を与えられるということでね。当時、無試験による衛生管理者資格交付のある大学は、医学部がある順天堂大学を除いては前例がなくって、大阪体大だけでした。当初は新設校のため注目されませんでしたが、いまでは各体育大や体育学部、体育科などに衛生管理者資格認定コースがありますから、大島さんの慧眼はすごかったですね。加藤橘夫さんたち教授陣が順天堂大や東大衛生看護学科のカリキュラムなどを研究し、大島さん自身が労働省や大阪労働基準局を訪ね、苦労の末に認可されたと聞いています。

とにかく、私が赴任した頃の大島さんは『スポーツ・フォー・オール』といった言葉をよく口にしていた。生涯スポーツを推進し、とくにエコノミックアニマルといわれるサラリーマンは、進んでスポーツをしないと過労死すると言っていた。当時の大島さんは還暦を迎えた頃だったと思いますが、当時から揺るぎない哲学を持っていた。だから『すごい人物だったなあ』と思うんですね……」

東京オリンピック招致が決まった際、大島は選手強化の一環として、まずはスポーツに科学を導入した。それと同じように、大阪体育大学を開校したときは「生産体育」を取り入れ、別な角度から「みんなのスポーツ」を推進した。高度経済成長時代を突き進む、日本を見据えた大島の先見の明だった。

大島は言っている。

「ぼくは、家康ではないしね。待てない性格のため、考えた時点でスタートを切る……」

3

還暦を迎えてからも、大島は休むことはなかった。

ドイツ・チャンネルを通じ、大島のもとにはヨーロッパのスポーツに関するあらゆる情報が寄せられていた。ヨーロッパで誕生した、みんなのスポーツ推進の起爆剤になったといってよい「トリム運動」をいち早く日本に紹介したのも、もちろん大島である。

トリム運動はいかなるものか。大島は次のように説明している。

「トリム運動は、ノルウェーの伝説の人、ヒュージ・モーが提唱した『みんなのスポーツ』の表看板。彼は工業化による現代病の蔓延を防ぐためスポーツに求めたわけだが、『トリム』というのは実は造船用語だ。海洋を渡る船体をバランスさせる意味であり、その昔、スカンジナビア半島を根城に海賊たちは甲板のない小船に乗り、宝船を襲い、思う存分の略奪を繰り返した。つまり、小船のバランスが生死を分けた。モーはそこに着目し、肉体的にバランスを崩した自国民に回帰の道を示すため、一九六九年からトリムと名付け、誰もができる運動を推進した。それがトリム運動の始まりだ……」

私は、二〇一二（平成二十四）年の四月十七日から三日間、ドイツ・フランクフルトの郊外の閑静な町・ヴァルドルフに滞在し、元ＩＯＣ（国際オリンピック委員会）委員のワルター・トレガーにインタビューをする一方で、高橋範子の案内でスポーツクラブを視察した。夜ともなれば、彼女が作った手料理を食べ、ワインを飲み、ドイツのスポーツ事情や大島についての話に耳を傾けた。

「昼に見学したスポーツクラブの〝Turngesellschaft《トゥルングゼルシャフト》 Walldorf《ヴァルドルフ》〟は、一八九六年に創立された公益法人の運営だったわ。そう、岡さんが言ったように、第一回のオリンピックのアテネ大会が開催された年に創設されたのよね。だから、今年で百十六年目になるわね。人口六十八万人のフランクフルトは、ベルリン、ハンブルク、ミュンヘン、ケルンに続くドイツでは五番目に大きい都市で、四百二十のクラブがあって十六万人が会員になってるの。そのうち公益法人のクラブは十九クラブで、二〇一〇年の時点で創立百五十周年を迎えているのは六クラブ、百二十五周年が一クラブ、百周年が四クラブ、五十周年が三クラブ、二十五周年が五クラブ……。以上で十九クラブになるでしょ。もちろん、一九六一年に発表された『ゴールデンプラン』の影響が大きいわ。『角を曲がれば運動場』をスローガンにスポーツ施設の整備が行われたわけだからね……」

頷《うなず》く私を見つつ、高橋は続けて言った。

「そうね、トリム運動について知りたかったのよね。たしかミュンヘン・オリンピックが開催されたのは一九七二年だったから、その前からだったと思う。ドイツでもトリム運動が盛んに行われるようになったのね。それまでのドイツは『第二の道』政策を打ち出したけど、それほど国民にスポーツが浸透したとはいえなかった。当時のスポーツクラブ登録会員数は、たしか六百万人ほどでね。十年経っても一千万人にならなかったと思うわ。当然、それだけではダメで、もっと幅の広いみんなのスポーツ、生涯スポーツを推進しなければいけないって。そう、日本でいう『みんなのスポーツ』を普及させるべきだといって、トリム運動を国全体のムーブメントとして推進するようになったの。『あなたは若い頃、ボールを蹴っていたでしょう？　走っていたわね？　じゃあ、やりましょうよ』という感じだったけど、それだけではダメだって。それで女性に対しても『美容体操もあるわよ。一緒にやらない？　会員でなくともトリム運動はできるわよ』ってね。そういう調子で推進したの。

それまでは、たとえクラブの会員でも名を連ねるだけで、やらない人も多かった。ところが、トリム運動が普及されるとともに、これは冗談だけど『ドイツ人三人寄ればクラブを作ろう』という話になるって。それほどトリム運動は浸透した。そのためでしょうね、現在のスポーツクラブ数は増えに増えてドイツ全体で九万一千を超して、二千七百万人が会員になっているわね」

私はホワイトアスパラガスを食べつつ聞き、彼女はワイングラスを手にしつつ語った。

「……その辺のドイツのスポーツ事情を、大島さんはすぐに察知するんでしょうね。ドイツにいらっしゃれば、ドイツオリンピックスポーツ連盟（DOSB）に行って事務局長のカールハインツ・ギーゼラーさんたち重鎮とお会いしていた。ドイツでのトリム運動は、ギーゼラーさんの部下だったユルゲン・パルムさんが中心になって推進してたわね。それでパルムさんは『ドイツのトリム運動ムーブメントの父』と呼ばれてた。たしか私が帰国した一九七〇年の九月に、パルムさんも日本に行って講演をなさっていると思う。当然、大島さんや伊東春雄さんたちにもお会いしているわ。

そうね、トリム運動は、さらにドイツ国民のスポーツ観を変えたのね。私も森の中をジョギングしたり、テニスなどもやるようになった。ほら、ドイツスポーツ会館に行ったとき見たでしょう。昼休みに職員たちは、森の中をジョギングしていたじゃない。あれを私もやっていたのよ。私も若かったのよ……」

一九七六（昭和五十一）年、それまでの「体力つくり国民会議」は、「社団法人国民健康・体力つくり運動協会」に統合合併された。大島とは旧知の仲である自民党代議士の古井喜実を理事長に迎え、「トリムジャパン推進本部」を新設して総理府・文部省・厚生省・労働省の管轄になった。つまり、国庫補助金を頼りとする社団法人として、新たなスタートを切ったのだ。その前年、大島を議長に、伊東春雄（日本少年団本部常任委員）、小野三嗣（東京学芸大学教授）、近藤宏二（近藤内科クリニック所長）、飯塚《めしづか》鉄雄（東京都立大学教授）、名取礼二（東京慈恵会医科大学教授）、日野原重明（聖路加病院付属看護学院長）たちを策定委員に迎え、伊東春雄が中心となり『センチュリープラン（百年計画構想）』を策定した。毎日新聞運動部記者でもあった伊東は、誰よりも「大島思想」に傾倒していた。

二〇七五年をゴールに定める運動不足現象撲滅計画『センチュリープラン』を具現化するには、

政府、都道府県、市区町村など、すべての「行政の一元化」が前提要件となる。いわば官民一体での事業でなければ、より以上のトリム運動を軸とした「みんなのスポーツ」の推進は望めなかった。十年前に体力つくり国民会議を発足させたときは、河野一郎の思わぬ急逝などで低迷してしまったが、今回こそは大丈夫だと確信した。

ところが、間もなく活動が頓挫してしまう。その要因の一つが、元通商産業省官僚・佐橋滋の出現だった。

佐橋滋——。作家・城山三郎の代表作の一つで、テレビドラマ化された『官僚たちの夏』の主人公・風越信吾のモデルになったことでも知られる官僚である。元首相の三木武夫が通産大臣だった東京オリンピックのときは、通産省トップ官僚の事務次官であり、「佐橋大臣・三木次官」といわれるほどの辣腕ぶりを発揮。退官後は大物財界人のバックアップを得て「財団法人余暇開発センター」を設立し、理事長に就任していた。

その佐橋は、後に首相になる三木武夫の全面協力を得て、国庫補助を引き出し、独自にトリム運動を余暇開発センターの表看板にした。そして、日本体育協会会長の河野謙三、日本医師会会長の武見太郎、日本商工会議所会頭の永野重雄、日本レクリエーション協会会長の東龍太郎に働きかけた上で、大島に「トリム運動推進」の協力を要請してきたのだった。つまり、高度経済成長期に「株式会社日本」を牽引してきた、元通産官僚だった地位を最大限に利用し、大物政財界人たちの協力を得た後、大島に話を持ちかけてきたのだ。

もちろん、大島はすんなりと要請を受けることはなかった。

一九七五（昭和五十）年の夏前だ。場所は、日本体育協会本部がある岸記念体育館一階のスポーツマンクラブ。その一角にある小部屋。大島は佐橋を前に怒った。次のような啖呵を切ったという。

——お前のような官僚出にトリム運動がわかるか。たとえわかっていても、行政を一元化しなければ発展は望めないんだ。勝手に組織を作ればいいっていう問題ではない。ふざけるな！

大島は、以上のような激しい言葉を佐橋に浴びせたと伝えられるが、それは当然だったろう。なにせ大島たちが設立した「社団法人国民健康・体力つくり運動協会」の他に、トリム運動を推進する団体が発足すれば、大島が主張する「行政の一元化」は困難となり、国庫補助のバラマキ政策が指摘されてしまうからだ。

それに大島にとってみれば、スポーツとは無縁であるはずの元通産官僚の佐橋が、突然のようにトリム運動に関わってくること自体解せなかった。また、戦後から一貫して独自のスポーツ理論を展開してきた大島の論文なりに目を通していれば、もっと別な接し方があったはずだ。要するに、大島の存在を見くびっていた……。

大島が佐橋を前に啖呵を切った際、同席していたのが朝日新聞記者の遠藤靖夫と、東京オリンピックを中継したＮＨＫのディレクター・片倉道夫だった。

元朝日新聞運動部記者の遠藤靖夫に会った。東京オリンピック後の翌年の一九六五（昭和四十）年春に朝日新聞社に入社し、社会部から運動部に転属になったのは五年後であり、初めは「勝敗だけの記事を書くのはつまらん」と思っていた。が、ある日だった。日本体育協会に取材に行った際、職員の増田靖弘から手渡されたドイツの『ゴールデンプラン』を読んで、心が変わったという。増田は大島の信奉者で、大島の指導を得て同書を書いていた。

遠藤はバッグから、タイプ印刷の黄ばんだ『ゴールデンプラン』と、トリム運動について書いた記事のコピーを取り出した。

「この『ゴールデンプラン』を増田さんからいただいて、読んだんですね。そしたら『現代の社会はモータリゼーションのために人間は機械化されている。そのためにもスポーツは重要な役目を果たす……』といったことが書いてある。市民スポーツの重要さ、スポーツは単に勝敗だけを争うものではないと。そこで社会部にいたこともある私は、『社会とつながったスポーツはこれだ』と思ってね。それ以来、市民スポーツを中心に取材するようになったんですよ……」

そう言ってから、大島と佐橋の一件について説明した。

「昭和五十年の四月でしたね。トリム運動に取り組んでいた大島さんを取材し、五回連載でトリムについて書いたんですね。そのときに、それを読んだという余暇開発センターから電話があり、『実は健康づくりについて考えている』とね。それで佐橋さんに会うと、GNH（Gross National Health）という国民総健康プランを練っていて、当時の三木武夫首相を巻き込み、トリム運動を展開したいという。この時点では大島さんが絡んでいなかったため、大島さんが怒ってしまうような事態に発展してしまったんだと思う……。

私の場合も、たとえば、この記事にあるように『トリムを提唱している佐橋氏のプラン……』とか『三木首相も支援を約束』などと書き、大島さんと関係の深かった日野原重明さんや小野三嗣さんたち三人の座談会を、余暇開発センターでやったりね。それをこのような記事にした。それも大島さん抜きでね。そうだね、私とＮＨＫの片倉さんはよく一緒に余暇開発センターに行っていた。

まあ、スポーツマンクラブで佐橋さんと会談したときの大島さんは、激怒したというか、たしかに機嫌が悪かったことは事実。それは当然で、佐橋さんが大島さんの仕事を横取りした感じだったからね。その点に関しては、私も責任を感じていた……」

もう一つ。さらに大島を怒らせたのは、佐橋がトリム運動に着目した経緯だった。

日本体育協会元職員の証言によれば、そもそも佐橋がトリム運動に着目したのは、付け焼き刃的な発想からだった。首相・三木の親族の担任が、たまたま大島のブレーンの一人だったからだという。その関係でトリム運動について三木が知り、「面白そうじゃないか」と佐橋に伝えた。それが着目に至る経緯であり、運よく遠藤の記事に目が留まったのだ……。

ともあれ、遠藤は事あるごとに紙面を通じてトリム運動ついて報道し、毎日新聞運動部記者の伊東春雄とともに、市民スポーツを提唱する記者として知られた。

「そもそも私にトリム運動の情報を提供してくれたのは、大島さんだった。いまこうして振り返ると、もっと大島さんとは付き合っていればよかった。何度も取材で会っていたんだが、一度も一緒にお酒を飲んだことがなかったしね。毎日の伊東春雄さん、日体協の増田さんや青木高さん、紺野晃さんたちは『大島思想』に魅了されていたんだろうな。お酒を飲みながら、話を聞いていたというからね。私の場合は昭和五十二年に北海道支社に転勤して、東京を離れてしまった……」

恐縮した顔で遠藤は語る。しかし、いまも『ゴールデンプラン』を読んだときの感動を忘れず、市民スポーツ普及運動に情熱を注いでいる。二〇一三年五月に第三十六回目を迎えた『北海道を歩こう！』は、北海道支社時代に遠藤自身が提唱したものである。また、定年後の二〇〇七（平成十九）年には『21世紀の朝鮮通信使　ソウル─東京　友情ウオーク』を企画・実施し、ソウル〜東京間約二千キロ（そのうち約八百キロはバスとフェリー利用）を五十日間かけて、仲間の日本人、在日韓国人、現地の韓国人たちとともに踏破している。以来、隔年で開催し、四回目の今年は四月一日にソウルをスタート。五月二十日に東京・日比谷公園にゴールした。

ゴールを見届けた私に遠藤は、日焼けした顔で言った。

「毎日の伊東さんのように、大島さんを崇拝することはできなかったんだが、少しは『大島思想』に影響されたかもしれない。迷惑もかけたが、私は大島さんの弟子だと自負している。北海道支社から戻った後、昭和五十七年だったかな。大島さんの『オリンピック平和賞』受賞が決まったとき、朝日の『ひと』の欄で私が原稿を書いた。あのとき大島さんは、照れ顔で言っていた。『まだアフリカでオリンピックは開催されていない。だから、五輪とはいえないんだよ』と。大島さんらしい言葉だと思ったよね……」

4

紆余曲折を経ながらも「みんなのスポーツ」推進は、大島が鬼籍に入るまで続けられた。

晩年の大島は、よく自ら身体に鞭打つように言っていた。

「少なくとも我々は、何年か何十年か経った後で、後継者たちから、自分らの先輩たちはやるだけのことはやってくれていたんだ、と言われるだけのことはしておこうじゃないか……」

その大島の思想に身を捧げたのが、誰よりも後継者を自負していた伊東春雄だった。

宮崎高等師範学校（現・宮崎大学）から東京体育専門学校（現・筑波大学）に進学し、卒業後に郷里の地方紙・宮崎日報を経て、毎日新聞西部本社佐賀支局員になった伊東が、東京本社勤務に転じたのは一九六三（昭和三十八）年春だった。

学生時代の伊東は箱根駅伝を走った陸上競技選手であり、大島同様にドイツに憧れてドイツ語をマスター。とくにゲーテの詩集を原語で読むのが好きだった。また、戦時中は学徒動員で特攻隊を志願。出撃前に鹿児島県鹿屋基地で敗戦を迎え、「自分は死にぞこないの人間です」と語っていたからだろうか、すぐさま大島と伊東は意気投合したという。

「フォート・キシモト」代表の岸本健の案内で千葉県船橋市の伊東の自宅を訪ねた。岸本は、第十八回オリンピック・東京大会から、第三十回オリンピック・ロンドン大会まで十三回連続取材を続け、誰も注目しないマイナーなスポーツまでもシャッターを切り続けるカメラマンだ。

すでに伊東は一九九三（平成五）年六月十三日、享年六十九で鬼籍に入っている。が、岸本は伊東の自宅を一緒に訪ね、奥さんに会って書斎だけでも見せてもらうべきだと、そう私に助言したのだ。

一月の晴れた日だった。私たちが訪ねるのを待ち構えていたように、妻の惇子が書斎に案内してくれた。生前と同じままだという。

「本当はね、もっとすごかったの。もう新聞だけでも全紙取っていて、絶対に捨てなかったのね。伊東が亡くなった後は四トントラックで運んでもらって処分したけど。それに岸本さんとボンちゃん(上柿和生、現・株式会社スポーツデザイン研究所主宰)にも二千冊ほど持っていってもらったけどね。それでもこの状態。この部屋に入ると、伊東の匂いがワーって私を襲ってくる感じ……」

カーテンと窓を開けながら惇子は言った。

そして、机の引き出しから薄赤く変色したA4判のゲラ三枚とメモ用紙を取り出し、私の前に差し出した。ゲラには赤字が無数に入っている。

「これが、伊東が大事にしていた宝物なんですよ。スポーツ少年団の機関誌に書いたときのゲラで、そのときに大島さんが読んで、赤を入れ、チェックしたのね。もうそのときの伊東は嬉しがって『鎌さんが読んで、赤まで入れてくれた』と言って、もうずっと宝物にしていた。このメモも同じ。大島さんからいただいたメモだと言ってね。ゲラのほうは昭和四十四年のものだから、伊東は死ぬまで二十四年間も大事にしていた。いまもこうしてありますけど……」

そのゲラとメモを、私は手にした。傍らの岸本が言った。

「私もお酒を飲みながら大島さんの話を聞くと、もう憑かれてしまう。冷静さを失うほどファンになる。伊東さんは私なんかよりも、もっと大島さんの思想にのめり込んでしまった。私がここに来るたびに、伊東さんはこのゲラを見せて『健ちゃん、これがぼくの原点なんだ。鎌さんは一生懸命に赤を入れてくれた』ってね。岡さんもよく知っている上柿さんは、当時は日本レクリエーション協会の編集部にいてね。伊東さんの担当だったため、大島さんのことはよく知っている。伊東さんが大島さんの弟子なら、若かった上柿さんは孫弟子といってもいいんじゃないかな。大島さんと伊東さんは、よく仕事を終えるとスポーツマンクラブで飲んでいた。その話を横で黙って聞いていたのが、上柿さんだった……」

その日、岸本は仕事のために中座したが、惇子は時間を惜しまず夫と大島の思い出を語った。

東京オリンピック後だった。夜ともなれば、日本体育協会本部がある岸記念体育館一階スポーツマンクラブで、飲み会がよく開かれた。参加者は野津謙（日本サッカー協会会長）、田畑政治、青木近衛（ともにJOC委員）、飯塚鉄雄（東京都立大学教授）、猪飼道夫（東京大学教授）、大西鐵之祐（早稲田大学教授）、川本信正（スポーツ評論家）、鈴木良徳（ローマ大会陸上競技総監督）、釜本文男（日本大学陸上部監督）、広瀬豊（講談社『月刊陸上競技』編集長）、伊藤政吉（大修館書店『体育科教育』編集部）たち、その他に日本体育協会や日本レクリエーション協会の「大島シンパ」といわれる上柿和生を始めとする若手職員たち、日体協記者クラブ詰めの新聞記者も集まっていた。ときにはケンカ腰で激論を交わし、大島は顔を見せる新聞記者たちを前によく言っていた。

「お前らは、ジャーナリストの本分を忘れるな。お上にペコペコする鉛筆女郎にはなるなよ！」

スポーツマンクラブで大島と会った日の伊東は、帰宅すると妻・惇子に「きょうの鎌さんは、大西（鐵之祐）さんと議論していた。いい話が聞けたよ」と言っては興奮していたという。

そんな伊東ではあったが、東京・世田谷区深沢の大島の自宅で、ごく親しい仲間たちとともに、カモ鍋やすき焼きを食べながら大島の話を聞くのが何よりも好きだった。

「月に一回だったかしら、『大島会』といわれた食事会があってね。いつも伊東は、出席するときは『ぼくは、鎌さんの遺志を継ぐんだ』と言っていましたね。私も一緒に何度か参加したことがあって、書斎にあった、世界に三つしかないというカール・ディームのデスマスクが印象的でした。大島さんは、みんなに『飲めば本音が出る。まずは飲め！』と言い、大好きだというワインブランデーのアスバッハ（Asbach）を飲むんですね。伊東も私もアスバッハが好きになって、このようにいつも自宅に買い置きをしていましたね。もう伊東は、これを飲む仕草も大島さんそっくり。私も息子さんのお嫁さんが作ってくれた、千切りにしたジャガイモを水に浸して豚肉と炒めた料理が好きになってね。よく伊東に作っていましたよ……」

遠い日の思い出を、惇子はアスバッハを手にしつつ懐かしむように語った。だが、当時の伊東はまったく家庭のことは見向きもしなかったという。そのため惇子は、大島に言ったことがある。

「先生、少しは家のことを考えるように、伊東に言ってください」

しかし、大島はつれなかった。

「しょうがないんだよ。日本の青少年のために我慢しなさいよ」

「でも、経済的にも大変なんですよ」

そう惇子が訴えても聞き入れてくれず、大島はこう言った。

「じゃあ、君が働けばいいんだ。世の中のために我慢だよ。青少年をきちんと育てないと日本は沈没する。それではいかんだろう……」

苦笑しつつ、惇子は私に言った。

「伊東は、目出し帽を被って、この辺りを走っていたの。だから、この辺りでは有名で、子どもたちにも親しまれていたわね。それで子どもたちの家族まで巻き込んで、スポーツ少年団も作ったの。それに、誰とでも対等に付き合っていた。浮浪者とも気軽に座り込んで話をしたり……。伊東にいわせると『人間は平等なんだ。鎌さんの流儀でもあるんだ』って。すべて大島さんを真似ていた。二人の性格が似ていたんでしょうね……」

そして、思い出したように言った。

「そうそう、あるときでしたね。私は伊東と大島さんの前にひざまずくようにして、二人の脚をね、それぞれ撫でたことがあるんですよ。『ああ、伊東は、この脚に惚れてしまったんだ』って。感触？　さあ、どうだったかしら……」

惇子は、再び苦笑いを浮かべた。

七十歳を迎えようとしても大島は奔走した。その後を追いかけるように伊東が続いた。後継者の伊東は、大島の分身でもあった。

一九七七（昭和五十二）年五月だった。大島はフランス・パリで開催された「第五回トリム・フィットネス国際会議」に日本代表で出席した。ソ連が初めてレポートを提出し、ルーマニア、ブルガリア、チェコスロバキアなどの東欧諸国、ブラジルとオーストラリアも初参加し、参加国は三十ヵ国に及んだ。

その会議で大島は『センチュリープラン』を発表した。帰国後に専門誌『体育科教育』（一九七七に言っている。

年九月号）の「新連載・伊東春雄対談シリーズ」第一回目ゲストに迎えられ、ホスト役の伊東を前

「……日本からは君の作ったセンチュリープランを持って行った。みんな、たいへん興味を持っておった。パネルの前に行って、熱心に書き写すんだ。ああいう計画を立てた国はないんだよ。五〜十年先を見ながら考えることがいちばん実際的かもわからんけど、日本から持参したセンチュリープランが、他の国の参考になれば、それはそれで結構なことだと思うんだ」

大島の『センチュリープラン』を策定するための草案を練ったのは伊東だった。二年前のアメリカ・ワシントンで開催された「第四回トリム・フィットネス国際会議」に出席した大島は、会議の内容を報告し、それを参考に、伊東は一気に『センチュリープラン』の草案を練り上げたのだ。

一九七〇年代半ばに策定された『センチュリープラン』とは——。

たとえば、学校教育が果たしうる機能と役割が限界に達したことを指摘し、次の三点にわたって問題提起している。

一、偏差値万能の受験予備校化した学校の中に、点数で評価できない情動教育の領域は何処にあるのか。

二、世代、性、職業、収入の差を乗り越え、連帯を作り出す市民教育の領域は学校の中の何処にあるのか。

三、終戦直後から重要さを指摘されてきた、文化両面の教育政策は学校の中で如何に生かされ

ているのか。

さらに、①シンクタンクの創設、②生活環境の整備、③生活構造の創造、④協同体組織の創造――などを提起。たとえば、②の生活環境の整備では、とくに子どもたちに広域生活圏を提供することが急務であり、ハイキング（山菜採り、川遊びも含む）、サイクリング、オリエンテーリング、ランニング、キャンプ、スキー、スケート、海水浴などのスポーツ施設の設置を訴えている。

『センチュリープラン』に取り組む際、伊東は大島にこう言った。

「四年前のNHKの国民生活時間調査を基に、人間の一日の行動範囲を調べたんです。その結果、小学生だと半径十五分から二十分ほど。往復三十分の圏内で一日の大半を過ごしている。中学生だと自転車で半径三十分くらい、徒歩だと十五分くらい。高校生だと若干広がって、半径四十五分くらいです。一年のほとんどは、こんな狭いところで生活しているんです。つまりプログラム、施設、指導者はこの圏内で充足されなければならない。ここに問題がある。それを考えてスポーツ振興を叫ばなければならないと思うんです……」

もちろん「大島の後継者」を自負する伊東は、自ら行動を起こし、実践している。

妻の惇子が苦笑しつつ言ったように、目出し帽姿で船橋市松が丘の自宅周辺を走り回っていた。そのため近所の少年たちから「ヘンなおじさん」と言われながらも、いつしか地域の家族まで巻き込んで「高根台オックススポーツ少年団」を発足させた。娘たちが通学する小学校のPTA会長に立候補し、「蘇れ、PTA！」「地域に第二の学校を！」と訴え、多くの賛同者を得て就任。休日には地図とコンパスを持ち、家族で宝探しのオリエンテーリングをする。野山にハイキングに行く。夏ともなれば、日本レクリエーション協会の上柿たち若手スタッフの協力を得て、簡易のプールを設置し、終日子どもたちと一緒に遊んでいた。

さらに伊東は、ドイツスポーツユーゲント事務局に勤務する高橋範子の協力で、独自に家族ぐるみの日独交流をするようになった。夏休みになれば、子どもと父母たちを引率し、ドイツに行く。少年少女合唱団を結成し、ハイキングやキャンプに行っては一緒に歌をうたう。キャンプファイアーをする。親子でサッカーをする。翌年はドイツのスポーツ少年団を招く。伊東は『センチュリープラン』で掲げた『第二の学校』を自ら作ってしまったのだ。

その地道な活動は、いつしか時の総理大臣の耳にも入る。当時の伊東は、定年を前に毎日新聞社を退職し、「日本コミュニティ・スポーツ研究所」の代表を務めていた。

一九八三（昭和五十八）年三月十九日の朝だった。場所は、東京・霞が関の首相官邸の執務室。伊東の前には、首相・中曽根康弘が椅子に座っている。テーブルの上には『中曽根首相への提言 青少年問題に関して』とタイトルが付けられた、ガリ版刷りのパンフレットが置かれていた。これは、中曽根側から話がきた際、それまでの正直な思いを綴ったものだった。

しかし、なかなか中曽根はパンフレットを手に開こうとはせず、単に伊東の青少年育成についての説明に頷くだけだった。その姿を見ていると、けっして興味を抱いているとは思えない。

十分ほど経過した頃だったという。伊東は「この人は何なんだ?」と思い、カチンときたのだろう。いかに首相とはいえ失礼ではないか。呼びつけておきながら、その態度はないはずだ。そう思い、張りのある声で言った。

「今日の私は、朝早く船橋の自宅を出てここに来ました。総理が会いたいと言ったからですが、私の話に興味がないみたいですね。それじゃあ、帰ります。総理と会うのも大事ですが、それよりもお父さん、お母さんたちとスポーツやレクリエーションの話を一緒にします。子どもたちのことを考えていたほうがいいですから……」

そして、さらにダメ出しをするように強い口調で言った。

「総理、いまのようなスポーツ政策なら、間違いなく自民党はつぶれますよ。これにも書いておきましたけどね……」

そう言った瞬間だったという。首相・中曽根は厳しい表情を見せつつも「まあまあ、伊東君」と言いながら、手帳を取り出してメモを取り始めた……。

以上の話は、私が伊東の自宅を訪ねる前に岸本から聞いたもので、中曽根に提出したガリ版刷りのパンフレットを、資料用にと手渡してくれた。表紙にはタイトルの下に「首相への提言―地域で未来からの教育」と書かれていた。十四ページに及ぶ、パンフレットの目次は、①提言の基礎―5つの作業方法、②日本の青少年を取り巻く「6つの危機」、③古い課題解決手法の点検、④新しい課題解決手法開発の試み、⑤自民党・政府の青少年政策批判、⑥首相への提言―地域で「未来からの教育」――であった。

「このパンフレットには、当時の伊東さんの『みんなのスポーツ』に懸ける執念が綴られていますね。スポーツ少年団、みんなのスポーツ普及に、何よりも大島さんと伊東さんは人生を捧げていた。私もよく伊東さんに同行し、子どもたちの写真を撮っていましたね。新聞社のカメラマンたちは、『健さん、そんな跳び箱やマット運動の写真を撮っても商売にならないでしょう』なんて言ってたけどね」

いつもと変わらぬ柔和な表情で、岸本は私に言った。

妻の惇子も語った。

「中曽根さんに会って、自宅に戻ってきたときは満足そうな顔をしていましたね。一緒に朝食をし、面会時間もかなりオーバーしたみたいで、真剣に話を聞いてくれたって。大島さんと同じ新聞記者だったからでしょうか、伊東は物怖じしない人でしたから……」

もちろん「伊東・中曽根会談」については、七十四歳になる大島に報告された。

終章

平和運動

1

大島鎌吉《けんきち》取材を開始したのは、二〇〇九（平成二十一）年十月初旬。それから二ヵ月ほど経った十二月十六日だった。私は、日本陸上競技連盟の重鎮である「二人の名誉副会長」を前にした。東京教育大学（現・筑波大学）出身の帖佐寛章と、早稲田大学出身の小掛照二である。

日本陸連において、名誉会長の青木半治を筆頭に名誉副会長の帖佐と小掛は、保守本流ともいえる「早稲田・教育大閥」を率い、一匹狼的存在だった生前の大島とは対峙する関係にあったという。しかし、根の部分では日本スポーツ界を主導する「陸上一家」ということで、固い絆で結ばれていたといわれる。それに入院中だった青木はともかく、二十歳以上の年の差があり、陸上一筋に人生を歩んできた二人は、大島について冷静に語れる「最後の生き証人」でもあった。

日本体育協会本部がある東京・原宿の岸記念体育館の日本陸連本部の小部屋。その日の午後一時過ぎ。私は、国際マラソン協会会長でもある帖佐寛章を前にした。いまも週に二、三度は連盟に足を運ぶ彼は、若き日を思い出し、ときには大島の姿を脳裡に浮かべるという。夕方になると、一階のスポーツマンクラブで集う大島によく声をかけられた。

「よお、帖佐君。今度はいつ海外に行くんだ?」

そのような帖佐には、未だに忘れられない思い出がいくつかある。

一九六〇（昭和三十五）年の夏だ。第十七回オリンピック・ローマ大会視察のため、初めて帖佐は渡航することになった。そのとき大島は、ドイツ（西ドイツ）のスポーツ施設を視察することを強く勧めてきた。

「大島さんは、ヨーロッパに行くんなら絶対にドイツを訪ねろ、スポーツ施設を見るべきだ、それからケルン体育大学に行って、カール・ディームに会えと言う。思わず私は『えっ、カール・ディームに会えるんですか?』と聞き返したら、『ぼくが紹介状を書くから大丈夫だ。通訳も用意させる。泊まるところは大学の寮でいいだろう』とね。それでドイツに行ったら、もうその通りになった。カール・ディームも気さくに会ってくれた。嬉しかったね。

それに各都市にあるスポーツ施設を視察したら驚いた。芝生のフィールドがあり、クラブハウス内にはトレーニングルームもある。それを見て、大島さんがドイツのスポーツ施設を見ておくべきだと言った、その意図が理解できたね。戦後、日本と同じ敗戦国のドイツは、初めてオリンピックに出たヘルシンキ大会では金メダルはゼロだった。ところが、次のメルボルン大会では四個獲り、私が初めて視察したローマ大会では十二個も獲得している。当然、そのドイツ躍進の大きな理由は充実したスポーツ施設にあった。戦時中の大島さんは、毎日新聞の記者として六年もドイツに滞在していたということは知っていたけどね。さすが大島さんは『海外のスポーツ事情に詳しい国際人だなあ』と思ったよ」

あらかじめ大島との思い出をメモ用紙に記述していた帖佐は、それを見つつ語った。

そして、それから六年後の一九六六（昭和四十一）年。日本陸連の強化コーチに昇格した帖佐は、順天堂大学出身の教え子の澤木啓祐と、早稲田大学出身の飯島秀雄の二人の選手を引率しての、五十日間に及ぶヨーロッパ遠征を計画した。前年の「ユニバーシアード・ブダペスト大会」で澤木は五千メートル、飯島は百メートルでともに優勝していた。それだけに帖佐は、ヨーロッパ遠征を実現したかった。が、当時の日本陸連幹部に「若いくせして、勝手なことをするな！」と一喝されていた。しかし、強化委員長だった大島だけは賛同した。

「帖佐君、ぼくが連中を説き伏せる。行ってこい」

そう言って、大島は幹部たちを説得したのだ。

このヨーロッパ遠征の際も、帖佐は大島に助けられた。

「ロンドン、ワルシャワ、西ベルリン、ヘルシンキ、オスロなどで開催される国際大会にはエントリーすることはできた。しかし、どうしても『東ベルリン国際競技大会』と、ソ連のオデッサ市での『ズナメンスキー兄弟大会』に出場するにはどうすればいいかわからない。共産圏の両国の陸連関係者は知らないし、東ドイツとソ連に入るにはビザが必要だという話だったからね。そこで大島さんに相談したら『何とかする。ぼくの紹介状を持って行けば大丈夫だ』と言ってきた。正直、半信半疑だったんだが、結局は大島さんの言う通りにうまくいった。西ベルリンの日本大使館に行き、都倉栄二さんという名前の領事に会ってね。大島さんからの紹介状を見せると、『ああ、大島さんから連絡があったよ』と言って『あなたたち三人は通訳として、東ベルリンに連れて行く』と言ってきた。

ビザに関しても『一応、大島さんと私の紹介状を持っていれば大丈夫だよ』とね。もちろん、難なく東ベルリンで開催された国際大会に出場できた。だいぶ経ってから知ったんだが、都倉さんの息子は、作曲家の都倉……そうそう、都倉俊一だったね」

苦笑しつつ、帖佐は語った。メモ用紙を捲《めく》り、続けて言った。

「ソ連に入るときも同じだったね。後にソ連の陸連会長に就任したホメンコフに大島さんの紹介状を見せると、『ケンキチとは友人だ』と言って歓迎してくれた。『ズナメンスキー兄弟大会』で飯島が百メートル、澤木が五千メートルで優勝したときは、もう喜んでね。ホテルのレストランの、それもメインテーブルでご馳走してくれた。澤木と飯島は『先生、ソ連でも顔が利くんですね』なんて言っていたけど、すべて大島さんのお陰だった。

まあ、こうして大島さんについて話をしていると、たしかにすごい人だった。東京オリンピックの次のメキシコ大会のときの大島さんは、陸連の強化本部長だったと思う。東大の運動生理学の猪飼道夫先生を呼んでね、高所対策トレーニングを考えてくれた。アメリカの標高二千三百メートルの場所でトレーニングをしたりね。あらためて思ったね。『大島鎌吉という人は何者なんだ？』なんてね。海外のどこに行っても『ケンキチ・オーシマのことは知っている』と言ってくるし、その人脈の豊かさには驚いたよ。帰国した後にお礼を言っても、『そりゃあ、よかった』のひと言でね、威張らなかったし、弁解もしない人だった。

よく陸連についても批判していて、あるとき私は言ったことがある。『大島さんも陸連ですよ。執行部じゃないですか。批判するのはおかしいですよ』って。そう言ったら、ニタッと笑っていた。何度か陸連の連中と一緒にゴルフをしたこともあったけど、もうマイペースでプレーする。『プレー・ファースト！』と周りから言われても動じないで、タバコを吸っている。とにかく、稀有な人だったけど、ああいったスケールが大きい人物はなかなか出てこないね……」

そう言って帖佐は、国際人であった大島の逸話を披露した。

帖佐に会う前、その日の午前十時。私は、東京・港区南麻布の小掛照二の自宅を訪ねた。体調が思わしくなく自宅療養中の小掛ではあったが、「鎌さんについてなら、ぼくも話したい」と言って快く取材に応じた。

一九三二（昭和七）年生まれ。二日後に喜寿を迎えるといって苦笑し、鷹揚に語り始めた。

「健在ならば百歳を超えているはずの大島さんについて、現在の日体協やJOCのスタッフは知らないと思うけどね、もう大変立派な人だった。威厳もあったし、行動力のある学者だった。東京オリンピックのときの私は、織田（幹雄）さんの下で陸上競技のコーチをしていて、大島さんを見るたびに身を引き締めた。『鎌さんだ。手抜きできないぞ』ってね……」

小掛は二時間近くインタビューに応じた。日当たりのいい二階の応接間には、五輪マークの入ったオリンピックオーダー銀賞、旭日中綬章などの賞状やトロフィーが飾ってある。

「広島の上下町《じょうげ》（現・府中市）生まれの私は、関西大学に入学したかもしれなかった。高校時代に東西対抗の全国大会に出場するということで、金沢市で大学生たちと一緒に合宿をしたことがあってね。そのときに大島さんに初めて会った。『おい、関大に入れよ』と言われてね。思わず、大先輩の有名な人だったため『わかりました』と言ってしまった。そのためかどうかは知らないが、関大のマネージャーが上下高校まで来てくれて、『早稲田に入りたい者でも、昔は大阪で途中下車して、関大に入った者もいる』なんて口説かれた。結局は途中下車することなく、上京して早稲田に入ってしまった。早稲田出の織田さんが広島県出身ということもあったからね。

そうだなあ、私はオリンピックとアジア大会、陸上競技世界大会にね、それぞれ十回ずつ選手、コーチ、役員として関わってきたけど、大島さんのようにオリンピックで選手団長は務めたことはないね。大島さんという人は、一種の怪人というか……。たしかに先輩たちは『変わり者だ』といって、目の上のタンコブ的存在で疎ましく思っていたことは確かだった。そのためだろうね、陸連では役職に就いても長くはなかった。でも、日体協内での大島さんと田畑政治さんは、『あの二人は日体協の頭脳なんだ』とも言われていて、ぼくらは気軽に話しかけることができなかった。だから、逆に声をかけられると嬉しかった。とくに大島さんは海外の情報を把握していたため、普段は疎ましく思っていた人たちも、最後は『鎌さんに聞けばいい』だった……」

そのように語る小掛は、インタビューが進むにつれて、これまでけっして口にできなかったという本音も吐露した。

「これまでの陸上一筋の人生で悔いはありますか？」

この私の言葉が呼び水となった。しばらく視線を宙に投げ、小さく頷《うなず》いてから語り始めた。

「……そうだね。モスクワ・オリンピック（一九八〇年）を、日本がボイコットした。あのときは悔しかった。私は陸上競技の監督に決まったばかりで、マラソンで金・銀・銅の三つのメダルを絶対に独占できると思っていたからね。早稲田の後輩の瀬古（利彦）と、旭化成の宗兄弟（茂、猛）の三人いれば、陸上競技で戦後初めての金メダルが獲れる、メインポールに日の丸を掲げることができるとね。そういった計算を、私なりにしていた……。

オリンピック・メルボルン大会の三段跳で、私は期待を裏切る八位だった。そのことも悔しかったね。メルボルンに行く五十日前だね。戦前のベルリンでのオリンピックで金メダルを獲った田島（直人）さんの世界記録を四十八センチも上回る、一六メートル四八の跳躍で、世界新記録を出したんだが……。まあ、敗因は練習中に利き脚の左脚をネンザしたこともあったし、メルボルンの競技場は助走距離が三十五メートルほどしか取れなかった。本来の私の助走距離は四十二メートルと長く、それで思うような跳躍ができなかった……。だから、次のローマ・オリンピックでは雪辱を果たそうとね。四年間頑張ったんだが、選考会で標準記録を上回ったのにローマには行けなかった。陸連の理事会が『二十七歳の小掛を外し、東京オリンピックに向けて若手を選んだほうがいい』ということでね。それで私は荒れた。『何が陸連だ！』『やってられるか！』なんてね、陸連の幹部を怨んだ。あのときも悔しかった……」

そういって茶をすすり、静かな口調で続けて語った。

「そうだね。そういったことがあったため、メルボルンやローマで果たせなかった夢を、モスクワで果たせると思っていた。監督として、瀬古と宗兄弟の三人にメダルを独占してもらい、雪辱を果たそうと……。ところが日本政府はアメリカに追従し、政治家たちがボイコットに賛成してしまった。

いまになって言ってもしょうがないんだが、本音をいえば、私はボイコットには大反対だった。レスリングの高田（裕司）君は人前はばからず泣いていたし、柔道の山下（泰裕）君は、たしか一人でモスクワにオリンピックを観に行っている。そういった代表選手の気持ちと同じだった。……でも、早稲田の大先輩で日体協会長の河野謙三さんもボイコットに賛成だったからね。そのため、本当に我慢しなければならなかった。文句や恨みごとは一切口にすることはできなかった……。

そんなときだね、大島さんは『絶対に参加せよ！』とか『海を泳いででもモスクワに行け！』『オリンピックは平和の祭典だ！』などと訴えていた。あのときの私は、大島さんが羨ましくってしょうがなかった。周りを気にせず、選手を思って自由に本音を言える。それにスポーツ人なのに平和運動や反核運動もやっていたしね。あなたから電話をいただいた後、昔の陸連の仲間に『鎌さんのことで取材される』と言ったらね、みんな懐かしんでいた……」

小掛は自身の人生を振り返りつつ、大島について語った。別れる際、体調がよくなれば、私の取材をもう一度受けてもいいと言った。

しかし、小掛への取材は、初めて会ったこの日が最後となった。新年を自宅で迎えたものの、五ヵ月後の二〇一〇（平成二十二）年五月九日に泉下の人となったからだ。その同じ月の三十日には小掛が入院していた病院で、名誉会長の青木半治も九十四歳の生涯に幕を閉じた。晩年の青木は病床を見舞う小掛に何度か言っている。

「あの世の鎌さんはどうしているのかなあ……」

2

二〇一二（平成二十四）年の夏に開催された、第三十回オリンピック・ロンドン大会。振り返れば、一九一二（明治四十五）年に日本が第五回オリンピック・ストックホルム大会に初参加を果たしてから、ちょうど百年目であった。これまで獲得した金メダル総数は百三十九個（うち冬季大会は九個）。大島が選手強化対策本部長兼選手団長を務めた、第十八回大会の東京オリンピックで初めて二桁台の十六個の金メダルを獲得し、敗戦国日本の復興を世界にアピールして「日本オリンピック」と喧伝されもした。

しかし、百年の歴史を辿れば、「政治」に翻弄され、抵抗することなくオリンピック不参加に追い込まれたこともある。

小掛が苦汁を味わった三十三年前のモスクワ大会のときだ。その前年の師走に、ソ連（現・ロシア）がアフガニスタンに軍事侵攻すると、新年を迎えるとともに、当時のアメリカ大統領のジミー・カーターが「国際秩序を乱す」として抗議。さらに七月半ばから開催される第二十二回オリンピック・モスクワ大会への不参加を世界各国に呼びかけたのだ。

そのアメリカと日米安全保障条約を交わす日本政府は、国民やスポーツ界の意見を無視して追従する。時の首相・大平正芳を筆頭とする内閣、政治家、文部官僚たちの圧力に屈し、日本体育協会（JOC＝日本オリンピック委員会。JOCが日体協から独立したのは一九九〇年）も不参加を決めた。が、そのときオリンピック精神を掲げ、オリンピアンとして孤立無援の中で権力に立ち向かったのが大島だった。

一九八〇（昭和五十五）年の五月二十四日。この日のJOC総会で日本は、二ヵ月後に控えたモスクワ大会への不参加を決め「ナショナルエントリーを行わない」とした。

が、それよりも一ヵ月以上前の四月十日だった。日本政府によるボイコットを懸念した大島は、『JOC重大決意の日来る！　ここで考えよう！』と題した「大島アピール」を作成。IOC（国際オリンピック委員会）だけでなく、各IF（国際競技連盟）、さらに世界百二十四ヵ国・地域のNOC（国内オリンピック委員会）に、英文訳と独文訳で送付していたのだ。

私の手元には、約五千四百字で綴られた大島アピールがある。一部を紹介したい。

《政治に抵抗してどこが悪い？　政治には「良い政治」と「悪い政治」がある。人間の暮らしは良いにせよ悪いにせよ、すべて政治に関わるが、暮らしが血縁・地縁・国縁（国益）に絡んでいる以上、時の流れに即応対処せねばならぬのでいつも流動的である。今回のモスクワ・オリンピックを巡る米国のボイコットと、ソ連の開幕強行には双方にそれ相応の理由があるが、要するに国益を守る両強大国の正義の論理。政治で解決すべき問題をオリンピックの平和の園に持ち込んだのはとんだ場違い。ハタ迷惑も甚だしい。政治の宗教干渉や弾圧が政治の自滅を意味することは歴史が教えている。

そこで善悪両政治だが、近代オリンピックの始祖であるクーベルタンは、オリンピックの基礎固め時代に官僚や政治家の私利私欲・猜疑心・妬みと戦って苦労した。彼は八つの頭を持つ蛇との戦いだと言ったが、これは「悪い政治」に対してだった。一方、彼の理想を強力に支持支援した多くの政治家・学者・神父・各国の王子もいた。だが彼は、その人たちの好意に対し「良い政治」と言ったり、書いたりすることはなかった。我が陣営の同志と信じていたからだ。永遠のスポーツが短命の政治に負けるはずがない。オリンピックを決めるのは政府ではなく、IOCなどスポーツ界だ。それはともかく、JOCはオリンピックがどこで開かれようと参加すべきだ。米国も同じだ。米国が過剰興奮を冷やし、モスクワだから大選手団を派遣すると宣言したら、その時こそ世界は米国の平和意志を讃えるだろう。》

加えて大島は、各国がボイコットをせずに参加した際の「参加の態度」についてまで言及している。その「大島メモ」には、次のように記述してあった。

――ソ連のアフガニスタン侵攻は、国際的、人道的に許せぬ暴挙だった。だがいまの政治には、戦争以外ソ連に反省させる手段はない。しかし、参加する選手団だけが毅然と抗議する手段を持っている。世間慣れしたフランスが、クーベルタンの遺志を継いで参加宣言した方式である。開閉会式には歩かない。国旗・国歌は聖域外に追放し、代わって五輪旗を立ててNOC色を鮮明に打ち出す。我がJOCでいえば、文化団体の独自性を主張することだ。この点、JOCの革命的思想転換が求められるが、どんな態度で臨むかは世論に問うことが大切だろう……。

大島のメモは以上である。が、JOCは総会で「ナショナルエントリーを行わない」と事実上のボイコット宣言をしたのだった。そこでJOC名誉委員でもあった大島は、最後の一手として「参加希望選手には、個人エントリーを許すべきだ」と提言。それを受け入れたJOCは、六月二十五日の総会で「選手に参加希望があれば、七月八日の最終締め切りまでにJOCの名で申し込む」とした。

しかし、このことがボイコットを強要する内閣、政治家、文部官僚をさらに刺激した。

いかなる場合も選手派遣費は出さない——。

公務員である選手の参加は禁止する——。

などの締めつけを、政府は打ち出してきたのだ。

その結果、競技団体すべてが政治力に屈し、個人エントリーを申し出る選手はいなかった。そのとき大島は、小掛が言ったように「絶対に参加せよ!」「海を泳いでもモスクワに行け!」「オリンピックは平和の祭典だ!」などと訴えたのだ。

以上がモスクワ大会ボイコットの顛末だが、それでも大島は引き下がらなかった。今度は「オリンピックは身体で観なければならない!」と言って、モスクワ行きを決めたのだ。

しかし、当時のソ連入国は至難の業であり、ましてや個人の入国ならなおさらだった。旅行会社に行くと、案の定「ソ連へのビザ申請手続きは、一ヵ月前に終わった」と断られた。ところが、なんと大島はフリーパスのＶＩＰ扱いでソ連入国を果たしたのだった。

大島は生前、このことについて自らテープに録音し、伴義孝に預けている。要約したい。

《オリンピック大会開会式の十日前だ。参加国の三分の二が開発途上国ですよ。それで、オリンピックが狙っているところの世界平和だがね、この世界平和の芽が、これだけ開発途上国がやってきている中で、育つのかどうか。観に行きたくなったわけですよ。交通公社やエージェントに尋ねると、もう一ヵ月前に締め切りましたというんだ。それでソ連大使館に行ってポリヤンスキー駐日大使に話したわけですよ。モスクワのオリンピックで、オリンピックの平和というものの芽が残るのかどうか、育つのかどうか、観に行きたいんだと、それだけ彼に伝えた。

大使はよく理解し、すぐモスクワにテレックスをしてくれたわけだよ。出発予定の前日だね。ソ連大使館が「とにかく、ツーリストで出発してくれ。組織委員会の手続きがあるので問題は現地でどうぞ」と言ってきたわけだ。成田出発の際、ソ連大使館の計らいで手荷物にＶＩＰの名札が付いた。要人扱いだ。本のページまで捲《めく》ると悪評高いモスクワ税関では、なんとフリーパスの上に、ホテルまで車が付いたわけですよ。

翌日、組織委員会を訪ねたが、関係者はみな不在。電話をしても不在信号だ。それで諦めていたら、外出先からホテルに帰ると二枚の名刺があった。組織委員会ＮＯＣ国際係のエルカノフとアンフィロフィエフだったわけだ。ＪＯＣの代表でもなく、日体協の関係者でもないので手続きに手間取ったようだが、Gカード（名誉招待者）が届いた。開会式はチケットを買って観たけどね、その日からはガラリと変わり、有能な通訳と車までが用意された。生活は急に活動的になったわけだよ。》

まさにコスモポリタン・大島鎌吉でなければできない業だろう。

ともあれ、イギリスとフランスをはじめとした八十一ヵ国・地域参加の各競技を隈なく視察した大島は、オリンピックの精神と理想はずっと永遠に残ると感じたという。とくにボイコットを指示した政府の援助を得られずに参加した、イギリス選手団の姿には感動さえ覚えた。国旗の掲揚と国歌の演奏を行わず、オリンピック旗とオリンピック賛歌を使用していたからだ。

ただし、一連のボイコット騒動を振り返り、大島はIOCは体質改善をすべき時期にきていると痛感した。

あのボイコットをしたモスクワ大会から、すでに三十三年の星霜を経ている――。

慶應大学時代にハンドボール選手だった杉山茂がNHKに入局したのは、一九五九（昭和三十四）年四月。入局して間もなくの四月十日に現・天皇と皇后の結婚式が行われ、テレビ視聴者は推定で千五百万人といわれた。その一ヵ月後にIOC総会で、第十八回オリンピック・東京大会開催が決まっている。

杉山が初めてオリンピックと関わったのは、入局二年目の翌年夏に開催されたローマ大会のときだった。東京・千代田区内幸町にあったNHKから羽田空港に出向き、ローマから空輸されてくるビデオテープを受け取りに行く毎日だった。杉山によれば、まだ衛星中継が開発されていない当時のテレビには、とくに海外で行われる国際大会においては速報性はなく、リアルタイムで放送するラジオ、翌日詳細に報じる新聞よりも遅く、ようやくニューメディアとしての任務が認められてきた頃だったという。ちなみに、東京オリンピックの際は初めて衛星中継が実現し、世界に発信されたため「テレビオリンピック」ともいわれた。

そのような杉山が大島を前にしたのは、東京オリンピックを一年後に控えた頃だったと記憶している。テレビ番組『輝くスポーツ人』に大島がゲスト出演したときだ。

「戦前のメダリストに話を聞く番組で、織田幹雄、南部忠平、田島直人、西田修平たちにゲスト出演していただいたんだが、ぼくがそのときに個人的に驚いたのは大島さんの言葉だったね。たしか収録後に話をしたときだと思う。大島さんは『スポーツをやっているからといって、学生の本分を忘れてはダメだ。本来の大学スポーツは文武両道で成り立つものだ』といった内容の話をしてくれた。当時の学生スポーツは、『お前らは勉強できないんだから、スポーツくらいは頑張れよ』という風潮だった。つまり、OBである大島さんは、よくありがちな精神論とか根性論を口にしなかった。だから、その言葉に一種の爽やかさを感じた……」

そう当時を語る杉山が「大島鎌吉の存在」をはっきりと意識したのは、東京オリンピック後だった。続けて言った。

「学生時代にハンドボールをやっていたため、そのルーツを個人的に調べたことがある。他のイギリスやアメリカで生まれたスポーツとは違い、ハンドボールはドイツとデンマークを母国としている。そこでドイツのスポーツ史を紐解いていくと、カール・ディームに行き着いてしまう。『じゃあ、カール・ディームはどんな人物なんだ？』と。ディームを調べてみると、必ず大島鎌吉にぶつかってしまう。『ああ、そうか〝輝くスポーツ人〟に出演してくれた、あのときの大島さんじゃないか』と。そのときも爽やかさを感じたよね」

ＮＨＫに入局以来、杉山はオリンピック番組制作に夏冬十二回携わり、スポーツ報道センター長を務め、長野冬季オリンピック放送機構マネージングディレクターを兼任した。退局後はＪリーグ理事を務めるなど、スポーツプロデューサーとして活動した、理論派のテレビマンとして知られている。

では、モスクワ大会ボイコットについて、杉山はどのような思いで見ていたのか？　歯に衣着せずにこう言った。

「あのときは、各競技団体の幹部もジャーナリストたちもみんな打算で動いていた。信念なんか感じさせなかったね。アマチュアリズム云々と言っていた鈴木良徳は、反対も賛成もできなかった。大島さんと仲のよかった読売（新聞）出身のジャーナリスト・川本信正もはっきりしなかった。その中で唯一、自分の確固たる信念、オリンピックの理念を貫いた姿勢を見せていたのが、大島さんだった。

たしかにボイコット反対を叫んでいた人も多かったが、ぼくにいわせれば、それは単なる甘ったるいスポーツ賛美における反対だった。そういったこともあり、モスクワ大会後だね。ぼくは、当時の日本バレーボール協会の専務理事だった松平（康隆）さんに言ったことがある。『もし松平さんがバドミントン協会の役員だったら、ボイコットに反対していましたか？　松平さんは、日ソバレーとかキューババレーとかに招待されている。そういったバックボーンがあり、ボイコット反対だったんでしょう？』とね。そう指摘したら怒られたけどね。でも、はっきりと言えるのは、大島さん以外はみんな打算で動いていた。情けないことに、それがモスクワ・オリンピックをボイコットしたときの、日本スポーツ界の現実だった……」

もう一つ。モスクワ大会ボイコットの際に大島は、世界の平和運動家で国際政治家のフィリップ・ノエル＝ベーカーに会っている。大島が執拗にモスクワ行きにこだわったのも、ノエル＝ベーカーに会いたかったからである。この二人の邂逅が、晩年を迎えていた大島に大いなる刺激を与えた。

イギリス人のノエル＝ベーカーは、日本が初参加した一九一二（昭和四十五）年の第五回オリンピック・ストックホルム大会の千五百メートルに出場し、六位入賞。八年後の第七回アントワープ大会（一九二〇年）では千五百メートルで銀メダリストになったオリンピアンだが、若い頃から平和軍縮運動に参加する運動家だった。一貫してスポーツを通じて平和を発信していた功績が認められ、一九五九（昭和三十四）年にノーベル平和賞を受賞している。すでに九十歳を迎えていたが、「平和の走者」としてモスクワ大会を視察すると、閉会式を待たずに、原水爆禁止世界会議出席のために来日していた。

実は、大島はモスクワでノエル＝ベーカーに七月三十日に面談する手筈になっていた。だが、ノエル＝ベーカーはスケジュールの関係で前日に日本に出発していた。大島は閉会式出席を諦め、追いかけるように急遽帰国したのだ。常に臨機応変の行動をとった。

東京の宿舎、国立競技場に隣接する日本青年会館――。

八月三日の午後三時。原水爆禁止世界会議が終わった後だった。押しかけるようにノエル＝ベーカーを訪ねた大島は、前述した『JOC重大決意の日来る！　ここで考えよう！』の英文訳「大島アピール」の要点を約二十分間にわたって読み上げた。そのときの大島の姿は、当時『月刊陸上競技』編集長の広瀬豊が写真に撮っていて、私は広瀬の妻・アイ子から預かっていた。それを見ると、まさに大島はノエル＝ベーカーに顔を突きつけるように語っている。

もちろん、モスクワ大会ボイコットに反対の意を示していたノエル＝ベーカーは、大島に言っている。

「あなたの声明は大変立派であり、まさしく正論だ」

二人は一時間にわたって意見を交換した。その後のノエル＝ベーカーは、広島での「原水禁一九八〇年世界大会・広島集会」に出席。演説で「ノーモア・ヒロシマ！」と、力強く世界平和を訴えたのだった。

このことが契機となり、二人は翌年のドイツのバーデン・バーデンで開催されるIOC総会で再会することを約束している。互いにモスクワ大会ボイコット事件の後遺症が、世界のスポーツ界にどのような影響を与えているのかを見届けたかったのだ。

そして、一年後の九月に二人は、約束通りIOC総会で再会した。このときゲスト参加した大島は、特別ゲストとして招待されたノエル＝ベーカーの総会での演説に衝撃を受ける一方、圧倒された。九十一歳にもかかわらず壇上で彼は、ＩＯＣ委員を筆頭とした世界のスポーツ人を前に、張りのある声で言ったのだ。

「ＩＯＣは世界の難問を解決する力を持っている。そして、ＩＯＣとユネスコが『スポーツ・フォー・オール』を標榜するとき、その力は現実のものになる。スポーツこそは、最上の平和、教育施設だからだ。『スポーツ・フォー・オール』は北ばかりではなく、南にも普及させなければならない。『オール・オーバー・ザ・カントリー』だ。ＩＯＣがこのキャンペーンを推進するならば、ノーベル平和賞を贈れと、強力に推薦しよう……」

そう訴えるノエル＝ベーカーに賛同した会場は、スタンディングオベーションとなった。もちろん、大島は真っ先に立った。ベーカー演説の趣旨は、大島がオリンピック精神を軸として、戦後から取り組んできた「青少年育成活動」であり、東京オリンピック後に提唱した「みんなのスポーツ運動」そのものだったからだ。

会議終了直後、ノエル＝ベーカーは大島の両手を固く握った。そして、言った。

「ケンキチ、オリンピックは危機を脱した……」

ドイツのバーデン・バーデンから帰国した大島は、ＩＯＣ総会の一部始終を伴義孝に語っている。当時の大島は、まだ大阪体育大学副学長であり、大阪に来た際は関西大学近くの、仲間が「千里庵」と呼ぶアパートに滞在していた。いつものように訪ねた三十九歳の伴の顔を見るなり、大島は興奮ぎみに言った。

「伴君、ノエル＝ベーカーはすごかった。もう身が引き締まる思いだったよ。ＩＯＣに発破をかけてくれた。彼は草の根オリンピック運動のリーダーだ。総会で『みんなのスポーツ』を提唱してくれたんだ。ぼくがやってきたことに間違いはなかった。どうだ、これからすき焼きで一杯やらないか……」

伴は当時の大島の心境を、次のように解説した。

「ノエル＝ベーカーとの対話が、大島の新たな闘争心をかき立てた。つまり、みんなのスポーツ思想こそが、クーベルタンの信奉する、近代オリンピズムの哲学的原理であると確信し、次なる運動を展開させる希望となった。振り返れば、カール・ディームとクーベルタン。カール・ディームと大島。そして、大島とノエル＝ベーカー。さらにノエル＝ベーカーとクーベルタン。このオリンピックに人生を捧げた、四者の図式を拡大させれば、はっきりと見えてくる。それは、スポーツ——オリンピックこそが人間形成のためにあるということです。だからこそ、オリンピックを失ってはいけないと……。それから四年後に大島は鬼籍に入るのですが、最期まで、スポーツを通じての世界平和運動に邁進したのです。これは晩年の大島にとっては当然の成り行き、終着点に向かう思いだったでしょうね」

スポーツこそが世界平和を構築する——。

七十歳を過ぎても、大島は奔走することをやめなかった。

3

一九八二（昭和五十七）年春。核廃絶が叫ばれ、反核三千万人署名運動や反戦運動が展開されているときだった。

すでに大島はJOC委員を引退し名誉委員の身分だったが、この趨勢《すうせい》に日本スポーツ界も乗り遅れてはいけないと考え、賛同するJOC委員の大西鐵之祐（早稲田大学ラグビー部監督）とともにJOC総会で提案した。

「JOCも反核三千万人署名運動に参加すべきだ！」

しかし、モスクワ大会ボイコットに反対していたJOC委員でさえも、渋い顔を見せるだけだった。反核署名運動は政治問題であり、日本体育協会やJOCの趣旨に適合しないではないか、と。すっかり政治に翻弄された二年前――政治の圧力に屈し、ボイコットしたモスクワ・オリンピックのことは忘れられていた。

そこで大島は、自ら母校の関西大学や大阪体育大学の校門などに立ち、署名を呼びかけた。

当時を伴義孝が振り返った。

「大島に共感する私、関西大学助教授の岩田家正、同職員の川口浩の三人が、連夜のごとく千里庵に集まり『大島アピール』を練った。大島は口を出さず『アピールは簡潔のほうがいい』と言うだけだった。私たちは、①ノーモア・ヒロシマ&ナガサキは民族の願い、②反核・軍縮は世界の願い、③オリンピック精神は平和を願う、④三千万人の一人になろう。——以上の四つのキャッチフレーズを打ち出した。趣意書の表題を『青年よ、世界と人間の在り方を考えよ。今がそのときだ！』とし、署名運動を開始した。ところが、当然というべきか、妨害もあった。日頃は大島の傘の下で威勢のいい素振りを見せていた人物でさえも、『また大島は妙なことをやりだした』と言い、私に中止するように口添えしてくれと言ってきた……」

大阪体育大学の元学長・田村清も私に言った。

「当時の大阪体育大学としては、いかに大島さんの提唱といえども署名運動には反対の立場だった。とくに学長だった加藤橘夫さんが『大島君は何を考えているんだ。若い学生が政治に加担するのはとんでもない』と、かなり怒っていた。当然かもしれませんが、厚生省の元官僚で東京大学教授だった加藤さんは、どちらかといえば〝官〟寄りで、保守的でしたね……」

東京教育大学を卒業した年の一九六一（昭和三十六）年秋、大島の紹介でマインツ大学に留学し、東京オリンピックの翌年、大阪体育大学創設と同時に赴任した鴨下礼二郎も証言する。

「結局、私は三年間しか大阪体大にいなかった。その辞めた大きな理由は、加藤橘夫さんの言動に耐えられなくなったからですね。事あるごとに大島さんの悪口を言い、『お前は〝大島派〟なのか？』と言ってくる。三年間でアジア大会出場を果たす選手を育てたが、加藤さんは何かと口を出してくる。『そんな練習では勝てないだろう』なんてね。それが厭《いや》になり、大島さんに『こんな状態ではやれません』と言って東京に帰ってきた。その後も大島さんは、加藤さんに嫌がらせを受けたと聞いていますね……」

ともあれ、千里庵に泊まり込む大島の指示で、伴たちは五月まで約二千名の署名を集めた。

この年の大島は、食道癌と闘いながら、最期を察しつつも東奔西走の毎日を送っている。夜ともなれば『オリンピックと世界平和──飢えに泣く難民に救済の手を！』の執筆に取り組んだ。六月には、関西学生陸上競技連盟会長として、ヨーロッパ遠征チーム派遣工作の仕上げ作業の毎日を送った。海外に旅立つ際は、NHKラジオで「ドイツ語講座」や「英会話講座」に耳を傾け、知人の外国人に発音をチェックしてもらっていた。きちんとした言語で自分の意思を伝えるためだ。その年の師走には西ドイツ・ベルリンのオリンピックスタジアムに置かれている「平和の鐘」に、新しい台座が造られるという知らせが届いていた。世界二十四ヵ国二百八十人の戦没オリンピック選手の名前が刻印される。そのため大島は、連日のように名簿を頼りに受話器を握り、三十人の日本人戦没オリンピアンの遺族探しをしていた。間違いのない戦没者名簿をドイツに届け、奉納するためだ。

そして、七月には戦没者名簿を持参してベルリンに出向き、世界二十四ヵ国二百八十人の戦没オリンピック選手とともに、三十人の日本人戦没者の名前も台座に刻印された。

さらに同じ時期に、ドイツ陸上競技選手権大会に遠征中だった、大阪体育大学陸上競技部監督・田村清が率いる関西学生陸上競技連盟の選手団をミュンヘンで見届け、激励した。その足でシュレースヴィヒ・ホルシュタイン州の小都市オイティンに行き、オリンピック平和賞（ハンス・ハインリッヒ・ジーフェルト賞）の授賞式、国際オリンピック参加者協会総会にも出席。名誉会員兼アジア担当副会長に就任した。

大島は初のアジア人受賞者として、オリンピック平和賞の授賞式で、次のような力強いスピーチをした。

「アフリカで、オリンピックを開催しようじゃないか。残る一つの輪をつなげるべきじゃないか。そして、本当の五つの輪をつくろうではないか。そのためにも、全世界のオリンピック参加経験者よ、この草の根オリンピック運動に結集しようではないか……」

大島の最後の大仕事は、翌年の一九八三(昭和五十八)年十月三、四日に自ら企画・運営した『フォーラムOPT21大阪』を成功させることだった。Oはオリンピック、Pは平和、Tはタートルマラソンの略であり、「スポーツを通して世界平和を!」の意味が込められている。前夜祭には千三百人が集まり、翌日の四日には大阪城公園でタートルマラソン大阪オープン大会が行われ、大阪商工会議所国際ホールでは国際シンポジウム『オリンピックと世界平和』が開催された……。

あれから三十年の歳月が過ぎている。

明治大学教授の寺島善一は、あの殺気さえ感じさせる大島の姿をいまも脳裡に浮かべることができる。英国スポーツ思想を研究する寺島は、フィリップ・ノエル＝ベーカーについて詳しい。そのため顔を合わせるたびに、大島に声をかけられた。

「寺島君、ぼくは〝ノエル＝ベーカー教〟の信者だ。学生たちにスポーツと平和を伝授してくれ!」

哲学者の古在由重を信奉していた寺島は、親交のあった明治大学出身の孫基禎《ソンギジョン》に関する資料などを持参し、私を前に当時を振り返った。

「大島さんたちが十月に『フォーラムＯＰＴ21大阪』をやり、二ヵ月後の十二月十日にこの駿河台の明治大で『ノエル＝ベーカーを偲ぶ・スポーツと平和を考える会』を開催した。前年の十月にノエル＝ベーカーは亡くなっていたためにね。私が事務局長になって呼びかけたら、大島さん、古在さん、孫さんは当然として、中野好夫さん（評論家）や川本信正さん（評論家）たちが出席してくれた。あのときはＮＨＫが夜七時のニュースで取り上げ、話題になった。孫さんなんか、『（一九五〇年の）ボストンマラソンから帰国したら、朝鮮戦争が勃発した。それ以来、我が国は軍事独裁政権になった……』なんて発言してね。私が『孫さん、まずいですよ』と言ったら、『ぼくは間違っていない。本当のことを言ったんだ。誰が平和とスポーツを邪魔しているか考えるべきだ』と言って胸を張っていた。大島さんと同様に『信念の人だなあ』と思いましたね……。

それに思い出すのは、大島さんと古在さんのこと。二人は二ヵ月前に大阪で初めて公式に同席したにもかかわらず、もう百年来の友人といった感じだった。古在さんが『あんたは東京オリンピックの団長をやっていたから、てっきり権力側の人間かと思っていた。誤解していたよ。すまん』と言えば、大島さんも『古在さんの論文は面白い。一高時代はやり投の選手だったとは知らなかった。こちらこそ申し訳ない』なんてね。よく古在さんは私に、『俺は大島のやることを全面的にサポートする。大島のやることはすべて正しいぞ』と言っていた。だから、二人がもっと早く意気投合していたら、別な問題にも取り組んでいたかもしれない。大島さんが亡くなったときの古在さんは、ものすごく残念がり、私に『寺島、お葬式に行くぞ！』と言ってきて、一緒に行きましたね……」

しんみりとした表情で、寺島は三十年前を語った。

横浜市中区山下町のマンション。孫基禎の長男・孫正寅《チョンイン》に会った。開口一番こう言った。

「どうして日本のスポーツ界は大島先生に冷たいんでしょうか。私は、そう思います。私の親父も同じですが、いろんな信念を持ち、亡くなるまで頑張ってきました。だから、今回の取材は大歓迎です」

そして、私を直視しつつ続けて語った。

「私は親父から、日本での選手時代にいろんな差別を受けたことを聞いています。父は大島先生を兄貴みたいに慕っていました。二人を結ぶキーワードは『人間は平等だ』であり、それがスピリッツでした。一九八八（昭和六十三）年のソウル・オリンピック開催が決まったのは、八一年のバーデン・バーデンでのIOC総会のときでしたが、当時の親父は『ソウルに決まるはずだ』と言っていました。大島先生はソウルを支持する立場ではなかったと思いますが、名古屋に決まることについては反対していた。だからフェアプレーの精神で、ベルリン大会で金メダリストになった親父・孫基禎の存在を、大島先生はIOCにアピールしてくれたと思います。

晩年の大島先生と親父の口癖は『アフリカでオリンピックをやろう！』でした。深沢のご自宅には、親父と何度か伺ったことがあります。親父は『大島先生』と呼び、大島先生は『孫君』と呼び合い、お酒を飲みつつ平和について語っていました。その二人の姿は今後も忘れることはないでしょう……」

4

　一九八五（昭和六十）年三月三十日の午前十時三十五分。入退院を繰り返した末、ついに大島鎌吉は永眠した。その年の一月には、初めてオリンピックに参加した思い出の地であるロサンゼルスに行き、そこからニューヨーク経由で仲間たちが待つドイツに向かう予定だったといわれる。しかし、ロサンゼルスで倒れて帰国。そのまま病状は回復することはなかった。

　死を迎える直前まで、どんなに足腰が悪くなっても、思考能力が鈍るといい、けっしてエスカレーターに頼ることなく階段を利用していた。大好きなタバコを吸い、コーヒーを飲み、酒を口にし、すき焼きとカモ鍋を好み、世界平和について語っていた――。

　大島は鬼籍に入るまで世界を駆け回った。

　このことも最後に記述しなければならない。一九七二（昭和四十七）年のミュンヘン・オリンピックのときだ。オリンピック憲章に「ユースキャンプ」の一章を加えることを提議し、実現させたのも大島の功績だった。五十五ヵ国から二千五百人の青少年が参加したユースキャンプ開催中、日本ユース代表団長の大島は各国のユース代表団長に呼びかけ、カナダユース代表団長のマレイを代表団会議議長に選出。ユースキャンプ村長のドイツ人・ケルナーの全面的な協力をもとに――「次回の第二十一回オリンピック・モントリオール大会組織委員会に、公式プログラムとしてのユースキャンプ開催を推薦・勧告されたい」の決議案を作成、ＩＯＣに提出して承認を得たのだった。戦後から一貫して、青少年育成運動を展開してきた大島ならではの行動だった。

東京・世田谷区深沢三丁目。一九三五（昭和十）年生まれの長男の大島章和には、父・鎌吉に関する思い出は数多くある。

「いろいろあるね。ぼくが四歳になる年にドイツに行っているため、それまでの親父についての記憶はないが、昭和二十年八月の終戦を迎える直前だった。ドイツから帰国したということで、母と妹とともに毎日新聞の東京本社に行った。そのときのぼくは、親父を見た途端、思わず最敬礼をしてしまった。まあ、精悍で、怖いという感じだったからね。親父と同じくぼくも学生時代は陸上をやっていたんだが、正直、厭だった。競技会に出ると必ずアナウンスされる。『大島鎌吉さんの息子です』なんてね。かなりのプレッシャーを感じたことを覚えている。まあ、一緒に飲むと親父が『お前、この歌はドイツで歌うと問題だぞ』と言いながら、ドイツの軍歌をうたったこともある。親父の好きな歌は『およげたいやきくん』だった……」

遠い記憶を手繰り寄せるように、章和は語り続けた。

もちろん、父に感謝した思い出もある。テレビ朝日の制作管理部副部長のときだった。大島が鬼籍に入って丸五年が経った、一九九〇（平成二）年春。前年の十一月にベルリンの壁が崩壊してから五ヵ月後のことだ。テレビ朝日は「桜キャンペーン」と称し、壁の跡地に桜の木を植樹しようという企画を打ち出した。

「そのときに、たまたまぼくがドイツ語を話せるということで、ベルリンに派遣されてね。それでベルリン市役所の緑地課や都市計画課の職員たちを前に、キャンペーンの趣旨を話した。まあ、五分、十分と話しているうち面倒になり、親父のことを話せば、話がうまくいくんじゃないかと思ってね。そこで、ぼくの親父はベルリン・オリンピックのときに旗手をした、その前のロサンゼルス大会では陸上競技の三段跳でメダリストになった、戦時中は六年間新聞記者としてベルリンに滞在していた、カール・ディームとも親交を深めていた……、なんて調子よく喋《しゃべ》ったら、年配の職員たちは驚き顔を見せてね。一応、知らない若い職員のために市役所の庶務課に調べに行ったんだが、戻ってくるなり『お前はケンキチ・オーシマの息子だった』ということで、その後はとんとん拍子に話が進んだ。

普通、植樹してもほとんどは枯れてしまうらしいが、ドイツ人は日本人に似ていて義理堅く、一生懸命手入れしてくれた。それも親父の名がドイツでも知られていたお陰なんだろうね。まあ、あれから二十年以上経ち、いまは立派な桜並木になっていて、毎年春になると知人から連絡がくる。『ベルリンに桜を見に来いよ』と。なかなか行けないけどね……」

ワイングラスを手に、章和はしみじみと言った。

毎年春、ベルリンの壁崩壊後の跡地に植樹された桜は蕾《つぼみ》を付け、咲いている。コスモポリタン・大島鎌吉の証しは、異国の地に咲く桜の花にも垣間見ることができる——。

一九八五（昭和六十）年三月三十日。『東京オリンピックをつくった男』と称され、「跳ぶ哲学者」とまでいわれた大島鎌吉は永眠した。帰らぬ人となった。

その年の八月にＩＯＣから、それまでの功績が認められオリンピックオーダー銀賞が贈られた。ただし、日本体育協会が大島を推薦する際は、意見が分かれた。幹部のほとんどは「あんな人間にはやることはない」「もう死んだ人間だろう」などと反対したという。が、ＪＯＣ常任理事だった岡野俊一郎たち一部のＪＯＣ委員は、「大島さんを推薦すべきだ！」と強く推したといわれる。また、この賞は基本的には生前に贈られる賞であることを考えれば、異例の受賞であった。

いずれにせよ、形としては、当時の日本陸上競技連盟会長の青木半治が、ＪＯＣ委員長・柴田勝治に大島を推薦し、ＩＯＣに報告されたことになっている。その推薦状のコピーを私は持っているが、推薦日付は大島が亡くなる前日の三月二十九日になっていた。つまり結果として、最後に日本体育協会は、粋な計らいをみせたといってよい。生前に推薦すべき大島の功績を誰もが心の中で認めていたため、亡くなる前日の日付にし、急遽推薦したのだ。

ただし、この最高評価に値する受賞を、勲章嫌いで知られていた大島ははたして喜んだであろうか。生前の大島は、次のような言葉を遺している。

――オリンピックの創始者のピエール・ド・クーベルタンは、ダイナマイトを敵味方に売り、その儲けた利益で創設したノーベル平和賞を拒みました。勲章や賞金なら何でももらえばいいと、そういうわけにはいかなかったのです。

あとがき

――あなたたち家族の部屋は確保しました。遠慮しないでスウェーデンに来てください。

3・11原発事故が起きると同時に、そうメールで気遣ってくれたのが家人の友人、スウェーデン人のダンとエヴァ夫妻でした。その心遣いに対するお礼もあり、本書を脱稿した七月末、私は格安のチケットで、スウェーデンに向かいました。が、それだけの理由ではありません。どうしても一九一二(明治四十五)年に日本が初出場を果たした、第五回オリンピック・ストックホルム大会が開催されたストックホルム・スタディオンを見たかったのです。

それにもう一つ。ドイツと同様にスウェーデンを中心にした北欧がなぜ「みんなのスポーツ」の先進国といわれるのか、この目で確かめることにより、新たな「原発禍におけるフクシマの現実」を違った角度から感得できる、そう考えたからです。

成田から半日かけて、夜のストックホルム・アーランダ空港に到着。税関での手続きを終え、出口までの通路を歩いていると ABBA の懐かしい「Dancing Queen」の歌声が聞こえてきました。通路の壁面にはスウェーデンを代表する有名アスリートたちの写真が飾られ「Welcome to my hometown」と出迎えてくれます。ゴルフのアニカ・ソレンスタム、テニスのビョルン・ボルグは当然として、なんとIOC理事のグニラ・リンドバーグまでもが微笑んでいました。

初めての白夜を寝ずに翌朝を迎えた私は、まずはストックホルム・スタディオンに行きました。

地下鉄に乗り、スタディオン駅で下車すると、ホームには百一年前のストックホルム大会に使用されたポスターが掲げられています。

アポなしでもスタジアムに入ることができるのだろうか……。

そんな思いを胸に地上に出ると、煉瓦造りの歴史と伝統を感じさせるスタジアムがありました。道路から眺めていると、従業員と思われる人がいたため、声をかけてみました。

「すみません。日本からやってきたんですが、中に入れますか?」

「オッケー! ここは誰でも入れるんだ。どうぞ」

そう言って鍵を外してくれたのは、グラウンドキーパーのマーティン・ゴッチさんであり、なんとスタジアムを案内してくれたのです。

「このスタディオンは、一九一二年にオリンピックが開催された際に開場された当時とほとんど変わらない。煉瓦造りで観客席や柱は木造だね。この煉瓦を見てください。ここに名前が刻まれている人が煉瓦を造ったんだ。この円形のレリーフは、百一年前に出場したアメリカのオリンピック委員会が参加記念に、その年に寄贈したものだね」

ゴッチさんは私を案内し、次々と説明してくれました。

「日本が初めてオリンピックに出場を果たしたのは、ストックホルム大会です。金栗さんと三島さんという、二人のアスリートが参加しました……」

そう私が説明すると、ゴッチさんは笑みを見せながら言ったのです。

「その話は、スウェーデンでは有名だね。〝カナグリさん〟というマラソンランナーは、レース中に応援する人にお茶に招待された。お茶とビスケットをいただいた後、そのまま民家で眠ってしまった。その五十五年後だね。オリンピック開催五十五周年式典のときに、カナグリさんはストックホルムに来てくれた。そのときはニュースとして大きく報道された。だから、みんなが知っているんだ……」

たしかに金栗四三は、一九六七（昭和四十二）年にスウェーデンの招待で式典に出席し、競技場を走り、ゴールしていました。そのとき「日本のカナグリ、只今ゴールイン。タイム、五十四年と八ヵ月六日五時間三十二分二十秒三、これをもって第五回オリンピック・ストックホルム大会の全日程を終了します」という、粋な計らいの場内アナウンスが流されたのです。

ゴッチさんと別れた後、私はトラックをゆっくりと歩きました。一九三〇（昭和五）年。関西大学の学生だった二十一歳の大島鎌吉《けんきち》は二ヵ月半にわたり、ヨーロッパ各国を転戦し、このストックホルム・スタディオンでも跳んでいたからです。跳躍の砂場の前に立ち、痩身の大島が現役時代に跳んでいる写真を脳裡に蘇らせました……。

翌日は市内を散策。公園では二十人ほどが太極拳をやり、老若男女問わずジョギングで汗を流していました。島巡りの船でユールゴーデン島に渡ると、まさにそこは日本人の私から見れば「みんなのスポーツ」の実践の場でした。サイクリングを楽しむ集団、グラススキーで滑走する男たち、ジョギングをする男女、二・三歳の子どもを裸足で遊ばせるお母さんたち……。十人ほどの少年・少女が入り江で各自ヨットに乗り、指導者に講習を受けています。私は岸辺に着いた、十三歳の少年に声をかけました。

「ヨットは楽しいかい？　他にもスポーツはしてるかい？」

「うん、楽しいよ。妹と一緒に五日間の講習を受けているんだ。テニスと水泳はスポーツクラブで、週に二回はやっているんだ」

「フットボールは？」

「もちろん、仲間と楽しんでいる。スポーツは何でも大好きだよ」

ストックホルムに四日間滞在した後、私はダンとエヴァ夫妻が住む、ストックホルムから車で二時間半ほどの閑静な町・ボーレンゲに出向きました。

「ボーレンゲは人口五万人ほどの町で、ここダーラナ地区はとくにスポーツと音楽が盛んなの。でもね、有名なミュージシャンはいっぱい出ているけど、スポーツにかける予算のほうが何倍も多いわ」

そう語る音楽教師のエヴァは苦笑し、傍らでダンは頷《うなず》きました。ストックホルム・スタディオンを訪ねたことを告げると、二人とも〝カナグリさん〟の話は知っていました。

夫妻の自宅に滞在した私は、別荘に案内されたときに初めてゲートボールに似た「クロケット」というスポーツを見ました。隣接する別荘の庭で若者たちが気勢を上げ、興じていたのです。

滞在した三日間、毎日のように私は近くの体育館やグラウンドに行きました。体育館にはプール、ボウリング場、ボクシングジムなどがありました。広大なグラウンドにはスポーツ少年団に所属する子どもたちが、早朝から団旗を掲げてやってきます。サッカーの試合に出場するためです。夏休みだからかもしれませんが、ノルウェーとイスラエルの少年チームも参加していました。

男女三十チーム近くは参加し、保護者を入れれば五百人はいます。小学生高学年の部ではノルウェーのチームが優勝。ノルウェーの国旗を振り、子どもや保護者たちが歓声を上げていました。

わずか一週間の滞在でしたが、スウェーデンで私は生活と密着する「みんなのスポーツ」の一端を少なからず垣間見ることができたと思います。ボーレンゲからストックホルム・アーランダ空港までは列車で移動しましたが、サッカーボールやテニスラケットを抱え持つ少年・少女たちの集団が乗車していました。

私はスウェーデン滞在中、スポーツを楽しむ異国の子どもたちの姿を見るたびに思いました。原発禍のフクシマ取材で知り合った子どもたちが、汚れない自然豊かな故郷の大地で、思いっきりスポーツを楽しむ日はやってくるのだろうか、と。

昨年師走に発足した新政権は「原発再稼働」「新規原発設置」を打ち出す一方、首相自らが海外に出向いては日本の原発技術を売り込んでいます。いつの時代もこの国はアメリカの顔色をうかがい、経済発展のみを優先し、国民の健康＝スポーツを見捨てています。

私は、大島鎌吉の至言を繰り返します。

――技術革新のマイナス防止を怠るな。怠る偸安《とうあん》を許すな！

そして、この四年間、東京都とＪＯＣは二〇二〇年のオリンピック開催地招致に躍起になっていました。都知事の顔が変わっても、その方針は変わらず、血税を積み立てた埋蔵金「四千億円基金」を誇示。ＪＯＣ会長は「スリー・トリリオンエン・インカム」と叫び、招致に成功すれば、三兆円の経済効果があると強調していました。成功の際は五十五年前に開場した、現在の国立競技場を解体。総工費千三百億円を想定し、新たな国立競技場を建設するというのです。

大島は『ピエール・ド・クベルタン　オリンピックの回想』（カール・ディーム編）を筆頭に多くの訳書を出版し、クーベルタンの論文なども訳しています。その中でクーベルタンは、私が感激した百一年前に造られたストックホルム・スタディオンについて、「永久施設で後に残るものであった」と書き、それを念頭に一九三〇（昭和五）年に発表した論文『スポーツの改革に関する原則』では「スポーツ的余興だけを目的に都市の役人が考えるマンモス・スタディオンの建設を軽蔑する」と喝破しています。

もちろん、周知のごとく去る九月七日のＩＯＣ総会で、東京はイスタンブールとの決選投票を制し、二〇二〇年オリンピック開催地に選ばれました。

しかし、たとえ招致に成功したとしても、私は素直に喜ぶことはできません。政治家主導で日本は原発事故の収束を見ないまま、スローガンに「復興オリンピック」を掲げ、「スポーツの本質」を置き去りし、経済発展優先で招致運動に躍起になっていたからです。それに加えて、若いオリンピアンたちを「復興」という美名のもとに動員しました。もし大島が生きていたなら、間違いなく東京招致に反対したと思います。一九八一（昭和五十六）年に名古屋市が一九八八年開催のオリンピック招致に立候補した際、「行政主導ではスポーツ界が盛り上がらない。オリンピックを利用した都市改造は許せない！」と世界に発信していたからです。

もう一度、簡潔に大島鎌吉について述べます。

間違ったことには、たとえ誰を前にしても公然と怒る。躊躇《ためら》うことなく批判する。しかし、誰を前にしても威張ることをよしとしない。そんな気骨を持った稀有な人物が日本のスポーツ界に存在していました。明治の晩年に生を受け、激動の大正・昭和の時代を一途にスポーツとともに生き抜いた男——。その人こそが『跳ぶ哲学者』と称され『東京オリンピックをつくった男』と呼ばれた大島鎌吉です。

この四年間、私は大島鎌吉の実像を求める旅をしてきました。その途中、悲惨な3・11に遭遇し、福島に出向き「原発禍のスポーツ」を取材することになりました。が、大島取材に着手していなければ、単に現場を伝えるだけのものになっていたと思います。それだけに主にスポーツをテーマに取材してきた私にとって、大島鎌吉の存在は強烈でした。

本書を世に出すには、多くの人たちの協力を得ました。大島の孫弟子を自認し、スポーツデザイン研究所を主宰する上柿和生さんの「鎌さんを書かなければ、スポーツを取材しているとはいえないでしょう」という、挑発するような言葉が、私を発奮させました。それが取材開始のゴングです。

取材においては、「大島研究」をライフワークとする伴義孝さんの力を得ることができました。伴さんと私が交わしたメールは、四年間で百通を超えています。お会いすれば別れるまで、話題は「大島鎌吉」のことだけでした。伴さんの存在がなくしては、本書は生まれなかったと思います。また、伴さんの後を追うように若い関西大学の准教授の安田忠典さん、非常勤講師の新野守さんが新たな視点で「大島研究」に取り組んでいます。「大島思想」は、不滅です。

本書の出版に当たっては、東海教育研究所『望星』編集部の寺田幹太さんにお世話になりました。版元探しは売り込みから始めましたが、なかなか決まりませんでした。「オーシマケンキチ？誰ですか？」が現実でした。が、寺田さんだけは違いました。すぐさま国会図書館に出向いて大島の著作を読み「ぜひ、出版しましょう」と言ってくれました。それが二年前の夏です。

最後になりましたが、本書の取材に快く応じてくれた多くの皆さんに感謝します。ようやく大島鎌吉の存在を、世に問うことができました。ありがとうございます。

二〇一三年九月

岡　邦行

❖大島鎌吉略年譜

西暦	和暦	齢	事項	スポーツ関連事項
一九〇八	明治四十一	0	11月10日、石川県金沢市白銀町で履物店を営む父・吉太郎、母・乃布の長男として誕生。	7月、オリンピック・ロンドン大会。
一九〇九	四十二	1		5月、嘉納治五郎が東洋人初のIOC委員になる。
一九一一	四十四	3		7月、大日本体育協会設立(嘉納治五郎会長)。
一九一二	明治四十五 大正　元	4		7月、オリンピック・ストックホルム大会に日本初参加。
一九一三	二	5		2月、第1回極東選手権大会(マニラ)。11月、大日本体育協会第1回陸上競技会。
一九一四	三	6		7月、第一次世界大戦勃発。
一九一五	四	7	4月、金沢市立瓢箪町小学校に入学。	8月、第1回全国中等学校優勝野球大会(後の甲子園大会)。
一九一六	五	8		オリンピック・ベルリン大会中止。
一九一八	七	10		11月、第一次大戦終結。

一九一九	八	11		4月、全国学生陸上競技連合（後の関東学生陸連）設立。
一九二〇	九	12		8月、オリンピック・アントワープ大会。日本男子初メダル（銀2）。
一九二一	十	13		10月、関西学生陸連設立。
一九二三	十二	15	4月、金沢商業学校入学。陸上競技部に入部。	9月、関東大震災。
一九二四	十三	16	10月、旧制第四高校主催の中等学校陸上競技大会で、上級生の代役で出た三段跳で優勝（12メートル60）。	1月、第1回冬季オリンピック・シャモニー大会（日本不参加）。7月、オリンピック・パリ大会。
一九二五	十四	17	10月、北陸中等学校陸上競技大会で優勝。	4月、全日本陸上競技連盟設立。
一九二六	大正十五 昭和元	18	4月、東西対抗陸上競技大会（13メートル53）。9月、全国中等学校陸上競技大会。	8月、日本放送協会設立。
一九二七	二	19	8月、極東選手権大会（上海）。織田幹雄に次ぐ銀メダル（14メートル39）。	3月、金融恐慌始まる。8月、初のラジオスポーツ中継（野球）。
一九二八	三	20	4月、関西大学予科入学。6月、オリンピック全日本予選会で走幅跳2位、三段跳3位で出場ならず。	2月、冬季オリンピック・サンモリッツ大会に日本初参加。8月、アムステルダム大会で織田幹雄が初金メダル。人見絹枝が女子初メダル。
一九二九	四	21	10月、日独対抗陸上競技大会（大阪）。	11月、花園ラグビー場完成。
一九三〇	五	22	5月、極東選手権大会（東京）。6月、初の欧州遠征。8月、国際学生競技大会（ダルムシュタット）。	

西暦	和暦	齢	事項	スポーツ関連事項
一九三一	六	23	**5月**、関西学生陸上選手権三段跳で15メートル43をマークする(年間記録世界2位)。	**6月**、明治神宮外苑プール完成。**9月**、満州事変勃発。
一九三二	七	24	**8月**、オリンピック・ロサンゼルス大会出場。選手村の風呂の爆発で負傷するが、三段跳で銅メダルを獲得。南部忠平が金。**10月**、関西大学学報にクーベルタンの「オリンピック・モットー」を英文で紹介する。	**2月**、冬季オリンピック・レークプラシッド大会。**3月**、満州国がロサンゼルス大会に選手派遣を計画するが、ＩＯＣが承認せず。
一九三三	八	25	**6月**、南米遠征。百メートルでチリ記録(10秒80)、三段跳でブラジル記録(14メートル91)を出す。	
一九三四	九	26	**5月**、極東選手権大会(マニラ)三段跳で金メダル。**6月**、毎日新聞社入社。**9月**、日米対抗陸上競技近畿大会の三段跳で世界新記録(15メートル82)。	**4月**、極東選手権大会への満州国参加が見送られ、一部暴徒が日本選手団を襲う。
一九三五	十	27	**1月**、朝日新聞社の朝日賞を受賞。**8月**、コーチ兼マネージャーで、国際学生競技大会(ブダペスト)に帯同。**9月**、長男・章和誕生。	**2月**、第12回オリンピック大会の東京招致建議案可決。
一九三六	十一	28	**8月**、オリンピック・ベルリン大会出場。旗手兼主将を務め、三段跳6位入賞。カール・ディームに面会し、科学トレーニングなどを聞き出す。オリンピック・スタジアムの人工土「アンツーカー」を持ち帰る。	**2月**、冬季オリンピック・ガルミッシュ＝パルテンキルヘン大会。**7月**、ベルリンＩＯＣ総会で１９４０年オリンピック東京開催決定。
一九三七	十二	29		**6月**、ワルシャワＩＯＣ総会で１９４０年冬季オリンピック札幌開催決定。**7月**、日中戦争勃発。

一九三八	十三	30		1月、厚生省設置。7月、政府閣議でオリンピック東京大会、冬季オリンピック札幌大会返上を決定。
一九三九	十四	31	5月、国際学生競技大会兼ドイツ招待大会代表選手団・団長兼監督に就任。7月、ドイツ招待出場。8月、国際学生競技大会（ウィーン）出場中の日本選手団は帰国指示を受け、26日朝ウィーン発、ベルゲンで靖国丸乗船。9月、ニューヨーク着。選手団と別れてヨーロッパに戻り、毎日新聞社ドイツ特派員になる。	5月、ノモンハン事件。9月、第二次世界大戦勃発。
一九四〇	十五	32	2月、長女・三智子誕生。	オリンピック・ヘルシンキ大会中止。
一九四一	十六	33	10月、東部戦線（ウクライナ）取材。	7月、明治神宮大会を除く全国規模の競技大会中止。9月、日本学生陸上競技対抗選手権中止。10月、学生東西対抗陸上競技大会中止。12月、太平洋戦争勃発。
一九四二	十七	34	7月、スターリングラード攻防戦取材。10月、北部戦線（ムルマンスク）取材。	4月、大日本体育協会が政府外郭団体「大日本体育会」に改組。10月、日本学生陸上競技連合の解散式。明治神宮大会は国民練成大会と改称。以後終戦まで学生の大会が消滅。
一九四三	十八	35	8月、北部戦線（フィンランド）取材。	
一九四四	十九	36		オリンピック・ロンドン大会中止。

西暦	和暦	齢	事項	スポーツ関連事項
一九四五	二十	37	5月、ベルリン陥落を取材。連合軍収容所へ。7月、ポーランド発。シベリア鉄道経由で8月1日帰国。9月、毎日新聞東京本社政治部記者になる。	8月、終戦。10月、旧大日本体育協会の平沼亮三らが会合、日本スポーツ復興を話し合う。
一九四六	二十一	38	1月、運動部に転属。	4月、スポーツ懇談会発足（平沼亮三会長）。8月～11月、第1回国民体育大会（夏季・秋季）。11月、日本国憲法公布。
一九四七	二十二	39	10月、第2回国民体育大会が故郷・石川県金沢市を中心に開催。大島は全国レクリエーション大会第1回石川大会開催にも尽力する。12月、設立準備が進むＪＯＣ（日本オリンピック委員会・平沼亮三会長）のために、「スポーツマン綱領」起草に着手。	1月、第1回国民体育大会（冬季）。11月、ドイツ体育大学ケルン設立（カール・ディーム学長）。
一九四八	二十三	40		1月、冬季オリンピック・サンモリッツ大会。7月、オリンピック・ロンドン大会。（ともに日本不参加）
一九五〇	二十五	42	10月、毎日新聞社のプロ野球チーム・毎日オリオンズ経営に反対し、ＩＯＣ副会長ブランデージへ書簡を送る。1ヵ月間の自宅謹慎を科せられる。	5月、西ドイツがドイツスポーツ少年団設立。6月、朝鮮戦争勃発。8月、国際陸上競技連盟総会で日本の国際大会復帰が承認。
一九五一	二十六	43	7月、文部省社会体育分科審議会委員に就任（57年7月まで）。	3月、第1回アジア大会（ニューデリー）。5月、日本のオリンピック復帰承認。

一九五二	二十七	44	6月、ローマ法王・ピオ12世に謁見。アテネで聖火採火式を取材する。7月、オリンピック・ヘルシンキ大会取材。8月、東ベルリン取材。	2月、冬季オリンピック・オスロ大会。4月、サンフランシスコ講和条約発効。7月、オリンピック・ヘルシンキ大会。
一九五三	二十八	45	6月、関西大学講師就任（翌3月まで）。7月、国際学生スポーツ週間（ドルトムント）に競技監督としてチーム引率。8月、FISU（国際大学スポーツ連盟）総会で日本の学生競技の国際復帰を要請、承認受ける。西ドイツ大統領テオドール・ホイスと会見。ワンダーフォーゲル提唱者・リヒャルト・シルマン宅を訪問。	
一九五四	二十九	46	8月、西ドイツへ健民少年団を引率。	7月、自衛隊発足。
一九五五	三十	47	4月、日本学生陸上競技連合ヘッドコーチ就任。11月、カール・ディーム著『スポーツの本質・その教え』を翻訳刊行。26年ぶりにディームが来日する。	
一九五六	三十一	48	9月、『世界をへん歴する靴は兵隊の靴よりも強い　ワンダーフォーゲル物語』刊行。	2月、冬季オリンピック・コルチナ＝ダンペッツォ大会。5月、第1回世界柔道選手権（東京）。11月、オリンピック・メルボルン大会。
一九五八	三十三	50	11月、日本体育協会で横領事件「日本オリンピック後援会事件」が発覚し、協会幹部らが辞任。12月、大島は「オリンピック・メダリスト・クラブ」を設立し、東京オリンピック招致活動を開始する。日本スポーツ少年団発足に向けて首相・岸信介の私邸を訪問。	5月、アジア大会（東京）。東京IOC総会で第18回オリンピック大会東京招致立候補。

西暦	和暦	齢	事項	スポーツ関連事項
一九五九	三十四	51	3月、JOC委員に選出される。4月、日本ワンダーフォーゲル連盟顧問、(財)日本新生活運動協会理事就任。東京オリンピック招致活動のため東欧(ソ連・ポーランド・チェコスロバキア・ハンガリー・ルーマニア・ブルガリア・ユーゴスラビア)訪問に出発。ウィーンでAIPS(国際スポーツ記者連盟理事総会)出席。5月、ミュンヘンIOC総会出席。9月、オリンピック東京大会組織委員会が設立され、総務委員に就任。	ドイツスポーツ連盟が従来の競技スポーツに対し、新たな大衆スポーツ振興を「第二の道」とする施策を打ち出す。4月、皇太子御成婚。5月、ミュンヘンIOC総会で1964年オリンピック大会開催地が東京に決定。9月、伊勢湾台風。
一九六〇	三十五	52	1月、東京オリンピック選手強化対策本部副本部長就任。「選手強化5ヵ年計画」を策定し、スポーツ科学研究委員会を発足する。7月、機関誌『OLYMPIA』創刊。8月、オリンピック・ローマ大会視察。	2月、冬季オリンピック・スコーバレー大会。8月、オリンピック・ローマ大会。9月、カラーテレビ本放送開始。
一九六一	三十六	53	6月、政府が「スポーツ振興法」制定。それに対し、「蜃気楼的立法」「インスタント的法律」と批判する。	ドイツオリンピック協会が「ゴールデンプラン」を発表。
一九六二	三十七	54	6月、日本スポーツ少年団が発足する。カール・ディーム編『ピエール・ド・クベルタン　オリンピックの回想』を翻訳刊行。7月、ヨーロッパ視察。8月、アジア大会(ジャカルタ)視察。	9月、東京オリンピック選手強化対策本部長、大会組織委員会事務総長兼務の田畑政治が辞任。12月、カール・ディーム死去。
一九六三	三十八	55	4月、東京オリンピック選手強化対策本部長に就任。8月、日本スポーツ少年団創設メンバーと「哲理作成委員会」発足。12月、強化白書『選手強化四年のあゆみと、あと一年の対策』公表。「日本の金メダル獲得目標数は、米・ソに続いて最低15個」と宣言する。	10月、東京国際スポーツ大会(プレオリンピック)開催。11月、ケネディ大統領暗殺。

一九六四	三十九	56	1月、参議院特別委員会の参考人として「オリンピック決戦体制の確立」を報告。1964年を「日本のスポーツ元年」とすることを要請し、日本スポーツ少年団の「理念」と「哲理」を発表する。7月、東京オリンピック日本選手団団長に選出される。10月10日、第18回オリンピック・東京大会開幕。日本は16個の金メダルで世界3位となる（24日閉幕）。	1月、冬季オリンピック・インスブルック大会。7月、政府閣議で「原子力の日」（10月26日）が制定される。10月、東海道新幹線開通。
一九六五	四十	57	1月、FISUマドリード総会出席。3月、「体力つくり国民会議」始まる。後に専門家会議議長に就任。4月、大阪体育大学が開校、副学長兼教授に就任。（財）世界平和協会、（財）日・ソ交流協会理事就任。8月、FISUブダペスト総会出席。1967年ユニバーシアード・東京大会開催が決まる。	ベトナム戦争激化。
一九六六	四十一	58	12月、第五回アジア大会（バンコク）に陸上競技監督として参加。	4月、ローマIOC総会で1972年冬季オリンピック開催地が札幌に決定。
一九六七	四十二	59	4月、（社）国民体力つくり事業協議会理事就任。9月、メキシコ・プレオリンピック視察。	8月、ユニバーシアード・東京大会。
一九六八	四十三	60	9月、オリンピック・メキシコ大会視察。12月、冬季オリンピック・札幌大会組織委員就任。	2月、冬季オリンピック・グルノーブル大会。10月、オリンピック・メキシコ大会。
一九六九	四十四	61	1月、関西学生陸上競技連盟会長、日本学生陸上競技連合副会長就任。6月、大阪体育大学理事就任。	7月、アポロ11号月面着陸。
一九七〇	四十五	62	2月、南太平洋洋上大学講師（オーストラリア）。9月、大島と親交があり、後に「ドイツのトリム運動ムーブメントの父」と呼ばれるユルゲン・パルムが来日。	ドイツオリンピックスポーツ連盟が「トリム運動」を推進。3月、大阪万博。

西暦	和暦	齢	事項	スポーツ関連事項
一九七二	四十七	64	8月、オリンピック・ミュンヘン大会に日本ユースキャンプ団長として参加。オリンピック憲章に「ユースキャンプ」の1章設置決議案をIOCに提出。欧州職場体育会議（ハンブルク）出席。後年大島は、五輪村襲撃で大会が1日中断するも続行された件について、ブランデージIOC会長の英断を評価している。	2月、冬季オリンピック・札幌大会。5月、沖縄返還。8月、オリンピック・ミュンヘン大会。9月5日、パレスチナゲリラ五輪村襲撃事件。9月、日中国交正常化。
一九七三	四十八	65	5月、国際体力つくり専門家会議（フランクフルト）出席。7月、ギリシャで国際オリンピック・アカデミー講座受講。	1月、ベトナム和平協定。5月、復帰記念沖縄特別国民体育大会。
一九七四	四十九	66	5月、国際スポーツ記者連盟功労賞。	10月、ウィーンIOC総会でオリンピック憲章のアマチュア条項削除が決定される。
一九七五	五十	67	5月、トリム・フィットネス国際会議（ワシントン）に出席。10月、伊東春雄の草案を受け、体力つくり国民会議専門家会議議長名で『センチュリープラン』を発表する。	3月、ヨーロッパ会議（EC）が第1回欧州スポーツ関係閣僚会議で「欧州みんなのスポーツ憲章」を採択。4月、ベトナム戦争終結。
一九七六	五十一	68	8月、国際体力つくり専門家会議出席のためフランス・ドイツへ。	2月、冬季オリンピック・インスブルック大会。7月、オリンピック・モントリオール大会。
一九七七	五十二	69	5月、トリム・フィットネス国際会議（パリ）に出席。	
一九七八	五十三	70	2月、（財）大阪府社会体育研究所理事・副会長就任。7月、みんなのスポーツ専門家会議に出席（ドイツ）。8月、ドイツ体操祭に招待参加する。	

一九七九	五十四	71	**2月**、中国のスポーツ事情を視察する。	**10月**、IOC脱退から21年ぶりに中国の復帰決定。**12月**、ソ連がアフガニスタン侵攻（～1989年）。
一九八〇	五十五	72	**4月**、五輪不参加の政府決定を懸念し、「大島アピール」をIOCや各IF（国際競技連盟）、各NOC（国内オリンピック委員会）に送付する。**5月**、JOCがモスクワ大会不参加採決。**6月**、大島は「大島メモ」を発表する。**7月**、モスクワ大会視察。**8月**、原水爆禁止世界会議で来日中のノーベル平和賞受賞者フィリップ・ノエル＝ベーカーと対談。	**1月**、アメリカ・カーター大統領がオリンピック・モスクワ大会ボイコットを主唱。**2月**、冬季オリンピック・レークプラシッド大会。**7月**、オリンピック・モスクワ大会（日本不参加）。**9月**、イラン・イラク戦争勃発（～1988年）。
一九八一	五十六	73	**2月**、妻・二三子死去。**9月**、バーデン・バーデンIOC総会にゲスト出席。総会で名古屋市の行政主導のオリンピック招致活動を批判する。**10月**、大阪で腸捻転のため手術・入院。	**9月**、競技会の呼称に協賛スポンサーの企業名が付いた「冠大会」を、日本体育協会アマチュア委員会が容認。
一九八二	五十七	74	**3月**、大西鐵之祐とともに反核・反戦活動をJOCに進言し、却下される。**4月**、関西大学の伴義孝、岩田家正、川口浩が、反核三千万人署名運動「大島アピール」を起草。**5月**、『オリンピックと世界平和――飢えに泣く難民に救済の手を！』を執筆。**7月**、オリンピック平和賞（ハンス・ハインリッヒ・ジーフェルト賞）授賞式出席。途中立ち寄ったベルリンで、オリンピック・スタジアム「平和の鐘」台座刻印のために、日本の戦没オリンピック選手名簿を手渡す。	**10月**、アジア大会（ニューデリー）で、日本が中国に初めて金メダル王座を奪われる。フィリップ・ノエル＝ベーカー死去。

西暦	和暦	齢	事項	スポーツ関連事項
一九八三	五十八	75	1月、関西スポーツ賞特別賞。3月、日本スポーツ少年団功労賞。伊東春雄が首相・中曽根康弘と会談。8月、モスクワ・国際シンポジウム「青年競技者と世界平和」招待パネラー出席。10月、大阪・国際シンポジウム『オリンピックと世界平和』と『タートル・マラソンの集い』を開催。12月、明治大学の寺島善一が事務局長を務める『ノエル＝ベーカーを偲ぶ・スポーツと平和を考える会』に古在由重、孫基禎、中野好夫、川本信正らと出席。	
一九八四	五十九	76	2月、東京渋谷区・日赤病院に入院。10月、関西大学顧問。	2月、冬季オリンピック・サラエボ大会。7月、オリンピック・ロサンゼルス大会(東側諸国不参加)。
一九八五	六十	77	1月、思い出の地・ロサンゼルスから、ドイツに向から旅の途中、ロスで倒れて帰国。入院する。3月30日、大島鎌吉永眠。法名「雄躍院芳薫日鎌居士」。金沢市経王寺に眠る。5月、大阪体育大学葬。8月、IOCから「オリンピック・オーダー銀賞」が贈られる。	8月、ユニバーシアード・神戸大会。
一九八六	六十一		11月、「大島研究」をライフワークとする関西大学教授・伴義孝の熱意により、大島の遺品が関西大学に移管される。現在は、文学部身体運動文化専修教室「大島アーカイブス」に保存・展示されている。	

✣主要参考文献

大島鎌吉・伴義孝『スポーツと人間』(関西大学体育OB会、一九八六)
伴義孝・中島直矢『スポーツの人　大島鎌吉』(関西大学出版部、一九九三)
伴義孝『スポーツ思想の誕生』(創文企画、一九九四)
伴義孝『大島鎌吉というスポーツ思想』(関西大学出版部、二〇一三)

◉大島鎌吉の著作・翻訳・記事に関するもの
大島鎌吉「レクリエーション」(『文華』　一九四七年四月号)
大島鎌吉『戦後ルポルタージュ　独伊篇　死線のドイツ』(鱒書房、一九四七)
大島鎌吉『オリンピック物語』(あかね書房、一九五二)
大島鎌吉「東ベルリン見聞記・大島」(『婦人公論』　一九五二年十一月号)
大島鎌吉『陸上競技練習法』(万有社、一九五三)
大島鎌吉『スポーツの教室』(金子書房、一九五三)
大島鎌吉「西ドイツのレクリエーションの基礎条件」(『都市問題』　一九五四年八月号)
カール・ディーム、大島鎌吉訳『スポーツの本質・その教え』(万有出版、一九五五)
大島鎌吉『ワンダーフォーゲル』(明文社、一九五六)
大島鎌吉『世界をへん歴する靴は兵隊の靴よりも強い』(ベースボール・マガジン社、一九五六)
大島鎌吉「東京オリンピック招致について」(『新樹』　一九六一年)
カール・ディーム編、大島鎌吉訳『ピエール・ド・クベルタン　オリンピックの回想』(ベースボール・マガジン社、一九六二)
大島鎌吉『ワンダーフォーゲル入門』(ベースボール・マガジン社、一九六四)
大島鎌吉「ベルリン最後の日」(『別冊新聞研究　No.18』　一九八四年)

◉その他

『第三回国際学生陸上競技大会参加報告書』（日本学生陸上競技連合、一九五四）／『青少年スポーツ活動リーダー講習会報告書』（山梨県教育委員会、一九六二）／松本興著『聖火をかかげて スポーツ市長・平沼亮三伝』（聖火をかかげて刊行会、一九六三）／『第18回オリンピック競技大会東京都報告書』（東京都、一九六五）／『東京オリンピック競技大会報告書』（日本体育協会、一九六五）／『第十八回オリンピック競技大会東京都報告書』（東京都、一九六五）／『東京オリンピック選手強化対策本部報告書』（日本体育協会、一九六五）／『二十年史』（財団法人レクリエーション協会、一九六六）／『日本学生陸上競技連合四十年史』（日本学生陸上競技連合会、一九六九）／『金商七十年史』（金沢商業高校、一九七〇）／『関西大学陸上競技部創立五十周年記念誌』（関西大学陸上競技部、一九七一）／『毎日新聞百年史』（毎日新聞社、一九七二）／『ミュンヘンオリンピック・ユースキャンプ報告書』（日本オリンピック委員会、一九七三）／織田幹雄『21世紀への遺言』（ベースボール・マガジン社、一九七五）／毎日新聞社編『昭和スポーツ史 オリンピック80年』（毎日新聞社、一九七六）／野津謙『野津謙の世界』（學藝書林、一九七九）／『横浜市健民少年団創立30周年記念誌』（横浜市健民少年団、一九八〇）／伊東春雄『甦えれ、PTA』（サイマル出版会、一九八一）／『ざ・れぽーと フォーラムOPT21大阪』（OPT事業推進本部事務局、一九八三）／『故・大島鎌吉先生を偲んで』（学園大学葬委員会、一九八五）／『日本体育協会七十五年史』（日本体育協会、一九八六）／伊藤公『オリンピックの本』（サイマル出版会、一九八六）／『五十周年記念誌』（石川陸上競技協会、一九八六）／『日本スポーツ少年団30年史』（財団法人日本体育協会日本スポーツ少年団、一九九三）／ベルノ・ウイッシュマン『スポーツ 我が生涯を賭けての冒険』（ウイッシュマン自伝刊行会、二〇〇三）／鈴木幸子編『1936年ベルリンオリンピック遠征記 澁谷嘉光の足跡』（私家版、二〇〇四）／『金沢市史・通史編』（金沢市役所、二〇〇六）

以上の他、大島鎌吉が論文やエッセイを数多く寄稿している体育・陸上専門誌として『月刊陸上競技』（講談社）、『陸上日本』（日本陸上競技連盟）、『体育科教育』（大修館書店）、『体育の科学』（体育の科学社）、『体育』（金子書房）、『新体育』（新体育社）、『体力つくり』（国民体力つくり事業協議会）、『教育の森』（毎日新聞社）、『オリンピア』『体協時報』（以上、日本体育協会）などを、また『毎日新聞』『東京日日新聞』『朝日新聞』『北國新聞』『Wikipedia』を参考にした。

岡　邦行（おか　くにゆき）

1949年、福島県南相馬市生まれ。ルポライター。法政大学社会学部卒業。出版社勤務を経てフリーに。1999年『野球に憑かれた男』（報知新聞社）で、第3回報知ドキュメント大賞を受賞。著書に『南相馬少年野球団』（ビジネス社）、『伊勢湾台風　水害前線の村』（ゆいぽおと）などがある。

大島　鎌吉（おおしま　けんきち）

1908年、石川県金沢市生まれ。元三段跳世界記録保持者。1932年ロサンゼルスオリンピック銅メダリスト。元毎日新聞記者。元大阪体育大学副学長。1964年東京オリンピック選手団長・選手強化本部長として、日本に16個の金メダルをもたらす。オリンピック・オーダー銀賞、ハンス・ハインリッヒ・ジーフェルト賞（オリンピック平和賞）受賞。1985年逝去。

大島鎌吉の東京オリンピック

2013年9月30日　第1刷発行

著　者　岡　邦行
発行者　原田邦彦
発行所　東海教育研究所
〒160-0023　東京都新宿区西新宿 7-4-3 升本ビル
電話 03-3227-3700　FAX 03-3227-3701
eigyo@tokaiedu.co.jp
発売所　東海大学出版会
〒257-0003　神奈川県秦野市南矢名 3-10-35
東海大学同窓会館内
電話 0463-79-3921
装　幀　上野かおる（鷺草デザイン事務所）
組　版　フレックスアート
印刷・製本　図書印刷株式会社

定価はカバーに表示してあります。

ISBN 978-4-486-03781-1 C0095 ／ Printed in Japan ／